LES OUBLIÉS DE LA LIBERTÉ

Négociants, consuls et missionnaires français au Levant pendant la Révolution (1784-1798)

P.I.E. Peter Lang

Bruxelles · Bern · Berlin · Frankfurt am Main · New York · Oxford · Wien

Amaury FAIVRE D'ARCIER

LES OUBLIÉS DE LA LIBERTÉ

NÉGOCIANTS, CONSULS
ET MISSIONNAIRES FRANÇAIS AU LEVANT
PENDANT LA RÉVOLUTION (1784-1798)

Collection « Diplomatie et Histoire »

Direction des Archives
Ministère des Affaires étrangères

Illustration de couverture :
Joseph Vernet (1714-1789), *Vue de Marseille* (détail), 1754, huile sur toile, Paris, Musée de la Marine, n° 5OA3 Fonds : Peintures. Cliché Réunion des Musées nationaux © droits réservés.

Tous droits réservés pour tous pays. Toute reproduction, intégrale ou partielle, par quelque procédé que ce soit, des documents publiés dans le présent ouvrage est interdite, sauf avec l'autorisation du ministère des Affaires étrangères. Seules sont autorisées, d'une part, les reproductions strictement réservées à l'usage du copiste et non destinées à une utilisation collective et, d'autre part, les courtes citations justifiées par le caractère scientifique ou d'information de l'œuvre dans laquelle elles sont incorporées (art. L. 122-4, L. 122-5 et L. 335-2 du Code de la propriété intellectuelle).

© Direction des Archives
Ministère des Affaires étrangères, Paris, 2007
Éditeur : P.I.E. PETER LANG S.A.
Éditions scientifiques internationales
Bruxelles, 2007
1 avenue Maurice, B-1050 Bruxelles, Belgique
info@peterlang.com ; www.peterlang.com

ISSN 1377-8765
ISBN 978-90-5201-339-8
D/2007/5678/12

Dépôt légal : Bibliothèque Nationale de France (2e trimestre 2007)

« Die Deutsche Bibliothek » répertorie cette publication dans la « Deutsche Nationalbibliografie » ; les données bibliographiques détaillées sont disponibles sur le site <http://dnb.ddb.de>.

INTRODUCTION

Le lecteur trouvera dans cette étude un complément utile aux ouvrages sur la politique orientale de la France au XVIIIe siècle et sur le commerce marseillais en Méditerranée dont les mécanismes sont maintenant bien appréhendés. Ce livre traite plus spécifiquement de l'administration française au Levant pendant la période révolutionnaire et montre une incontestable continuité de la pratique diplomatique de la fin de la monarchie au déclenchement des hostilités avec l'Empire ottoman en 1798, à la suite de l'expédition d'Égypte. Loin de constituer une rupture, la Révolution s'est traduite par quelques réformes administratives et une adaptation de l'ancien dispositif aux nouvelles normes institutionnelles. Elle a cependant été marquée par des difficultés financières, le développement de la concurrence économique entre les puissances européennes et la fin de la suprématie française dans le commerce de fret. Là se situe sans doute le véritable changement de cette période.

Abordé à travers le prisme d'une correspondance consulaire et commerciale, abondante et riche, qui a constitué l'essentiel de mes sources, ce travail de synthèse se veut descriptif et propose une lecture aisée d'une page mouvementée de notre histoire au Proche-Orient. Il n'a pas d'autre ambition.

Le mot « Levant » est employé communément par les Occidentaux jusqu'au début du XXe siècle pour désigner l'Orient méditerranéen, terme encore en usage de nos jours puisqu'il existe au Quai d'Orsay une sous direction politique « Égypte Levant ». Cet espace comprend l'ensemble des provinces grecques et les îles de la mer Égée, une partie de la côte adriatique et de la mer Noire à proximité des Détroits, l'Anatolie et Chypre, la Syrie et la Palestine, l'Égypte et même l'ancienne Mésopotamie. Au XVIIIe siècle, on considère en effet Bagdad et le port de Bassora dans le golfe persique comme des Échelles* du Levant. Tous ces territoires sont sous la domination turque à l'exception notoire des îles Ioniennes avec Corfou, aux mains des Vénitiens jusqu'en 1797. Pour un marchand ou un diplomate de l'époque, le Levant c'est un peu la région intermédiaire

---

Les mots suivis d'un astérisque sont explicités dans le glossaire.

entre l'Europe et l'Asie ; on ne distingue pas encore le « Proche » et le « Moyen-Orient », notions apparues chez les Anglo-Saxons au début du XXe siècle avec le morcellement de l'Empire ottoman et la création d'États arabes souverains.

Nous sommes donc en présence d'un vaste ensemble géographique qui s'étend de l'Épire à la Perse et du Danube à la mer Rouge, où cohabitent des peuples, des cultures et des communautés religieuses différentes mais où l'islam est partout présent. Cet espace levantin ne comprend pas les provinces septentrionales de la Valachie et de la Moldavie, ni les régences d'Afrique du Nord (Tunis, Alger, Tripoli), qui bénéficient d'une relative autonomie sous la suzeraineté nominale de la Porte*, ni a fortiori le royaume chérifien du Maroc qui sort du cadre purement ottoman.

Si l'année 1798 marque bien une rupture dans nos relations avec la Turquie à cause de l'occupation de l'Égypte, expédition entreprise sans ultimatum à l'égard d'un pays qui a pourtant gardé la neutralité depuis le début des hostilités avec l'Angleterre, l'année 1784, en revanche, ne correspond pas à une date charnière dans les rapports franco-turcs mais seulement à un changement de titulaire à la tête de l'ambassade de France à Constantinople. Lorsque le comte de Choiseul-Gouffier prend ses fonctions dans la capitale turque, remplaçant le comte de Saint-Priest, la monarchie française a fini par tout réglementer. Elle n'a pas seulement agi sur le terrain diplomatique pour étendre les privilèges commerciaux de ses sujets dans l'Empire ottoman. Elle a également facilité une refonte des textes qui régissent depuis Colbert le statut et la résidence des Français dans les États du sultan. Cette réorganisation s'accompagne d'une volonté de mieux gérer les crédits de l'État dans une perspective d'économie budgétaire. Un énorme travail de compilation et d'actualisation de la législation royale est effectué en l'espace de cinq ans, entre 1776 et 1781, à partir d'une série d'enquêtes menées tant sur place dans les Échelles que dans les bureaux du secrétariat d'État de la Marine. Notons au passage que cette volonté « réformatrice » d'un pouvoir monarchique finissant s'inscrit dans un contexte plus large qui touche également l'armée de terre et la marine.

Citons brièvement les grandes étapes de ces réformes. L'ordonnance du 9 décembre 1776 sur « les Consuls et autres officiers de Sa Majesté dans les échelles du Levant et de Barbarie » définit une organisation consulaire hiérarchisée et confie les chancelleries aux drogmans* nommés par le roi. L'arrêt du 9 décembre de la même année rationalise le système de perception des recettes douanières dans lequel le port de Marseille joue un rôle centralisateur. Suit la mission d'inspection au Levant du baron de Tott (1777-1778). Elle a deux objectifs majeurs : faire appliquer les nouvelles dispositions royales et calculer les charges réelles des Échelles supportées par la Chambre de commerce de Marseille afin de supprimer les dettes récurrentes.

L'édit de juin 1778 porte « règlement sur les fonctions judiciaires et de police des consuls de France en pays étrangers ». L'arrêt du 27 novembre 1779 fixe la grille des salaires pour les agents en poste, qui reste pratiquement inchangée jusqu'en 1802, ainsi que le montant des autres dépenses de service grâce aux informations recueillies par la mission Tott. Chaque circonscription consulaire se voit désormais allouer un budget annuel fixe.

Le 3 mars 1781, c'est la dernière grande ordonnance de la marine « concernant les consulats, la résidence, le commerce et la navigation des sujets du Roi, dans les échelles du Levant et de Barbarie », suivie deux mois plus tard (le 6 mai) de l'instruction du roi concernant les consulats du Levant et de Barbarie. La même année, Amé de Saint-Didier, premier commis au bureau des Consulats du département de la Marine, qui avait accompagné en 1766 l'escadre de l'amiral de Bauffrement dans sa mission d'inspection en Méditerranée, établit un état de tout le personnel consulaire employé « en Barbarie et dans les échelles du Levant », avec des observations sur les états de service des agents et leurs qualités.

Le système est rationalisé mais il souffre à l'évidence d'une certaine rigidité, que ne manquent pas de souligner des esprits éclairés comme Volney ou le comte de Ferrières-Sauveboeuf. Ces derniers critiquent volontiers une administration tatillonne qui contrôle à l'excès les activités et les mœurs de ses sujets à l'étranger et confère aux consuls une autorité trop étendue, qui sera d'ailleurs remise en cause dès 1789.

Ce sont ces Français expatriés au Levant que nous décrivons dans le premier chapitre en soulignant leurs conditions d'existence dans les cités portuaires de l'empire. Cette enquête sociologique nous amène à aborder des questions aussi diverses que l'habitat, la tenue vestimentaire, les mariages locaux ou les épidémies. Mon expérience en poste m'a aidé à comprendre certaines réalités de la vie d'expatrié, même si les conditions de vie sont aujourd'hui toutes autres. Le facteur climatique, l'éloignement, l'obstacle linguistique et l'insécurité politique n'ont pas évidemment la même dimension qu'il y a deux siècles mais ils pèsent encore fortement dans le quotidien. C'est cet aspect humain des choses que j'aborde dans ce premier chapitre. Le second traite plus particulièrement des échanges franco-turcs, à la fois politiques et économiques, et souligne la fragilité d'un système où tout repose finalement sur les communications maritimes et la stricte application des capitulations, cadre juridique dans lequel évoluent jusqu'à la fin du XIXe siècle les relations entre la France et la Turquie.

Les trois chapitres suivants analysent l'impact de la Révolution française dans les Échelles, depuis les premières proclamations révolutionnaires diffusées par les marins et les gazettes jusqu'à l'expédition de Bonaparte en Égypte. Plus qu'un récit détaillé des événements (il y a peu de faits marquants hormis l'expulsion des Français de Saint-Jean d'Acre et de Saïdâ en octobre 1790), ce sont les mécanismes institutionnels et économiques ainsi que les rapports sociaux régissant la vie de nos ressortissants qui m'ont intéressé et qui sont relatés ici. L'histoire diplomatique, mieux connue et davantage étudiée, est donc un peu passée sous silence. Volontairement.

Paradoxalement, la Révolution n'induit pas autant de changements qu'on le suppose et fait preuve d'un certain conservatisme. Les constituants prônent la liberté politique et économique mais ils hésitent à abroger les anciennes lois maritimes et commerciales qui accordent à Marseille un statut privilégié et protègent le marché national de la concurrence étrangère. C'est que ces règlements s'accordent trop bien avec les intérêts de la bourgeoisie marchande désormais représentée au pouvoir, à l'Assemblée nationale comme dans les municipalités.

Loin de faire table rase, les députés consultent les négociants et les autorités consulaires, mais cet appel à l'opinion jette le trouble parmi les ressortissants dont une partie est déjà gagnée aux idées nouvelles. Les équipages de la « Royale » et de la marine marchande y sont pour quelque chose dans cette fermentation des esprits que l'on constate dès l'automne 1789, lorsqu'ils se répandent dans les quartiers francs arborant la cocarde tricolore, interpellant leurs compatriotes et agitant les nouveaux slogans : « liberté », « patrie régénérée », « peuple souverain ». Les conseils de prudence et de modération de l'ambassadeur Choiseul-Gouffier et de ses acolytes ne tiennent pas longtemps. Un large consensus s'esquisse dans les communautés françaises du Levant qui, dans leur ensemble, rallient assez vite le nouveau régime.

Et pourtant, lorsque l'on considère le cadre de vie quotidien, tout semble fonctionner comme avant. Si l'abolition de la royauté impose quelques changements dans les rapports sociaux et les signes extérieurs de la représentation française à l'étranger, il n'en est pas de même pour la plupart des structures administratives mises en place sous l'Ancien Régime qui réglementent la résidence, la circulation et la vie privée des ressortissants, le commerce extérieur et la navigation, les privilèges corporatistes des négociants et des artisans, les pratiques de travail des agents consulaires et des députés du commerce.

Si cassure il y a, il faut certainement l'attribuer aux conséquences de la guerre maritime à partir de 1793. L'interruption de la navigation gêne les efforts entrepris par le Comité de Salut public et le Directoire pour réorganiser le réseau consulaire et la gestion financière des Échelles. Elle ruine le commerce marseillais et entraîne la défection d'une partie des négociants qui passent sous la protection des puissances étrangères pour mieux poursuivre leurs activités dans les Échelles. En 1796, la situation de la France en Méditerranée orientale est si affaiblie que la plupart de nos agents soutenus par les corps de marchands ne voient qu'un remède pour lutter contre la concurrence et la perte des marchés. C'est ainsi qu'ils poussent le Directoire à intervenir militairement en Égypte, rompant avec une tradition séculaire d'alliance avec la Turquie. Nous concluons notre ouvrage par une brève réflexion sur cette expédition qui inaugure une nouvelle page de la politique étrangère de la France au Proche-Orient.

Colombo, mai 2006

N.B. : pour des raisons de lisibilité du texte, nous n'avons pas retenu le calendrier républicain pour les dates postérieures à septembre 1792.

PREMIÈRE PARTIE

LA FRANCE ET L'EMPIRE OTTOMAN À LA VEILLE DE LA RÉVOLUTION (1784-1789)

CHAPITRE 1

Les Français et leur cadre de vie

Les communautés françaises dans les Échelles

La répartition géographique

Sous l'Ancien Régime, les expatriés européens au Levant sont peu nombreux. Ils forment de petites communautés qui vivent regroupées dans les centres urbains liés au grand commerce international. Comme l'essentiel des échanges avec l'Occident se fait par la voie maritime, les ports de l'Empire ottoman – on parle alors des Échelles* – sont devenus tout naturellement le siège des maisons de commerce étrangères et des représentations consulaires.

Dans les années 1780, on peut évaluer le nombre des résidents français entre 600 et 650, chiffre qui ne varie guère pendant la période révolutionnaire. Cette population aurait sensiblement diminué depuis le milieu du siècle (ils sont un peu moins de 700 en 1764)[1], notamment dans les régions qui se sont appauvries comme la Morée, la Crète et Chypre, où plusieurs établissements français ont dû rapatrier leurs capitaux et leur personnel par manque de bénéfices, mais aussi dans les échelles d'Égypte et de Syrie à cause des troubles politiques et de la concurrence locale.

La répartition est très inégale. C'est en Turquie d'Europe et sur la côte d'Asie Mineure que la nation* française est la plus représentée. Ainsi, les trois Échelles de Salonique, Constantinople et Smyrne regroupent à elles seules plus de la moitié des Français. On en compte à peine une soixantaine en Égypte et moins de trente dans tout le Péloponnèse qui compte pourtant de nombreux ports. Tout dépend de l'importance économique de l'échelle et de son trafic maritime ; mais d'autres facteurs interviennent également comme les conditions naturelles (situation géographique, climat), l'ancienneté de l'établissement ou les dispositions des autorités locales envers les étrangers.

---

[1] MAE, Mémoires et Documents, Turquie, vol. 7 : *État des Français résidant aux Échelles du Levant et de Barbarie, 1764* (anonyme).

Répartition inégale, mais situation évolutive, notamment dans les provinces grecques. C'est ainsi que les Cyclades ont perdu beaucoup de Français depuis l'époque de Louis XIV. Patras et Beyrouth, peu actifs avant 1789 et considérés surtout comme ports de relâche pour les bâtiments caravaneurs, vont se développer rapidement au début du XIXe siècle et devenir d'importants consulats, attirant nombre de nos ressortissants. Inversement, les échelles de Coron et Nauplie qui concentrent l'essentiel du commerce français en Morée à la fin du XVIIIe siècle et qui sont des lieux de passage pour les voyageurs, artistes et missionnaires se rendant en Turquie et en Terre sainte, perdent leur prépondérance au siècle suivant au profit d'Athènes.

À l'exception de la capitale turque, où l'on recense 144 Français, et de Smyrne (119), le nombre des résidents dans les échelles dépasse rarement une cinquantaine de personnes. Salonique, une des plus peuplées, compte à la veille de la Révolution 58 Français. Alep et Rhodes en ont respectivement 34 et 31 à la même époque. Le Caire compte 29 ressortissants ; Alexandrie, Saïdâ et Saint-Jean d'Acre en ont une vingtaine chacun. Dans les autres échelles où existe une communauté française il n'y a pas plus de dix à quinze nationaux, des chiffres qui ne vont pas varier sous la Révolution.

Ailleurs, ce sont des individus ou des familles isolées que l'on trouve dans les ports fréquentés par notre marine marchande. Quelques noms émergent des registres consulaires. À Volos, grosse cité portuaire de la Grèce centrale où s'exportent les blés des plaines de Thessalie, nous avons un certain Barthélemy qui fait office d'agent honoraire du roi, mais sans aucune prérogative ni privilège. Dans l'île de Skopelos toute proche, travaille un dénommé Romanzan. À Enos, dans l'embouchure de la Maritsa (Thrace), est établi le baron de Ruffray, un ancien militaire, homme dévoué et respecté des Turcs. Depuis 1788, il se charge de recevoir les marchandises de France déposées dans la rade d'Enos pour être expédiées par bateau ou par caravane jusqu'à Andrinople (Edirne). Choiseul-Gouffier sollicitera pour lui un brevet de vice-consul honoraire en récompense de ses services. Dans l'île de Ténédos, à l'embouchure des Dardanelles, position stratégique d'où l'on peut exercer une surveillance directe sur la navigation en mer Égée, se trouve le médecin Burel qui sert également comme agent français. Enfin, dans l'île de Château Rouge (Dodécanèse), un capitaine commerçant du nom de Bergier collabore dans les années 1775-1780 avec des marchands grecs pour transporter en Égypte du bois de Caramanie. Il travaille pour son propre compte en évitant habilement de faire concurrence à ses compatriotes de Smyrne.

Bien d'autres échelles ne sont que de simples escales et n'accueillent aucun ressortissant même si certaines pourraient constituer des débouchés commerciaux pour la France. On peut ainsi citer Navarin, Modon et Kalamata au Péloponnèse, Hydra dans le golfe Saronique, Chalkida dans l'île d'Eubée, Gallipoli dans les Dardanelles, ou encore Beyrouth, Haïfa et Jaffa sur la côte libanaise.

Des microsociétés aux privilèges étendus

La composition sociale de ces communautés françaises, avec leurs marins, leurs corps d'artisans et de marchands, leurs médecins et leurs prêtres, a légitimé à juste titre le qualificatif de « microsociétés ». Elles ont leurs règles et s'administrent sous l'œil vigilant des agents du roi. Elles sont un peu comme l'image de la patrie transportée sur les rives de la Méditerranée orientale, sauf que les femmes et les retraités y sont peu représentés et que l'on n'y trouve presque jamais de résidents sans métier, des gens « sans aveu », des aventuriers ou des déserteurs.

On ne quitte pas le territoire national sans formalités et l'émigration vers l'Empire ottoman est très réglementée. Un contrôle est effectué pour tous les candidats au départ, en particulier pour les artisans et les marchands pour lesquels est exigé un certificat de résidence de la Chambre de commerce de Marseille (ordonnance du 21 octobre 1685). Ce document régularise leur séjour dans l'échelle et il n'est délivré qu'après s'être assuré qu'ils y sont bien demandés et après avoir pris quelques renseignements sur leur moralité et leur conduite. Munis de ce certificat, ils peuvent obtenir leur passeport, dont l'usage s'est généralisé au XVIIIe siècle (après les ordonnances de 1669 et 1677). Les entrées et sorties de territoire sont filtrées bien qu'on ne peut encore parler de contrôle des flux migratoires. Nous aurons l'occasion de souligner les motifs qui ont poussé le pouvoir royal à imposer à ses sujets des conditions d'établissement restrictives en territoire ottoman.

Ces communautés fort réduites ne sauraient donc être comparées au peuplement des colonies d'Amérique ou des Indes qui se sont constituées sur des bases différentes. Elles n'en sont pas moins visibles dans la société ottomane et jouent un rôle indéniable dans l'économie locale. Cette présence active tient au statut particulier dont elles jouissent dans l'Empire ottoman grâce aux capitulations qui ont été renouvelées le 28 mai 1740 avec le sultan Mahmut Ier. Il faut bien voir, toutefois, que les avantages accordés à nos ressortissants ne sont pas aux yeux des Turcs des droits naturels mais des privilèges concédés à titre gracieux. Quels sont-ils ?

C'est d'abord la sécurité des personnes et des biens. C'est aussi la liberté de conscience et le libre exercice du culte. Les Français peuvent professer la religion de leur choix et fréquenter les églises et hospices que les missionnaires ont érigés dans l'empire. La même assurance est offerte aux pèlerins qui se rendent dans les Lieux Saints. Nous reviendrons au chapitre suivant sur la liberté commerciale accordée aux marins et aux marchands, d'ailleurs assez limitée.

Les Français sont, par ailleurs, exempts de toute contribution personnelle et de toute taxe à l'égard de l'administration fiscale ottomane. Ils ne payent pas le *kharâdj**, impôt de capitation perçu sur les sujets non musulmans, ceux qu'on appelle les « minoritaires ». Cette taxe, explique Choiseul-Gouffier, a quelque chose d'humiliant pour ceux qui la supportent :

> « Elle porte avec elle le caractère de l'esclavage : tout homme payant le *caratsch* est réputé esclave et traité comme tel par les musulmans. Cette imposition ne devrait pas être arbitraire, mais elle le devient par la tyrannie de ceux qui afferment cette partie des revenus, et qui font souvent payer deux fois la même personne. Un Grec ne sort jamais sans porter avec lui sa quittance, encore n'est-ce souvent qu'une précaution insuffisante contre l'industrieuse rapacité des exacteurs ».[1]

Plus important sans doute que ces avantages fiscaux est le privilège de juridiction dont bénéficient tous nos ressortissants pour peu que soient respectées les us et coutumes locales. Ils relèvent de leurs lois et de l'autorité protectrice de leurs consuls qui ont sur eux des pouvoirs de police et de justice assez étendus. Les litiges entre nationaux (en civil et en pénal) sont portés devant le consul ou l'ambassadeur, seuls habilités à instruire les affaires. En cas de procès, le consul préside un tribunal composé de son chancelier, qui remplit les fonctions de greffier, et de deux assesseurs pris parmi la communauté française (en général les députés de la nation*). L'appel des sentences consulaires est ouvert devant le parlement d'Aix ; les pouvoirs publics locaux, s'ils en sont sollicités, peuvent prêter main forte à l'exécution

---

[1] Choiseul-Gouffier, *Voyage pittoresque de la Grèce*, Paris, J. Blaise, 1782-1822, volume 1, p. 15.

du jugement, par exemple lorsque le condamné est rapatrié manu militari.[1]

Les Français échappent donc à la législation locale sauf en cas de délit ou de crime impliquant un sujet turc, encore ne peuvent-ils être traduits devant les tribunaux locaux qu'en présence de leur consul, de son substitut ou d'un interprète.[2] Cependant, les procès « mixtes » sont rares et on peut affirmer qu'à la fin du XVIIIe siècle les *cadis** n'exercent aucun pouvoir sur nos nationaux.

Ces concessions accordées par les capitulations semblent porter atteinte au droit de souveraineté locale, mais elles s'expliquent par la différence profonde des législations et des mentalités. Soumettre les Européens à la loi locale d'essence religieuse et réservée aux seuls « croyants » rendrait les relations impossibles entre les États et multiplierait les interventions diplomatiques. À moins de renoncer à tout commerce avec eux, les Turcs doivent bien leur accorder ce régime exceptionnel qui leur permet de vivre sous leurs propres lois. Comme l'écrit Henri Lamba,

> « pour des sociétés juxtaposées et impénétrables l'une à l'autre, le seul moyen de les protéger contre leurs préjugés et leurs excès était de les isoler dans le respect de leur vie intime en leur laissant le seul régime qu'elles pussent supporter ».[3]

Ces immunités et privilèges sont communs à tous les Français ainsi qu'à leurs protégés*. L'ambassadeur et les consuls en ont deux autres qui leur sont propres : le droit d'asile pour leur demeure, et l'exemption de toute douane pour leur commerce personnel (vivres, boissons, vêtements, présents …).

La réalité quotidienne apparaît cependant plus nuancée car les avantages décrits ci-dessus sont compensés par de nombreuses restrictions.

---

[1] Dans les contestations entre Européens, les parties peuvent en référer à leurs ambassadeurs ou à leurs consuls respectifs plutôt que de recourir à la juridiction locale, facultative dans ce cas.

[2] C'est en Égypte qu'a lieu la première grande réforme judiciaire. En 1867, Nubar Pacha, ministre des Affaires étrangères du Khédive Ismaïl, propose la création de tribunaux mixtes composés de magistrats égyptiens et étrangers avec une compétence en matière civile, pénale et commerciale. Ce projet est approuvé en 1875 par la plupart des puissances occidentales.

[3] H. Lamba, *De l'évolution de la condition juridique des Européens en Égypte*, Paris, A. Rousseau, 1896, p. 17.

Le fait, par exemple, de ne pas pouvoir acquérir un bien immobilier empêche tout enracinement véritable dans le pays. L'ordonnance du roi du 6 juillet 1749 interdit tout investissement foncier à titre personnel, ce qui n'empêche pas la France de disposer de résidences et d'édifices religieux considérés comme des propriétés nationales. Il faut rappeler que la terre appartient en théorie au sultan ; même pour les Turcs, la possession d'une terre ou d'un fief n'est pas héréditaire mais révocable et liée à l'accomplissement d'obligations militaires. Bien sûr, les règlements sont contournés (utilisation de prête-noms), mais à l'exception de quelques marchands et consuls qui ont épousé des levantines bien dotées, les transactions avec les autochtones sont assez rares et l'on est plus souvent locataire que propriétaire.

Par ailleurs, la liberté de circulation et la sécurité des personnes ne sont pas toujours garanties en dépit des firmans* du sultan. Le capitaine de navire, le marchand, l'artisan ou le drogman* n'est jamais à l'abri d'une avanie ou de l'imposition arbitraire d'un douanier mal disposé. Le consul lui-même doit parfois ménager les susceptibilités d'un gouverneur ambitieux, versatile ou violent.

Les exemples d'abus de pouvoir sont nombreux au Levant. C'est dans les provinces arabes que la situation est la plus difficile. En Palestine, Djazzâr Pacha multiplie les provocations à l'encontre des négociants français qui lui font concurrence pour l'exportation des cotons filés. Un jour, il leur défend de monter à cheval dans la ville, une autre fois il leur interdit d'acheter du coton ou déclare qu'il n'affrétera plus leurs bâtiments. En Égypte, les immunités sont ouvertement bafouées par les Mamelouks* qui n'agissent que sous l'impulsion du moment. La crise qui éclate à Alexandrie au début de 1786 est l'une des plus graves. La nation française doit trouver refuge à bord des vaisseaux en rade pour échapper aux exactions des soldats de Mourad Bey, tandis que le consul Mure est retenu prisonnier dans sa maison.[1]

Ailleurs, ce sont les rebelles au pouvoir ottoman qui menacent la sécurité du commerce. La piraterie navale est encore une réalité à la fin du XVIIIe siècle, en particulier dans les eaux grecques (entre Navarin et Coron, le Magne et le golfe Saronique) et sur la côte syrienne (certains ports, comme Alexandrette, ne sont protégés

---

[1] Les ressortissants des autres nations européennes auraient subi le même sort. Les faits sont longuement relatés par Choiseul-Gouffier dans sa dépêche du 10 mars 1786 au maréchal de Castries. AN, AE B^I 447, Constantinople, tome 72.

par aucune forteresse). La province entre Alexandrette et Alep est constamment troublée par des groupes d'Arabes et de Kurdes qui interceptent les convois de marchandises, surtout pendant la saison hivernale. Aussi, a-t-on renoncé depuis longtemps à la pratique des pigeons voyageurs que l'on expédiait d'Alexandrette, avec un petit rouleau de papier sous l'aile, pour communiquer la nouvelle de l'arrivée d'un navire aux négociants d'Alep car « les brigands guettaient et abattaient ces messagers afin de mieux se renseigner sur le mouvement des convois ».[1] Dans d'autres régions, les négociants supportent les contrecoups de troubles politiques ou sociaux dont le pouvoir central à Constantinople n'est pas toujours responsable.

Cette insécurité récurrente amène donc à relativiser ou à replacer à leur juste valeur ces prérogatives d'ex-territorialité que nous avons relatées plus haut. Elle légitime aussi d'une certaine façon le contrôle exercé par le roi sur la résidence de ses sujets expatriés.

Les « protégés »*

À côté des Français vivent des groupes de locaux que l'on a appelé les « protégés » parce qu'ils bénéficient d'un statut officiel de protection octroyé par des puissances européennes accréditées auprès de la Porte. Ils sont assez nombreux dans les Échelles et peuvent représenter jusqu'au tiers d'une communauté étrangère, parfois bien plus. À Rhodes, par exemple, le consul Pothonier dénombre en 1776, au moment où l'activité portuaire bat son plein, huit familles comptant au total 75 personnes, soit plus du double de la nation française.

La plupart d'entre eux sont des membres du clergé catholique, des familles de médecins, d'artisans ou de notables issus du monde du négoce, qui cherchent à sortir de leur condition de *rayas**. Mais tous n'exercent pas des professions « de prestige » et dans les îles grecques les pêcheurs, les vendeurs de coraux et les pilotes côtiers qui jouissent de la protection de la France pour « cause de catholicité » sont bien représentés.

On trouve parmi ces « protégés » franco-levantins des Grecs, des Arméniens, des chrétiens et des juifs syriens, des descendants de familles vénitiennes et ragusaines. Beaucoup sont des lettrés et possèdent assez de notions d'italien ou de français pour servir d'interprètes à l'ambassade et dans nos consulats ainsi que dans les légations étran-

---

[1] K. Fukasawa, *Toileries et commerce du Levant d'Alep à Marseille*, Paris, CNRS, 1987, p. 111.

gères, russe et autrichienne notamment. Quelques-uns sont employés comme consuls honoraires bien qu'un règlement de Mustafa III (1757-1774) interdise aux sujets ottomans d'être pourvus de ce titre de protection. Les cas sont donc rares. Ce qui est possible pour Gormezano aux Dardanelles, Dimitri à Limassol (Chypre) ou Sponty à Serrès (ville de Macédoine renommée pour le commerce des cotons), qui travaillent tous comme agents consulaires français, ne l'est pas, par exemple, pour Gandour Al-Koury à Beyrouth[1]; ce dernier reçoit bien du roi son brevet de consul honoraire mais ne peut obtenir son *barat** nécessaire à l'exercice de ses fonctions. Tous ces protégés, en effet, sont pourvus d'un document appelé « *barat* » (d'où le nom baratiares*), qui les exempte de certains impôts et leur permet de jouir des mêmes avantages accordés aux ressortissants français par les capitulations (liberté individuelle, liberté de juridiction et liberté commerciale). Le *barat* ne les soustrait pas totalement de la législation locale mais il leur confère une certaine notoriété à laquelle beaucoup sont fort attachés. Le secrétaire d'État de la Marine rappelle fréquemment dans ses instructions que les hommes et les femmes vivant sous notre pavillon ne doivent être « inquiétés en aucune manière dans leurs personnes ni dans leurs propriétés ». Ces *barats* sont achetés assez facilement au gouvernement turc par les ambassadeurs des grandes puissances, puis délivrés aux intéressés moyennant le versement d'un droit élevé. C'est un commerce fructueux qui s'est beaucoup généralisé au cours du XVIIIe siècle et qui est devenu un critère d'influence dans toute politique au Levant : on mesure le prestige d'une nation au nombre de ses protégés.

Pourtant, sous la Révolution, les envoyés de la République à Constantinople n'en délivreront presque plus par crainte de voir les levantins profiter des avantages de cette protection pour accaparer des parts de marché au détriment des nationaux qui feront les frais de la guerre maritime. Le moment n'est pas éloigné, écrit Robert Mantran[2], où ces protégés, marins, commerçants, entremetteurs avisés et souvent peu scrupuleux, en contact permanent avec les Occidentaux et leurs pratiques économiques, réclameront leur autonomie et leur indépendance.

---

[1] Beyrouth est une ville encore peu développée au XVIIIe siècle mais, comme principal marché de soies de la région elle intéresse les négociants français de Saïdâ et de Tripoli de Syrie. La présence d'un agent local est donc vivement souhaitée par le pouvoir royal. Voir le rapport de Beaussier sur l'Échelle de Beyrouth, du 30 juin 1787. AN, AE B^I 1041, Saïdâ, tome 25.

[2] R. Mantran, *Histoire de l'Empire ottoman*, Paris, Fayard, 1989, p. 284.

Les agents du roi : consuls et drogmans

À l'origine, les marchands désignaient un des leurs pour les représenter et les protéger face aux autorités locales, puis la charge consulaire devint l'apanage d'un officier du roi doté de larges attributions et d'un pouvoir de coercition sur les nationaux, à qui l'on interdit bientôt tout commerce sous peine de révocation et d'amende (1691). Avec le développement du commerce et de la réglementation maritime, son travail s'intensifia et il fut secondé par un chancelier et un interprète. Une véritable administration se mit peu à peu en place favorisée par l'extension parallèle du réseau. L'institution décrite ci-dessous est donc le résultat d'une longue évolution amorcée depuis le XVIIe siècle.[1]

Statut et fonctions des consuls

Depuis le règlement du 7 mars 1669, les consulats relèvent du secrétariat d'État de la Marine, à l'exception d'une courte période (de 1761 à 1766) où ils sont rattachés au département des Affaires étrangères. Au sein de la Marine, les bureaux du Ponant (Espagne, Italie, Portugal, Europe du Nord) et du Levant fusionnent à partir du 1er décembre 1743 sous l'appellation de « bureau du Commerce et des Consulats » facilitant ainsi une gestion fonctionnelle.[2]

Le statut du consul n'a guère changé depuis Colbert, mais on note un renforcement des attributions de l'État dans la gestion des effectifs.

---

[1] Pour une synthèse sur le département de la Marine dont dépendent les consulats sous l'Ancien Régime, on consultera Bernard Barbiche, *Les institutions de la monarchie française à l'époque moderne (XVIe-XVIIIe siècle)*, Paris, PUF, 2001 (2e éd.), chap. XI, p. 209-228. Il est intéressant de noter que l'Angleterre n'a pas connu une telle évolution. À la fin du XVIIIe siècle, ses agents dans l'Empire ottoman sont encore nommés et rémunérés par la Levant Company (créée en 1581 sous Elisabeth Ier), à l'exception du consul d'Alexandrie désigné par le roi. Contrairement à leurs homologues français, ils peuvent, comme membres de cette Compagnie, exercer une activité commerciale et percevoir 2 % sur tous les produits importés ou exportés. Ils mènent en général un train de vie plus élevé que les Français. Parmi le personnel consulaire hollandais, on compte également beaucoup de négociants et il n'y a pas d'incompatibilité majeure entre les fonctions consulaires et commerciales.

[2] Le bureau du Commerce et des Consulats reçoit des appellations différentes sous Louis XVI : il devient « Administration des Consulats et du Levant » en 1782, puis « Administration des Consulats et des Classes » en 1786, enfin « Administration des Consulats, du Commerce maritime et des Pêches » en 1790, avant d'être rattaché au ministère des Relations extérieures en 1793.

La Chambre de commerce de Marseille a perdu une grande partie de son pouvoir de contrôle sur le personnel consulaire alors qu'elle conserve l'administration générale du commerce dans les Échelles. Elle n'est plus en mesure de donner des instructions aux consuls (elle se fait parfois rappeler à l'ordre par le secrétaire d'État) et n'intervient plus officiellement dans la présentation des candidatures depuis 1723. De même, l'ambassadeur de France à Constantinople, qui avait encore un pouvoir de nomination pour quelques consulats et vice-consulats dans la première moitié du XVIIIe siècle, ne garde plus qu'un rôle consultatif.[1]

La nomination des consuls se fait par lettre de provision* ; celle des vice-consuls et chanceliers par brevet*. Ces documents signés du roi sont enregistrés au parlement d'Aix ; un exemplaire est remis à l'intéressé et un autre à la Chambre de commerce de Marseille. Cette commission du roi doit être reconnue et acceptée par le pays d'accueil. Aussi, les consuls reçoivent-il avant d'occuper leurs fonctions un *exequatur* (appelé aussi *barat*), sorte de lettre de créance du sultan qui leur sont remis par l'intermédiaire de l'ambassadeur.

Ils jouissent d'une immunité personnelle (sauf en cas de crime), entretiennent des relations étroites avec les autorités locales, mais ne peuvent en aucune façon s'immiscer dans les affaires intérieures de leur pays de résidence. Ils doivent agir et s'exprimer avec circonspection tant dans l'organisation du travail (ils disposent d'un chiffre pour transmettre des informations confidentielles), que dans les relations publiques ou privées, comportement qui ne semble pas poser de problème. Dans l'ensemble, ils font preuve d'une conduite mesurée et leur esprit conciliant parvient à aplanir bien des difficultés.

Pourtant, contrairement à leurs collègues diplomates (secrétaires de légation et chargés d'affaires), les consuls ont des fonctions bien particulières qui ne les apparentent nullement à des agents politiques. Responsables de l'administration et de la protection des communautés françaises à l'étranger, ils exercent des fonctions de police et de justice envers leurs concitoyens, y compris à l'égard des équipages de la marine marchande. Elles les conduisent parfois à mettre aux fers et à renvoyer en France ceux qui commettent des délits ; mais les

---

[1] L'ordonnance du 17 août 1756 enlève à l'ambassadeur le privilège de nommer des consuls aux Dardanelles, Andrinople, Négrepont (Chalkida), Rhodes, Paros, Tinos, Mykonos et Santorin. Le consulat de France en Crimée semble faire exception mais il est supprimé après 1769.

instructions autorisent aussi le corps de la nation et même le simple particulier à dénoncer au secrétaire d'État de la Marine la conduite du fonctionnaire qui lui paraîtrait répréhensible ou arbitraire.[1] Ce droit de police et de juridiction sur les nationaux en matière civile et pénale, redéfini par l'édit de juin 1778 a été très tôt reconnu par les autorités turques.[2]

Les consuls, assistés de leurs chanceliers, assument également les fonctions d'officier d'état civil pour les naissances, les mariages et les décès. Ils s'occupent par ailleurs d'affaires notariales, ont compétence en matière de succession[3] et légalisent les actes privés (ils disposent d'un sceau). Enfin, ils assurent des tâches d'information et de publicité des lois du royaume transmises par leur administration et consignées dans les registres de chancellerie. Les décisions du roi, par exemple, sont toujours lues à la nation réunie en assemblée.

Pour le reste, leur domaine d'activité est essentiellement lié aux questions maritimes. Comment en serait-il autrement puisque les consulats se trouvent pour la plupart situés dans les ports. Leurs compétences sont très étendues et vont des statistiques de navigation aux affaires sanitaires. On attend d'eux qu'ils préviennent les intendants de la Santé à Marseille dès que se manifestent les premiers signes de peste, qu'ils portent secours aux naufragés, veillent à la conservation ou à la vente des cargaisons des vaisseaux échoués, surveillent le paiement régulier des droits dus par les capitaines français aux officiers turcs (ces droits sont en principe affichés dans les chancelleries), assurent la sécurité des chargements dans les rades, visitent les navires français pour vérifier l'état des marchandises, au besoin faire séquestrer celles qui sont prohibées avec l'aide des autorités locales. Les draps surtout font l'objet d'une vigilance attentive car ils forment le principal article de nos exportations. Ce droit d'inspection est légitimé par le fait qu'ils doivent promouvoir nos intérêts

---

[1] Ordonnance de la Marine du 3 mars 1781, Titre II, article 48. Cette clause offre une faible garantie car les plaintes portées contre les consuls sont toujours mal perçues et entraînent bien souvent la disgrâce et le rappel de ceux qui les ont formulées.

[2] L'édit du Roi de juin 1778 « portant règlement sur les fonctions judiciaires et de police qu'exercent les consuls de France en pays étrangers » reprend les dispositions de l'ordonnance du 18 février 1687.

[3] Ordonnance de la Marine d'août 1681, Livre premier, Titre IX *Des Consuls de la nation française dans les pays étrangers*, articles 20 à 22 ; Ordonnance de la Marine du 3 mars 1781, Titre II, articles 85 à 88.

économiques et, dans la mesure du possible, faciliter les transactions des négociants en déjouant les éventuelles fraudes.

Les escales navales militaires font l'objet d'une attention particulière. Lorsque des bâtiments de la marine royale viennent mouiller dans les Échelles, les consuls doivent s'assurer qu'ils sont reçus avec honneur, donner des rafraîchissements aux officiers et aux équipages, faire soigner les malades et les blessés, pourvoir à l'approvisionnement en eau et en vivres des navires et subvenir à leur réparation.[1]

Enfin, il y a la correspondance à assurer avec l'administration de tutelle, des rapports et des statistiques à rédiger régulièrement et avec précision qui font des consuls de véritables agents de renseignement. Tous les trimestres, ils envoient un état des comptes financiers remis par les députés de la nation, un état du commerce d'entrée et de sortie de leur échelle et un état des bâtiments français qui y ont relâché (nom, type et jaugeage du navire, date d'arrivée et destination, cargaison, identité du capitaine, nombre des matelots, etc.). À la fin de chaque année, un état de service des officiers du consulat ; un état des dépôts en chancellerie ; un état général du commerce et de la navigation d'entrée et de sortie, la liste des maisons françaises établies dans l'échelle et, parfois, un mémoire sur le commerce des autres nations occidentales. Une liste annuelle des Français résidant dans leur circonscription est également exigée, avec des renseignements sur leur filiation, leur âge et leur profession, annonçant ce qui deviendra par la suite l'immatriculation consulaire. S'ajoutent le courrier avec l'ambassade et la Chambre de commerce de Marseille, les visites de courtoisie aux notables locaux et aux gouverneurs, les relations avec les consuls des autres puissances, les démarches personnelles pour des Français de passage ou des résidents sollicitant l'assistance du consulat.

Viennent enfin toutes les instructions annexes, plus ou moins officielles ou honorifiques et qui accaparent une bonne partie du temps ; celles de l'ambassadeur recommandant de lui procurer des antiquités et des manuscrits rares, ou bien d'accompagner tel gentilhomme ou tel artiste de sa suite ; celles de l'Académie royale des

---

[1] Pour le paiement de ces fournitures, les consuls sont autorisés à tirer des lettres de change sur l'Intendant de la Marine à Toulon ou sur l'administrateur du Trésor royal à Paris, car il ne leur est alloué aucun budget pour les escales des bâtiments de guerre (Ordonnance du 3 mars 1781, Titre IV, articles 20 à 24).

sciences sollicitant des relevés topographiques dans une région éloignée ou dangereuse ; ou encore celles du département de la Marine demandant la collecte de graines et de plantes pour les jardins botaniques du roi, ou l'achat d'animaux exotiques pour sa ménagerie ... quand il ne s'agit pas de le renseigner sur les mouvements des flottes militaires étrangères et sur les voies de communication de sa circonscription. Issu le plus souvent d'une famille aisée, instruit et ouvert, le consul de l'époque s'acquitte en général fort bien de ces missions officieuses qui font, à l'époque, tout l'attrait de sa fonction.

Leur carrière

En l'absence de recrutement par concours et bien que l'hérédité des charges ne soit pas officialisée, les liens de parenté et les relations jouent un rôle essentiel dans les nominations tout comme l'origine sociale et la fortune personnelle. Près d'un tiers des fonctionnaires affectés dans les échelles du Levant à la fin de l'Ancien Régime sont d'extraction noble.

Certes, les modalités de recrutement et d'avancement sont désormais institutionnalisées. Les règlements stipulent que les consuls généraux sont choisis parmi les consuls, ces derniers parmi les vice-consuls et ceux-là parmi les élèves vice-consuls, lesquels doivent subir un examen portant sur des notions mathématiques nécessaires au jaugeage des navires et aux levées de plans, ainsi que sur des connaissances en matière d'administration et de jurisprudence.[1] Mais à niveau égal, les fils, les petits-fils ou les neveux des agents de l'État sont souvent préférés, favorisant ainsi la constitution de véritables « familles » consulaires.

Dans les années 1780, nous avons l'exemple du jeune Jean-Baptiste Amé employé à Smyrne, dont le frère aîné Marie-Nicolas Amé est consul général à Alep. Les Mure d'Azir fournissent un autre cas intéressant ; l'aîné est à Alexandrie, le cadet à La Canée, tandis qu'un autre membre de la famille est chancelier au Maroc. Les fils des consuls Amoreux et Taitbout de Marigny sont inscrits en priorité dans les registres des bureaux royaux pour les premières places vacantes

---

[1] Selon l'article 3 de l'ordonnance du 9 décembre 1776 sur les *Consuls et autres officiers de S.M. dans les Échelles du Levant et de Barbarie* (confirmé par l'article 2, Titre I de l'ordonnance du 3 mars 1781), un élève vice-consul ayant résidé au moins 6 ans auprès d'un consul général et qui s'est distingué par des services notoires peut être promu directement au grade de consul.

au Levant. Mazière de Saint-Marcel, consul général à Alep, est un parent du comte de Saint-Priest, ambassadeur à Constantinople. On peut encore citer le cas de Jean-François Rousseau en poste à Bagdad, dont le neveu entre à son tour dans la carrière, ou Antoine Butet, employé à Rosette, dont le beau-père n'est autre que le consul général de Morée, Taitbout de Marigny. Ce dernier est lui-même issu d'une famille de consuls qui sert depuis trois générations en Méditerranée.

Parmi eux, il y a beaucoup d'anciens militaires, officiers d'infanterie ou de cavalerie ; la proportion est d'environ un sur quatre à la fin du XVIIIe siècle. Les ambassadeurs eux-mêmes ont souvent servi dans l'armée : Choiseul-Gouffier est maître de camp d'infanterie ; Descorches de Sainte-Croix passe une dizaine d'années sous les drapeaux et termine sa carrière militaire comme colonel ; son successeur Aubert Du Bayet est général, comme le seront sous l'Empire, Brune, Sébastiani et Andréossy.

Comment expliquer cette militarisation du corps consulaire et diplomatique en Turquie ? Sans doute pour mieux réduire les nationaux à l'obéissance et éviter tout contentieux avec les autorités locales, mais aussi pour mieux les protéger des avanies et des exactions puisqu'ils bénéficient d'un statut particulier. La carrière au Levant est considérée comme difficile nécessitant une certaine expérience ainsi que des qualités physiques et morales qui imposent la considération et le respect. C'est l'une des raisons pour lesquelles le secrétaire d'État préfère employer des agents qui y ont déjà résidé et qui ont pu se familiariser avec les us et coutumes locales. En 1789, nos consuls ont tous au moins dix à douze ans de carrière derrière eux, vingt à vingt-cinq ans pour les plus âgés, le doyen, Benoit Astier, ayant à son actif trente trois ans de service à Larnaca. La plupart d'entre eux n'ont servi que dans les pays arabo-mulsulmans, soit au Levant soit en Afrique du Nord et rares sont ceux qui ont obtenu leur première affectation avant l'âge de 25 ans.

La mobilité interne (vers l'administration centrale ou les autres postes en Europe et en Amérique) est encore très faible (moins d'un agent sur cinq) donnant ainsi l'impression d'un corps endogène. Par ailleurs, les mutations dans les Échelles sont rares. Anne Mézin, dans sa récente étude sur le personnel consulaire au siècle des Lumières, montre qu'une minorité d'entre eux connaissent plus de trois postes au cours de leur carrière, la majorité n'ayant qu'une ou deux affectations à l'étranger, une situation qui contraste singulièrement avec celle d'aujourd'hui où les temps de séjour à l'étranger sont beaucoup plus réduits et les mobilités plus fréquentes.[1] La Révolution française héritera donc d'un personnel expérimenté mais assez conservateur de mentalité.

Les drogmans, des auxiliaires indispensables

Les consuls sont aidés dans leurs tâches quotidiennes par des interprètes appelés drogmans, fonctionnaires désignés par l'ambassadeur puis brevetés par le roi, qui font office de traducteur, d'avocat et de courtier auprès des autorités locales. Ils assistent avec les capitaines au débarquement des marchandises, vérifient les certificats d'origine, inspectent avec les consuls les magasins des négociants et les aident dans leurs contacts avec les douaniers. Un mémoire anonyme de l'époque définit ainsi ces agents indispensables au service :

> « Par drogman, on n'entend pas seulement un interprète traduisant des paroles d'une langue dans une autre ; on entend un délégué d'ambassade ou de consulat traitant, d'après des instructions données, des intérêts politiques ou commerciaux, et apportant dans ces négociations non seulement la connaissance de la langue des hommes et du pays, mais encore toute la dextérité, toute la souplesse nécessaire pour en assurer le succès ».[2]

Le règlement du 9 décembre 1776 leur a donné de nouvelles responsabilités en leur confiant la gestion des chancelleries consulaires, emplois occupés jusqu'alors par des chanceliers en titre. Ces derniers, institués en 1681, étaient avant tout des administratifs qui n'avaient pas vocation à maîtriser le turc ottoman ou le grec. Or, « la connaissance de la langue turque par les chanceliers rendait nécessaire cette évolution qui était souhaitée par les consuls en place », rappelle

---

[1] A. Mézin, *Les consuls de France au siècle des Lumières (1715-1792)*, Paris, Ministère des Affaires étrangères, Direction des Archives, collection « Diplomatie et Histoire », Imprimerie nationale, 1997, p. 59. Pour un aperçu sur la situation dans les Régences barbaresques, nous renvoyons aux travaux de Charles Windler, *La diplomatie comme expérience de l'autre. Consuls français au Maghreb (1700-1840)*, Genève, Droz, 2002.

[2] MAE, Mémoires et Documents, Turquie, vol. 112 : *Observations sur l'institution de l'École des Jeunes de langues et sur le drogmanat*, p. 5-6. À l'occasion du bicentenaire de la création de l'École nationale des langues orientales une belle exposition s'est tenue au Palais de France d'Istanbul du 25 mai au 18 juin 1995 sur le thème « Enfants de langues et drogmans ». Nous renvoyons au catalogue illustré, préparé sous l'égide du ministère des Affaires étrangères, Institut français d'études anatoliennes, Istanbul, éd. Yapi Kedri, 1995, 136 p.

Anne Mézin.[1] Le règlement de 1776 laisse donc au consul le soin de désigner parmi les drogmans de son échelle celui qui occupera les fonctions de chancelier, avec l'approbation de l'ambassadeur et du secrétaire d'État. Cette mesure s'applique dans un premier temps à tous les postes au Levant avant d'être étendue en 1781 aux États barbaresques.

Le nouveau chancelier drogman conserve son rôle d'interprète tout en étant secrétaire et archiviste du consulat. Il consigne sur des registres tous les actes et contrats des ressortissants français, les dépôts en argent ou en nature qui sont remis en chancellerie, les procès-verbaux des assemblées de la nation, les arrêts et les ordonnances royales, les instructions de l'ambassadeur et du secrétaire d'État. Un travail d'écriture fastidieux car il est d'usage de faire des copies, parfois en triple, en prévision des pertes. Il exige précision, méthode et quelques notions élémentaires de droit puisque le drogman fait désormais office de greffier, de notaire et d'huissier. Réalisée avant tout dans un souci d'économie budgétaire et de revalorisation de leur carrière, la réforme de 1776 n'a pas vraiment amélioré leur sort ; elle a plutôt alourdi leurs activités déjà difficiles puisqu'ils conservent leurs anciennes attributions. Autant dire que les drogmans sont devenus la cheville ouvrière des consulats ; ce sont eux qui supportent au Levant « tout le fardeau du service », note Venture de Paradis, et l'administration ne leur en porte pas une meilleure estime.

L'École des jeunes de langue

Les drogmans ont reçu une formation sommaire avant d'être affectés à l'étranger. Une filière spécialisée a été créée au XVIIe siècle au collège de Clermont à Paris (actuel Lycée Louis-le-Grand). Dirigée par les jésuites, elle accueille les enfants de 8 à 12 ans dont les parents ou les grands-parents exercent déjà le métier.[2] Ces « jeunes de langue » ou « enfants de langue » ne reçoivent au départ qu'un enseignement général, français, latin, histoire, écriture et dessin et un enseignement théorique en langues ; mais trois ans plus tard, munis d'un trousseau en linge et d'un uniforme, on les envoie dans

---

[1] A. Mézin, *Les consuls de France au siècle des Lumières (1715-1792)*, op. cit., p. 46.

[2] Cette institution remonte à Colbert (arrêt du Conseil des 18 novembre 1669 et 31 octobre 1670) et relève du secrétariat d'État de la Marine et des Colonies.

le couvent des capucins français à Constantinople (Péra) pour parfaire leur éducation et surtout apprendre le turc ottoman, aux frais de la Chambre de commerce de Marseille. Ils ne sont pas plus de six chaque année à bénéficier de cette formation sur le terrain.

C'est parmi les élèves entretenus à Constantinople que sont nommés tous les drogmans appelés à servir dans les Échelles et que sortent la plupart des secrétaires interprètes du roi. Comme dans le corps consulaire, le système de recrutement à la base favorise un certain monopole. Des familles d'interprètes (les Fonton, Deval, Fornetty, Digeon, Simian, Sielve) se partagent les postes, parfois depuis plusieurs générations (les Fornetty depuis François Ier), et sont animées d'un esprit corporatiste empêchant tout renouvellement du personnel.

L'avancement est long et se fait par ancienneté : on commence sa carrière dans des petits postes avant de passer dans un consulat général ou à l'ambassade, d'abord comme « second » drogman puis en qualité de « premier ».[1] La mobilité s'avère plus difficile. Nous avons très peu d'exemples avant la période révolutionnaire de drogmans chanceliers parvenus au rang de vice-consul même s'il est assez courant de les voir remplir par intérim les fonctions d'agents consulaires. Ainsi, Reybaud à Damiette depuis 1775, Barbier à Candie dans les années 1787-1788 (suivi de Boze), Digeon à Chio de 1786 à 1794, Moustier à Bassora de 1786 à 1790. Mais aucun d'eux, quelque soit l'éloge de son supérieur, ne parvient consul. Le secrétaire d'État s'est plus d'une fois abstenu de proposer une telle promotion à d'excellents interprètes, moins par principe que par crainte de ne pouvoir les remplacer quand on sait qu'il faut plusieurs années de formation pour acquérir de solides bases en turc. Or, ils sont peu nombreux (une trentaine) et l'on est déjà confronté à la fin de l'Ancien Régime à une crise du recrutement, malgré l'emploi encore fréquent d'interprètes locaux (appelés drogmans barataires*).

À l'exception de ceux affectés à l'ambassade ou dans un grand poste, les drogmans disposent d'un faible traitement et vivent de façon assez précaire. Henri Dehérain[2] a décrit les conditions d'existence de ces

---

[1] Le premier drogman à Constantinople a le titre de Secrétaire interprète du roi, privilège conféré également aux deux plus anciens drogmans du Levant (Ordonnance de la Marine du 3 mars 1781, Titre I, articles 82 et 83).

[2] H. Dehérain, « Jeunes de langue et interprètes français en Orient au XVIIIe siècle », *Bulletin de la Société de géographie d'Alger et d'Afrique du Nord*, Alger, 1922, p. 1-22.

hommes, amenés à vivre chez les consuls et à manger à leur table comme l'apprenti chez son maître, situation mal vécue par certains et qui favorise le paternalisme et la subordination. Ce n'est pas qu'ils soient soumis à une surveillance rigoureuse, mais ils restent à la discrétion des consuls pour leur avancement. Ces derniers, de condition sociale supérieure et forts de leur titre, imposent parfois sans ménagement leur autorité ou leur font sentir combien ils sont à charge. Les conflits entre eux ne sont pas rares.

Ils n'ont pas très bonne réputation auprès de leur hiérarchie. Certains consuls déplorent leur conduite déréglée, d'autres mettent l'accent sur leur incompétence professionnelle et leur faible responsabilité. Très peu sauraient parler et traduire correctement le turc ou le grec, à l'instar de Jean-Baptiste Fornetty ou Antoine Fonton qui comptent parmi les meilleurs drogmans de l'époque. Ils seraient loin d'être les habiles négociateurs que l'on croit, et leur connaissance du droit serait tout à fait insuffisante alors qu'une bonne partie d'entre eux exerce les fonctions de chancelier. Choiseul-Gouffier, en écrivant au secrétaire d'État de la Marine, ne mâche pas ses mots :

« Je suis forcé de vous rappeler que, parmi tous les jeunes gens sortis du Collège de Louis-Le-Grand, il n'y en avait pas un qui sût quatre mots de turc, et qu'il s'en est à peine trouvé deux qui ayent voulu l'apprendre. Ils ont cependant été tous également placés, ceux même que j'avais désignés comme absolument incapables. Sa Majesté a aujourd'hui plusieurs interprètes qui ne savent pas demander leur chemin ».[1]

Jugement sévère, qui montre à l'évidence l'inadéquation de la formation initiale, trop livresque et peu adaptée aux besoins pratiques. Mais le manque chronique d'interprètes dans les Échelles contraint aussi l'ambassadeur à faire sortir trop tôt les jeunes élèves du couvent des capucins qui n'ont pas le temps d'acquérir les bases linguistiques nécessaires.

Dès sa prise de fonction, Choiseul-Gouffier comprend que les défaillances du système tiennent d'abord à l'absence d'une politique de formation. À dix-huit ans, écrit-il au maréchal de Castries, le jeune drogman est arrivé au terme de ses études et n'a guère les moyens de poursuivre une véritable carrière.

« Nulle perspective, nulle espérance pour lui ; il est irrévocable, condamné à parcourir péniblement toutes les Échelles du Levant, toujours subor-

---

[1] AN, AE B^I 448, Constantinople, tome 73. Constantinople, 10 mai 1790.

donné à un consul ou vice-consul qui souvent ne le vaut sous aucuns rapports, mais il ne manque presque jamais de le traiter avec une supériorité qui tient du mépris. Le drogman, sans cesse humilié, ne tarde pas à trouver son état humiliant et à gémir. Voilà je crois pourquoi le roi n'a dans le Levant que si peu de bons drogmans et si peu de bons consuls ».[1]

Dans une lettre du 27 juillet 1788, il insiste à nouveau sur la nécessité d'offrir aux drogmans une perspective d'avancement, sans laquelle on ne peut exiger d'eux ni émulation ni « véritables talents ». Pénurie d'effectifs, problème de formation et de qualification, mobilité interne, tels sont les enjeux auxquels les révolutionnaires seront confrontés.

Les missionnaires

Une présence discrète

Dans l'Empire ottoman où l'islam est la première confession et la religion officielle (le sultan a repris l'héritage du califat), les missionnaires latins ne sont que tolérés. Ils ne montrent d'ailleurs aucun signe extérieur ostentatoire ; les églises sont privées de leurs cloches et ne sont ornées qu'à l'intérieur. Les travaux apostoliques des Frères ne dépassent pas les portes de leur couvent ou hospice dans lesquels ils vivent reclus. Il n'est pas question de « faire la mission » dans les campagnes comme on le pratique dans les colonies d'Amérique, ni de chercher à rallier les « schismatiques » grecs à l'église romaine, pas même de soutenir les catholiques orientaux sujets de la Porte, qui demeurent pour les Turcs sous la juridiction des patriarches grecs et arméniens.[2]

---

[1] AN, AE B^I 447, Constantinople, tome 72. Constantinople, 26 janvier 1785.

[2] C'est ainsi que les Grecs *melkites** de confession catholique sont dépendants du patriarche œcuménique orthodoxe de Constantinople. Les maronites* du Liban qui vivent isolés dans leurs monastères et pratiquent le rite latin ne sont pas davantage reconnus comme une « nation » (Cf. *Mémoire sur les couvents maronites situés dans le Mont-Liban et dans le gouvernement de St-Jean d'Acre*, vers 1784 [anonyme]. MAE, Mémoires et Documents, Turquie, vol. 136). Il n'y a guère que les catholiques de la mer Égée (Chio, Syros, Tinos, Santorin, Naxos) qui puissent pratiquer librement leur culte. Pour des remarques plus générales voir : Dimitri Kitsikis, *L'Empire ottoman*, Paris, PUF, 1985, p. 20-21.

Bien que le contexte ne soit donc pas favorable au prosélytisme, la présence de ces religieux dans les Échelles n'en est pas moins utile. Ils apportent des secours aux indigents, aux marins, aux pèlerins et aux voyageurs de toutes conditions. Ils servent souvent d'aumôniers pour la communauté française ou de chapelains consulaires. Le roi leur verse une modeste pension qui vient s'ajouter aux produits de leurs quêtes, mais ces revenus ne leur permettent pas de vivre décemment. Ils participent pleinement à la vie sociale des nationaux et jouent un rôle dans l'éducation de leurs enfants, y compris à l'égard des familles de protégés. Pourtant, ils ne sont guère appréciés et n'ont pas très bonne réputation auprès des consuls qui critiquent aisément leur absence de moralité et leur peu de zèle pour l'entretien des églises.[1] Lorsqu'en 1798 les Français débarqueront en Égypte, les militaires et les administrateurs du corps expéditionnaire seront peu enclins en leur faveur et le général Menou les traitera sur le même pied d'égalité que les musulmans.

Les Pères de Terre sainte

Si les missionnaires dépendent tous de la congrégation de la Propagande* à Rome, ils relèvent d'ordres différents et n'appliquent donc pas les mêmes règles ou disciplines.[2] Les plus nombreux sont les franciscains de l'ordre de Saint-François d'Assise, plus connus sous le nom de « Pères de Terre sainte ». À la fin du XVIIIe siècle, ils ont encore 22 couvents et hospices dans lesquels sont répartis quelques 200 religieux : 14 en Terre sainte (Syrie et Palestine), 4 en Égypte, 2 à Chypre, 1 à Rhodes et 1 à Constantinople. Depuis 1757, ils n'ont plus la possession exclusive des Lieux saints et doivent partager avec les Grecs orthodoxes la garde du Saint-Sépulcre à Jérusalem*. Ces franciscains sont chapelains des consuls de France à Alep, Saint-Jean d'Acre, Saïdâ, Larnaca et Alexandrie.

Les capucins, issus du même ordre, sont présents dans l'Empire ottoman depuis l'époque de Richelieu. Ils ont des établissements un peu partout au Levant mais ils n'y entretiennent que peu de religieux ; en moyenne deux par couvent. Ils ont contracté des dettes considérables et c'est pourquoi leurs églises et hospices sont laissés à l'aban-

---

[1] On se reporte ici au témoignage de Vattier de Bourville : *Lettre aux révérends Pères du Discrétoire à Jérusalem*, Lattaquié, 21 février 1788. AN, AE B^I Tripoli de Syrie, tome 2.

[2] MAE, Mémoires et Documents, Turquie, vol. 50 : Saint-Didier, *Mémoires sur les Missions du Levant, 1781*.

don ; certains ont même dû être fermés (Candie, Ghazir, Antourah). Ils desservent la chapelle du palais de France à Constantinople (l'ambassade) et sont aussi les instituteurs des jeunes de langue à Péra. Dans les autres échelles, ils sont chapelains consulaires à Tripoli de Syrie, Salonique, La Canée et Athènes.[1]

Les carmes déchaussés, ainsi appelés depuis la réforme de Saint-Jean de la Croix (1564), sont des Frères de l'ordre de la Vierge Marie du Mont-Carmel. Ils tirent leurs revenus des offrandes des fidèles, mais ces ressources sont très insuffisantes et ils ont dû abandonner plusieurs établissements en Syrie. Ils restent encore bien implantés dans la région d'Alep, au Liban, et surtout en Irak où ils sont curés de la nation française à Bagdad et Bassora.

Les dominicains qui suivent la règle de Saint-Augustin sont certainement les moins nombreux. Ils ont un couvent à Galata (port de Constantinople), deux autres à Chio et à Smyrne. Enfin, il faut mentionner les lazaristes ou Frères de la mission de Saint-Vincent de Paul. Depuis 1783, ils ont repris tous les établissements que les jésuites (suspendus en 1764) possédaient en Orient, notamment à Constantinople où un de leur couvent, bien situé, sert à loger les malades français.

Le protectorat religieux de la France

La diversité des nationalités rencontrées au sein d'un même ordre n'empêche nullement la bonne harmonie de régner entre les Frères, qu'ils soient Français, Espagnols, Italiens ou Autrichiens.[2] En revanche, les prétentions de leurs souverains respectifs en matière religieuse créent des tensions préjudiciables à l'efficacité de ces missions.

Traditionnellement, c'est au roi de France que revient le droit de protéger les établissements latins en Orient. La plupart des hospices

---

[1] La chapelle des capucins à Athènes est située à proximité de la « Lanterne de Démosthène » (appelée *fanari* en grec), dans le vieux quartier de l'Acropole. Établie dès 1658 à Athènes, la mission religieuse acheta le *fanari* et la maison annexe en 1669. Ce monument est décrit dans plusieurs récits de voyage, notamment : Jacob Spon et George Wheler (1678, tome II, p. 242-244), Xavier Scrofani (1801, tome II, Lettre LI, p. 81).

[2] Certains établissements de Terre sainte ont pris des arrangements pour assurer un équilibre. Ainsi par exemple, dans les couvents du Saint-Sépulcre et de Bethléem, le supérieur est choisi tous les trois mois alternativement entre les principales nations qui composent la custodie : l'italienne, la française et l'espagnole.

et couvents desservis par les missionnaires sont encore sous la protection de la France à la veille de la Révolution, mais cette prééminence est de plus en plus contestée par les autres puissances catholiques, l'Espagne et l'Autriche en particulier.

Ce protectorat, reconnu tant par la Porte ottomane que par le Saint-Siège, se manifeste aux yeux des populations par les prières publiques faites pour le roi de France dans les églises latines et par les honneurs que l'on rend à ses représentants dans les Échelles. C'est ainsi que l'on célèbre tous les vendredis dans le couvent du Saint-Sépulcre* une messe en l'honneur de Louis XVI, cérémonie qui se pratique dans la plupart des Échelles : les aumôniers des consulats entonnent chaque dimanche le *domine saluem fac regem* et disent la prière pour le roi.

Ce protectorat religieux se manifeste également par le fait que beaucoup de missionnaires étrangers, notamment les Italiens, sont chapelains des consuls français et reçoivent à ce titre une pension du roi comme la plupart des dignitaires de l'église catholique résidant dans l'Empire ottoman : l'archevêque de Naxos, les évêques de Chio, Syros, Tinos, Santorin et Babylone (Bagdad), ainsi que les vicaires de Constantinople et de Smyrne. En outre, le roi de France exerce à Rome une influence prépondérante sur le choix de ces prélats.[1]

Ces privilèges remontent au XIVe siècle. En 1336, Philippe VI de Valois avait obtenu du sultan que la garde du Saint-Sépulcre et de ses dépendances (achetés par Robert d'Anjou, roi de Naples et de Sicile) fut confiée aux franciscains, ce qui lui avait valu ainsi qu'à ses successeurs le surnom de « protecteur des Saints Lieux ». Il fallut pourtant attendre la capitulation de 1604 pour que soit clairement stipulée la clause selon laquelle ces religieux sont autorisés à demeurer à Jérusalem sous la protection du roi de France. Comme l'écrit le comte de Saint-Priest en 1785, peu après son retour en France, le traité de

---

[1] Ces évêchés latins n'ont qu'une existence fictive pour les Turcs. L'autorité du vicaire apostolique à Constantinople ne réside que dans l'appui que lui accorde l'ambassadeur de France. Il perçoit du Trésor royal une rente annuelle de 2 400 livres alors que les autres prélats touchent entre 300 et 400 livres par an. L'évêque de Babylone est mieux doté avec 4 000 livres de revenus annuels versés par la Congrégation de la Propagande*. Deux notes anonymes sur l'évêché de Babylone, datées de septembre 1776 et août 1783 (AN, AE B[I] 176, Bagdad, tome 2), nous apprennent que Madame de Ricouard fut à l'origine de la fondation de cet évêché. Elle l'avait doté de larges revenus qui devaient être gérés par la Congrégation, et d'après la bulle de constitution du pape Urbain VIII (4 juin 1638), ce poste ne pouvait être occupé que par un Français.

1604 est « le premier acte public avec la Porte où il ait été fait une mention locale de l'exercice de la religion catholique en Turquie avec ingérence de nos rois : les traités précédents n'avaient stipulé pour les Français que leur liberté personnelle à cet égard ».[1]

Depuis cette époque les rois de France ont toujours eu la prétention de représenter le pape dans l'Empire ottoman. Ils se sont faits un point d'honneur d'y maintenir la religion catholique, surtout Louis XIV qui obtint en 1690 pour les Pères de Terre sainte la restitution des Lieux saints à Jérusalem où ils avaient été chassés.

Toutefois, les traités ne reconnaissent à la France que la garde et la protection des Lieux saints, une entière sûreté pour les pèlerins et les missionnaires, la conservation des établissements religieux que nous possédons dans les Échelles avec la permission d'y faire des réparations sur la demande de notre ambassadeur. Ils ne parlent nullement des sujets ottomans de confession chrétienne. Dans la capitulation de 1673 il y a bien un passage légitimant un droit de protection envers ceux qui professent la « religion franque » de quelque nation qu'ils soient ; mais ce mot n'est appliqué par les Turcs qu'aux seuls latins occidentaux, ce qui exclut les maronites*, les Grecs et les Arméniens unis à l'église romaine. Louis XIV a voulu sans doute l'entendre autrement, mais la Porte s'est toujours refusée à étendre notre protectorat sur ses sujets chrétiens ; elle n'accepte pas davantage d'ingérence dans les querelles entre orthodoxes et latins, encore fréquentes au XVIIIe siècle (notamment à Chio dans les années 1765-1778).

Aussi, les prétentions de la France dans ce domaine ont-elles toujours été modestes. Si les ambassadeurs ont pour consigne de maintenir les institutions du Saint-Siège en Orient, ils doivent aussi éviter tout ce qui peut porter ombrage aux Turcs en donnant trop d'extension aux capitulations dans les affaires religieuses.[2]

---

[1] MAE, Mémoires et Documents, Turquie, vol. 17 : Saint-Priest, *Mémoire sur la protection de la religion chrétienne en Levant, 1785*, p. 11.

[2] L'ambassadeur Michel-Ange de Castellane qui appuie ouvertement les catholiques orientaux est rappelé à l'ordre en 1742.

Les corps de métiers : marins, artisans et négociants

Les pilotes côtiers. La caravane

Les marins sont souvent à l'origine de l'implantation française dans les Échelles et ont constitué les premiers noyaux de résidents à la fin du XVIIe siècle bien souvent avant les négociants. À Naxos, par exemple, les six Français recensés dans l'île vers 1700 sont de « pauvres gens qui naviguent pour vivre », note l'agent Coronello.[1] Parmi eux se distingue un dénommé Reymondy (ou Raimondi), fils d'un gentilhomme d'Avignon et ancien chevalier de Malte qui a fait la course contre les Barbaresques. Ayant quitté la « Croix » pour épouser une fille du pays, on le retrouve consul de France à Naxos dans les années 1720, dans une île qui ne compte encore aucun marchand français. Nous avons une situation identique à Négrepont (actuelle Chalkida), dans la presqu'île d'Eubée, ainsi que dans plusieurs autres Échelles du littoral égéen.

Parmi les marins rencontrés au Levant, certains sont pilotes côtiers afin de guider les navires marchands et les « bateaux du Roi » à travers les nombreux îlots et écueils qui parsèment la mer Égée. Les cartes maritimes ne sont pas fiables et la présence de pirates grecs, barbaresques et maltais est encore manifeste dans les dernières décennies du XVIIIe siècle. Ces pilotes côtiers sont plus rares qu'à l'époque de Louis XIV, mais on leur reconnaît une certaine utilité comme l'explique Louis-Auguste Félix dans un mémoire daté de 1790, qui suggère de placer à l'entrée de l'Archipel, à Rhodes et aux Dardanelles, un marin pour piloter nos escadres.

Hormis ces quelques cas, la plupart des marins exercent un commerce de fret ou de cabotage appelé « caravane », qui occupe une place essentielle dans le commerce levantin. Les capitaines français qui désirent faire la caravane doivent obtenir de l'Amirauté à Marseille des « congés en blanc », sorte de permis qui les autorisent à naviguer librement pendant trois ans et à mettre leur navire en « commission ». Ces congés sont renouvelables mais les capitaines sont tenus de désarmer à la fin de chaque voyage.

La plupart de ces navires sont affrétés à des marchands locaux qui souhaitent transférer leurs marchandises d'un bout à l'autre de l'empire mais aussi, assez fréquemment, à des officiers et dignitaires

---

[1] AN, AE B¹ 907, Naxos. Germano Coronello au comte de Pontchartrain, secrétaire d'État de la Marine, Naxos, 4 novembre 1699.

turcs qui les utilisent pour leur propre usage. La mer reste le moyen de communication le plus rapide. On ne précise pas toujours dans les contrats la nature de la cargaison ni la destination du bâtiment et les règlements peuvent s'effectuer au port d'arrivée. Ces affrètements ne donnent pas de gros profits, mais ils sont sûrs et fréquents, les Turcs payant généralement en numéraire (piastres*).

La caravane, qui emploie en 1789 environ 500 bâtiments français en Méditerranée orientale, offre en outre l'avantage inappréciable de former et d'entretenir des matelots. Cette navigation n'est plus aussi active qu'au début du siècle, bien qu'elle conserve encore la prépondérance sur les autres nations occidentales comme en atteste les recherches faites pour les quatre échelles de La Canée, Candie, Larnaca et Alexandrie au cours de l'année 1788.

Relâche des bâtiments caravaneurs (1788)

	La Canée et Candie	Larnaca	Alexandrie
Français	60	36	170
Vénitiens	51	16	56
Ragusains	21	13	85
Napolitains	0	1	5
Anglais	1	3	12
Hollandais	0	0	1

Cette suprématie ne saurait cacher un déclin progressif assez marqué depuis les années 1770 malgré une reprise partielle entre 1788 et 1791, époque de la guerre russo-turque. Joseph de Pothonier parle déjà en 1776 de diminution du trafic et de faibles profits pour nos bâtiments caravaneurs qui viennent mouiller à Rhodes, un des principaux points de relâche, de radoub et d'approvisionnement en mer Égée. Les Turcs dissuadent les marchands grecs de charger leurs marchandises sur les navires français et donnent la préférence aux vaisseaux du pays, écrit-il au secrétaire d'État de la Marine : « c'est ici le droit du plus fort ; ils sont chez eux, ils y commandent, quoique de pareils ordres me paraissent n'être pas dans la régularité de l'harmonie qui doit régner parmi deux puissances alliées ».[1]

---

[1] AN, AE B^I 952, Rhodes, tome 1 : Joseph de Pothonier, *Mémoire concernant les affaires du vice-consulat de Rhodes et de ses dépendances, 1776*.

Les Français souffrent également de la concurrence des Vénitiens et des Ragusains qui ont emporté des parts de marché depuis la guerre de Sept ans (époque où l'activité des corsaires anglais avait porté préjudice à la navigation française). Sous la Révolution leurs principaux rivaux seront surtout les Grecs de l'Archipel qui profiteront des circonstances de la guerre pour supplanter le pavillon français.

Les corps d'artisans

Le commerce international reposant à l'époque sur les activités maritimes, il n'est pas étonnant que la plupart des artisans rencontrés dans les Échelles soient des ouvriers compagnons travaillant dans les ateliers portuaires : les calfats pour l'étanchéité des ponts et les bordages des navires, les charpentiers et les menuisiers pour le carénage des coques et la construction en cale sèche. Plus rares sont les tonneliers, les cordonniers, les tailleurs, les horlogers ou les orfèvres. D'autres métiers sont représentés, les boulangers, les cuisiniers, les perruquiers, mais ils sont très minoritaires.

Ces artisans sont en principe cautionnés par le corps de la nation française où ils résident et sont donc choisis sur des critères de compétence et de moralité. Ils reçoivent d'ailleurs une autorisation officielle pour s'établir à l'étranger (certificat de la Chambre de commerce de Marseille), après accord du secrétariat d'État de la Marine.

Rhodes fournit un exemple intéressant d'une implantation réussie de familles d'artisans originaires du Languedoc et de la Provence, que l'on peut suivre sur plusieurs générations. Les premiers auraient débarqué dans l'île à la fin du règne de Louis XIV et auraient été suivis quelques années plus tard par d'autres compagnons.[1] La colonie s'agrandit au cours du siècle et compte déjà 36 membres

---

[1] L'étude la plus complète à ce jour sur la communauté française de Rhodes est donnée par Maria Efthymiou-Hadzilacou, *Rhodes et sa région élargie au 18e siècle : les activités portuaires*, Athènes, 1988 (Cf. p. 87-92 et 130-136). D'après Louis-Emmanuel Mille (Mémoire du 21 avril 1782 adressé au secrétaire d'État de la Marine), les frères Honoré et Jean Vidal, habitants de Six Fours, petit bourg de Provence, seraient les premiers Français à s'établir de façon permanente à Rhodes en 1700 afin d'y exercer leur métier de pilote et calfat. Ils seraient partis célibataires à la suite de « quelques affaires litigieuses dans leur village ». Honoré Vidal épousa Croussi Grassota, fille d'un « esclave vénitien » travaillant à bord des galères du sultan ancrées dans l'île. Vers 1710, les Vidal sont suivis par d'autres Français « du même état qu'eux » : Jean Antoine Riveau, originaire d'Antibes, et Joseph Mandine, de Marseille, qui s'établissent tous deux avec des grecques du pays.

vers 1731, chiffre qui ne varie guère jusqu'en 1776. Dans les années 1780, on recense sept familles dont les plus notoires sont les Vidal, les Pignol, les Prioli, les Vighié, soit au total une quarantaine de personnes. Mais les effectifs baissent sensiblement dès la fin de la décennie (31 en 1789), plusieurs artisans quittant l'île pour séjourner à Alexandrie.

La plupart des hommes, menuisiers et calfats, travaillent au chantier naval (le port dispose d'une darse* et l'île est réputée pour ses bois de construction) et peut-être aussi à l'arsenal militaire d'où sortent des « caravelles » de 60 à 80 pièces de canon, écrit notre consul Pothonier en 1776. La qualification et le savoir-faire de ces artisans sont tels que les pachas et capitaines de bateaux turcs font souvent appel à eux pour le radoub et le carénage de leurs navires, ce qui irrite les insulaires grecs car la concurrence sur ce marché est vive. Les autres membres de cette communauté exercent un travail plus ou moins lié à l'activité du port ou rendent service à la marine française. Le boulanger, par exemple, qui prépare les biscuits pour le ravitaillement des équipages, ou le chirurgien qui soigne les capitaines et matelots débarqués malades dans l'île. Ce médecin porte aussi assistance aux notables locaux, contribuant au prestige et à l'influence de la France. Ces corps de métier, peu étudiés jusqu'ici, font toute la richesse des communautés françaises à l'étranger et participent d'une certaine façon au transfert des techniques entre le monde occidental et l'Orient musulman.

Les corps de marchands : régisseurs et « majeurs* »

Plus nombreux que les artisans, les négociants forment un groupe puissant au sein des communautés françaises et sont à l'origine de l'institution consulaire au Levant. Ces hommes font presque tous un commerce de commission. Ils sont, en effet, les régisseurs ou les gérants des grands établissements marseillais. Ils ne sont pas propriétaires de leurs fonds de commerce et agissent toujours sous les ordres et par procuration de leurs maisons mères, lesquelles ne sont souvent elles-mêmes que « commissionnaires » des manufacturiers de Lyon, de Montpellier et des villes industrielles du Nord (région textile de Picardie). C'est tout un réseau d'affaires qui a ses ramifications jusqu'au cœur du royaume. Des marchands toiliers, des drapiers, des fabricants de chapeaux et de bonnets participent ainsi indirectement à ce commerce levantin dont Marseille est la voie d'accès privilégiée. À l'époque, on emploie le terme de majeurs* pour désigner les patrons des grandes maisons marseillaises qui disposent des capitaux et assurent la haute direction des affaires par opposition à leurs préposés établis dans les Échelles, qualifiés de mineurs*.[1]

Ces derniers sont tous cautionnés par leurs maisons mères et ils doivent, à l'instar des artisans, obtenir l'agrément du secrétariat d'État de la Marine. Car dans les Échelles où les Occidentaux vivent repliés sur eux-mêmes, la mauvaise conduite, la corruption ou l'endettement de l'un d'entre eux peut devenir préjudiciable à l'ensemble de la communauté et la discréditer.[2] La caution déposée à la Chambre de commerce de Marseille peut aller jusqu'à 60 000 livres. C'est une garantie morale et financière. On n'accepte que l'engagement de négociants solvables, dont les facultés et l'honnêteté sont unanimement reconnues (règlement de 1743). Par ce biais, les majeurs* se trouvent responsables envers les autorités consulaires de la conduite de leurs régisseurs et de leurs commis.

Beaucoup de ces maisons de commerce sont constituées en entreprises familiales. Certains majeurs*, en effet, préfèrent confier à un proche parent la régie de leur établissement au Levant. De même, les mineurs* ont souvent auprès d'eux leur fils, leur neveu ou leur frère cadet soit comme associé ou commis, soit comme préposé dans une autre Échelle lorsque la maison y a des intérêts économiques. C'est

---

[1] Charles Carrière souligne la différence de terminologie entre « marchand » et « négociant » : c'est surtout l'ampleur des affaires et des relations, et donc la fortune, qui les distingue (*Négociants marseillais au XVIIIe siècle. Contribution à l'étude des économies maritimes*, Marseille, Institut historique de Provence, 1973, vol I, p. 244-246). Sur la distinction entre les négociants dits « Majeurs* » et leurs collègues « Mineurs », voir : K. Fukasawa, *Toileries et commerce du Levant d'Alep à Marseille*, op. cit., p. 75 et 96 ; Charles Carrière et Marcel Courdurié, « Un sophisme économique. Marseille s'enrichit en achetant plus qu'elle ne vend. Réflexions sur les mécanismes commerciaux levantins au XVIIIe siècle », *Histoire, Économie et Société*, 3e année, 1984, p. 11-14.

[2] La faillite retentissante du négociant Louis Michel Levezy à Saïdâ, en septembre 1787, a failli compromettre toute la nation française. Établi depuis 1763 dans cette Échelle, Levezy y contracte d'énormes dettes et disparaît un jour furtivement. L'affaire s'aggrave lorsque Djazzâr Pacha réclame les 26 000 piastres laissés en dépôt chez ce négociant. Apprenant sa fuite, le gouverneur menace le consul Renaudot de s'en prendre à ses compatriotes. Ces derniers cèdent et avancent la somme exigée par Djazzâr en attendant que les créanciers marseillais de Levezy liquident les dettes de leur régisseur. Cette affaire se termine par un compromis, mais elle a eu des séquelles sur nos relations avec le gouverneur d'Acre. Renaudot en parle longuement dans ses lettres du 20 octobre 1787 et 20 avril 1788. AN, AE B^I 980, Saint-Jean d'Acre, tome 3. On peut lire aussi le témoignage de Beaussier du 18 octobre 1787. AN, AE B^I 1041, Saïdâ, tome 25.

ainsi le cas à Enos, Alexandrette, Ramala et Rosette où résident les correspondants des grandes maisons d'Andrinople, d'Alep, d'Acre et du Caire. Les négociants exercent donc rarement seuls. Ils sont quelquefois associés pour régir le même établissement et sont presque toujours assistés d'un ou deux commis, plus jeunes qu'eux en général. Ces derniers peuvent être amenés à leur succéder lorsqu'ils sont rappelés en France.

Leurs conditions de travail sont dans l'ensemble difficiles (pratiques commerciales différentes de l'Europe, obligation de se déplacer assez régulièrement[1]) et ils assument de lourdes responsabilités financières à l'égard de leurs majeurs*, qui nécessitent expérience et dextérité. La plupart de ces hommes sont d'ailleurs d'un âge confirmé (40 ans en moyenne) et rares sont ceux qui ont moins de 30 ans. L'argent qu'ils retirent des ventes sert à acheter des produits locaux au fur et à mesure qu'ils en reçoivent l'ordre de leurs correspondants marseillais. Ils touchent cependant une commission de 4 à 6 % sur les marchandises d'entrée et de sortie, seul bénéfice qui leur revient. Comme les profits réalisés sont généralement importants, ces négociants parviennent à s'enrichir au bout de plusieurs années de résidence.

Leur séjour est en principe limité à dix ans. Cette clause tire son origine de la première capitulation de 1535 selon laquelle les ressortissants français n'étaient exempts du *kharâdj** que pour une période de dix années, au terme de laquelle ils devaient acquitter cet impôt de capitation comme tous les sujets turcs. Pendant longtemps cette disposition a arrangé le pouvoir royal qui craignait probablement que ces marchands ne dissipent leur fortune personnelle par un trop long séjour à l'étranger et ne rapatrient plus leurs capitaux. En réalité, cette précaution s'est avérée inutile et la limitation de la résidence à dix ans (fixée à nouveau par les ordonnances de 1731 et 1743) n'est plus guère observée à la fin de l'Ancien Régime.[2]

---

[1] En Morée par exemple, les ports de Nauplie et de Coron sont liés entre eux par des intérêts communs : la premier accueille les produits français alors que le second est plutôt le centre des exportations locales vers Marseille, ce qui explique en partie la mobilité des négociants de ces Échelles. On retrouve une situation similaire pour Acre et Saïdâ en Palestine, deux villes associées économiquement.

[2] L'ordonnance du 21 mars 1731 qui limite la durée des certificats de résidence à 10 ans permet toutefois son renouvellement après un intervalle de cinq années. À la veille de la Révolution, beaucoup de négociants sont établis dans les Échelles depuis quinze ou vingt ans. Nous avons l'exemple de Louis-Claude Duliquet et Jean-Baptiste Méollan installés à Ramala depuis vingt-cinq ans.

À la fin de chaque année, ils se réunissent en assemblée (le plus souvent dans la salle d'audience de la maison consulaire) pour désigner celui d'entre eux – appelé député* de la nation – qui représentera pour un an leurs droits et leurs intérêts dans l'échelle et qui aura en charge la gestion comptable des services de l'État à l'étranger (dépenses liées à la résidence des agents du roi et à la relâche des bâtiments). Ces députés sont choisis en général parmi les négociants les plus expérimentés et les mieux placés dans le pays.[1] Leur rôle est essentiel car c'est par eux que s'effectuent tous les paiements en numéraire ou par lettre de change et que les fonctionnaires peuvent percevoir leurs traitements. Ils font un peu fonction de trésoriers-payeurs et sont, pour ce faire, en relation permanente avec la Chambre de commerce de Marseille.

Les liens entre les corps de marchands et l'administration restent donc étroits à la fin du XVIIIe siècle. En dépit d'une réglementation maritime et judiciaire de plus en plus complexe, on fait encore appel à eux pour défendre les intérêts des nationaux. C'est ainsi qu'ils sont autorisés à gérer des agences consulaires, pour peu qu'ils soient chefs d'établissement et que leur désignation par les consuls généraux ait été approuvée par le secrétaire d'État. Le personnel administratif étant insuffisant (on recense 21 consuls en poste au Levant au 1er janvier 1789) et nombre d'agences restant sans titulaires, il a paru avantageux de les laisser aux mains de négociants au demeurant bien connus des autorités locales. Personne ne s'en plaint d'ailleurs. À Patras, à Alexandrette, à Ramala et surtout au Caire (depuis la suppression du consulat général en 1777), ils rendent d'inestimables services à la nation française, vérifiant les cargaisons, faisant observer les ordonnances royales et réglant les litiges entre les nationaux comme de véritables magistrats. Le roi leur alloue une gratification

---

Charles Magallon au Caire et Jean-François Pons à Alep ont chacun une trentaine d'années de résidence.

[1] Pour être élu, il faut avoir 25 ans, avoir résidé au moins deux ans au Levant et n'y avoir jamais fait faillite. On ne peut être élu deux années consécutives à moins qu'il n'y ait dans l'Échelle d'autre personne éligible. L'élection se fait à la majorité des voix, le premier jour de décembre afin que le député puisse entrer en fonction au 1er janvier suivant. Le consul qui préside l'assemblée de la nation n'a aucune voix délibérative et ne doit pas influer sur la décision. Dans les Échelles où résident plus de cinq négociants, il y a toujours deux députés, parfois trois, mais on en élit un chaque année de façon à ce que le plus ancien se trouve être « premier » député, le second le remplaçant dans cette fonction l'année suivante, et ainsi de suite.

pour leurs frais de service qui n'excède pas toutefois 1 000 livres par an. Cette pratique perdurera jusqu'au début du XIXe siècle.

L'HABITAT

Le paysage urbain

En débarquant en octobre 1806 sur les quais de Galata à Constantinople, l'une des villes les plus cosmopolites et les plus occidentalisées de l'empire, Chateaubriand ne remarque pas seulement les couleurs et les formes des maisons, les minarets et les cyprès qui s'élèvent au milieu des toits et des terrasses, la « foule de porteurs, de marchands et de mariniers » qui se pressent dans le port ; il est surtout frappé par « l'absence presque totale des femmes, le manque de voitures à roues, et les meutes de chiens sans maîtres ». Bien que tardif, ce point de vue est intéressant parce qu'il illustre parfaitement en quelques mots la distance qui sépare dans les styles de vie l'Europe chrétienne du monde ottoman. « Comme on ne marche guère qu'en babouches, poursuit-il, qu'on n'entend point de bruit de carrosses et de charrettes, qu'il n'y a point de cloches, ni presque point de métiers à marteau, le silence est continuel ».[1]

Cette différence culturelle est d'abord visible dans le paysage urbain. Dans son premier volume du *Voyage pittoresque de la Grèce* paru en 1782, Choiseul-Gouffier donne une description de Smyrne, la principale place commerciale d'Asie Mineure, qui contraste avec les belles cités portuaires d'Amsterdam, de Bordeaux ou de Nantes. Il relève l'absence de grands édifices en pierre de taille sur les quais, ce manque extérieur « de richesse et de magnificence »[2] que l'on est en droit d'attendre d'une ville industrieuse comme Smyrne. Les soldats français, en foulant le sol d'Égypte quelques années plus tard, auront la même déconvenue, la même sensation de pauvreté et d'austérité.

La physionomie des Échelles n'est pas encore influencée par le développement des échanges économiques avec l'Occident et le cadre urbain va rester le même jusqu'au milieu du XIXe siècle. Des ports comme Négrepont (Chalkida) dans l'île d'Eubée ou Rhodes

---

[1] Chateaubriand, *Itinéraire de Paris à Jérusalem*, Paris, Garnier-Flammarion, 1968, p. 204-205.

[2] Choiseul-Gouffier, *Voyage pittoresque de la Grèce, op. cit.*, volume 1, p. 201.

gardent longtemps intacts leurs murailles de l'époque médiévale. Dans les belles lithographies du peintre anglais David Roberts, qui parcourt la Terre sainte et l'Égypte entre septembre 1838 et mai 1839, nous voyons des villes dont l'aspect n'a pratiquement pas changé depuis l'époque de Volney ou de Bonaparte. Comme sur les planches de la fameuse *Description de l'Égypte*, ses illustrations du Caire montrent des rues tortueuses et insalubres, animées d'une foule grouillante où les hommes vêtus de djellaba et de turbans côtoient les ânes et les chameaux ; on y découvre les grandes mosquées avec leurs minarets, les places de marché couvertes de petits étalages en bois et les bazars pittoresques où resplendissent les couleurs des tissus et des soieries et où s'exhalent les senteurs des produits de l'Orient. La Grèce qui recouvre son indépendance en 1829 sera le premier pays à détruire les vestiges de son passé turc et à adopter une architecture et un urbanisme néo-classiques, symbole de son rattachement à l'Europe.

Les caravansérails

Dans cet environnement qui semble immuable, il a fallu s'organiser et s'adapter. Dans la plupart des villes ottomanes, les ressortissants étrangers ont pris l'habitude de loger dans de vastes bâtisses en pierre qui servent à la fois d'auberges pour les pèlerins et les voyageurs et de lieux de dépôts pour les marchands. Elles ont reçu des appellations différentes : *khân* ou *kervânsarây* (caravansérail) dans les Balkans et en Asie Mineure, *wakâla* ou *foundouk* au Proche-Orient et en Arabie. Les Européens leur ont souvent donné le nom de *okals* ou *okelles*. Ils sont en tout cas très anciens puisque le voyageur Jean Palerne les mentionne déjà dans ses « Pérégrinations » de 1581.

Situées dans les quartiers francs, à proximité des centres commerciaux, ces habitations imposantes ressemblent extérieurement à des bastions avec leur porte d'entrée systématiquement fermée la nuit et parfois même dans la journée pour des raisons de sécurité. Le naturaliste Olivier, chargé avec son collègue Bruguière d'une mission scientifique en Perse, décrit ainsi l'*okelle* des Français à Alexandrie où il débarque en décembre 1794 : « C'est un vaste bâtiment carré au milieu duquel est une grande cour où nous remarquâmes sur leurs affûts deux pièces de canons dirigées vers la porte d'entrée : on aurait pris celle-ci pour la porte d'une forteresse, tant elle était épaisse. Cet appareil menaçant, qui ne s'accorde guère avec l'humeur pacifique des négociants, a paru sans doute nécessaire dans un pays où la population, fanatique et féroce, est toujours prête à se soulever contre les Européens ».[1]

Ces bâtiments, dont les Français se répartissent le loyer, sont en effet conçus pour se mettre à l'abri des regards indiscrets et offrent un refuge relativement sûr pour se prémunir des voleurs et des soulèvements. Ils sont généralement organisés autour d'une grande cour avec une fontaine ou un bassin pour les ablutions et un portique qui soutient une galerie tournante présentant l'aspect d'un enclos fermé. Le rez-de-chaussée est composé de magasins spacieux où les marchands peuvent entreposer leurs produits. Certains sont suffisamment grands pour recevoir les cargaisons de plusieurs vaisseaux. Il y a aussi des boutiques et des ateliers pour les artisans : à Saïdâ, par exemple, ils donnent à la fois sur la cour intérieure et sur la rue. Enfin, à l'étage supérieur se trouvent les appartements privés qui ressemblent plutôt à des cellules « où l'on ne voit que les quatre murs, de la poussière et quelquefois des scorpions », écrit Volney.[2]

Les Européens ne résident pas tous dans ce type d'habitat austère, comme le montre une peinture anonyme de l'époque exposée au musée de la Marine à Paris. On y voit l'amiral de Bauffremont, commandant l'escadre du roi dans la Méditerranée, faire son entrée officielle à Smyrne, le 28 septembre 1766, précédé des janissaires* et des gardes du *moutselim** et suivi par le corps des négociants français. Le cortège défile dans les rues étroites du quartier franc sous le regard attentif des membres de la communauté occidentale venus saluer l'envoyé du roi. Leurs demeures apparaissent ici plus intimes et plus ouvertes sur l'extérieur, avec des façades percées de *moucharabiehs** caractéristiques de l'architecture arabe. On est loin de l'aspect défensif du caravansérail.

Les archives nationales ont conservé le plan de la maison du consul de France à Salonique. Le lecteur trouvera dans les illustrations une reconstitution à partir d'un dessin réalisé vers 1790 (malheureusement

---

[1] Guillaume-Antoine Olivier, *Voyage dans l'Empire othoman, l'Égypte et la Perse, fait par ordre du gouvernement pendant les six premières années de la République*, Paris, H. Agasse, an XII (1803), p. 6-7. Le professeur Paul Bernard, helléniste et membre de l'Académie française, a écrit une très belle étude sur la mission Olivier (avec des notes abondantes et des illustrations), publiée par l'Institut de France, Académie des Inscriptions et Belles-Lettres, séance du 28 novembre 1997, 90 p.

[2] C. F. Volney, *Voyage en Syrie et en Égypte pendant les années 1783, 1784 et 1785*, Paris, 1787, tome II, p. 384.

sans échelle). Elle est typique du genre de demeure que l'on trouve à l'époque en Asie Mineure et dans les Balkans. La plus grande partie de l'habitation est réservée à l'agent du roi qui occupe des fonctions de représentation. Autour de la cour sont regroupés les écuries, les sanitaires, les cuisines et les services administratifs : la chancellerie avec un emplacement pour le pavillon, l'appartement du drogman, la loge des janissaires* à l'entrée du bâtiment et une cellule pour enfermer le ressortissant coupable de délit en attendant son jugement par le tribunal consulaire.

Les appartements du consul sont au premier étage et donnent sur la rue. Il dispose d'un agréable petit jardin intérieur à la française. L'autre partie de l'habitation appartient aux prêtres qui desservent la chapelle consulaire (paroisse Saint-Louis). Le presbytère est également organisé autour d'une cour avec appartements, cuisines et jardin. Le reste des locaux est occupé par le médecin, le chirurgien et le boulanger de la nation qui ont chacun leur appartement. Enfin, quelques boutiques ouvrant sur la rue permettent à des commerçants d'étaler leurs produits. L'ensemble forme un pâté de maison isolé de l'extérieur, comme une minuscule cité à l'intérieur de laquelle les nationaux peuvent se considérer chez eux, à l'ombre de leur drapeau.

Le palais de France

L'ambassade de France à Constantinople, désignée à l'époque « palais de France », offre un visage bien différent et contraste avec les tristes okelles rencontrés dans les ports. Elle est située dans le quartier de Péra, non loin de Galata, où se trouvent installés tous les négociants français et les légations étrangères depuis l'époque génoise. Ce quartier résidentiel occupe le sommet d'un coteau sur la Corne d'Or non loin du palais du sultan et des jardins du Sérail.

Cet édifice connaît des épisodes tragiques. Bâti à l'origine en bois, dans les toutes dernières années du XVIe siècle, le palais est profondément rénové après l'incendie de 1665. Mal entretenu et à nouveau affecté par un incendie dans le voisinage (1767), il est reconstruit sur ordre de l'ambassadeur de Saint-Priest. Les travaux durent trois ans (1774-1777) et Choiseul-Gouffier en achève la décoration intérieure, assez fastueuse, où les lustres et les portraits de rois et d'ambassadeurs côtoient les vases et statues antiques. L'architecture est très classique, avec une vaste cour bordée d'une double colonnade et une longue façade à deux étages, rythmée de pilastres ioniques. Il nous est notamment connu par l'une des gravures publiées par Choiseul-

Gouffier dans son *Voyage pittoresque de la Grèce*. L'ambassade est entourée d'un magnifique parc à la française avec un verger. Elle abrite une imprimerie en caractères arabes, un couvent et une église tenus par les capucins ; elle est surtout le lieu où se retrouvent peintres, écrivains et apprentis archéologues qui forment une véritable cour autour du chef de la mission diplomatique française. Un incendie à Péra (août 1831) ravagera pour une troisième fois l'édifice. Un nouveau palais sera reconstruit entre 1839 et 1847, et il gardera à quelques modifications près la physionomie qu'il a de nos jours.[1]

La vie sociale et la réglementation des mœurs

L'existence au quotidien

Les sources nous manquent pour retracer la vie sociale dans les Échelles, et découvrir ces hommes et ces femmes dans leurs vies intimes. Le caractère même de l'habitat où les expatriés vivent reclus dans les quartiers francs facilite certainement la convivialité entre eux. Loin de leur patrie et de leurs proches ils sont amenés à resserrer leurs liens, tant pour des raisons de sécurité que pour mieux affirmer leur identité.

En dehors d'un cercle familial ou relationnel forcément restreint, l'européen n'a guère la possibilité de se mouvoir dans une société où son statut de « franc » l'isole d'emblée de la population et freine toute intégration. Le barrage de la langue l'empêche d'ailleurs de communiquer avec l'homme de la rue. Même si le mode de vie oriental peut attiser sa curiosité et son attrait (l'ameublement de sa demeure par exemple), il reste maintenu en marge de la société ottomane ; ses relations avec les autochtones sont limitées, sauf peut-être pour celui qui a contracté mariage avec une chrétienne du pays et a pu intégrer les réseaux familiaux locaux.

Les mentalités, les repères culturels et les lieux de sociabilité ne sont plus les mêmes. Il faut s'adapter tant bien que mal à certaines privations alimentaires, à l'absence de divertissements, de théâtres, de salles de concert, de libraires. Pour le simple marin ou l'artisan,

---

[1] *Ambassades de France. Les trésors du patrimoine diplomatique*, tome 2, Éditions Perrin, 2003. Ouvrage collectif préparé par la Direction des Archives et la Mission du patrimoine. Voir le chapitre sur « Istanbul, le palais de France », de Jean-Michel Casa, p. 33 à 42.

l'existence d'une taverne ou d'une auberge dans le quartier franc comble bien souvent les manques. La tenue de ces établissements est d'ailleurs réglementée et on n'y admet en principe que les nationaux. Les consuls n'y sont pas favorables et préfèrent les interdire pour leur propre tranquillité afin d'éviter tout démêlé avec les matelots et la soldatesque turque qui commettent souvent des excès. Mais pour l'agent du roi, quels autres agréments en dehors des réceptions d'usage, des visites de courtoisie, des promenades à cheval ou en mulet qu'on loue à l'entrée des villes ?

Certes, les lieux de détente ne manquent pas. Il existe dans les villes turques de nombreux bains publics pour les hommes (*hammams*) ; d'agréables cafés sont ouverts en plein air, la plupart bâtis en forme de kiosques et qui sont, selon le mot du voyageur Jean Potocki, « le rendez-vous des oisifs de tous les états ». Les faubourgs de Constantinople sont parsemés de « reposoirs », sorte de petites terrasses de maçonneries placées à l'ombre de grands platanes auprès desquels sont souvent édifiés une fontaine et un âtre pour faire le café. Mais le marchand ou le consul européen n'est pas comme le Turc qui vient y étendre son tapis dans un esprit contemplatif et il ne va pas fumer le narguilé avec les gens de son quartier.

Enfin, il y a le sentiment d'isolement inhérent à l'expatriation. Rappelons qu'à l'époque les congés sont très rares, du moins pour les fonctionnaires en poste. Henry Mure passe treize ans en Égypte et au Maroc sans en obtenir un seul ; Benoit Astier, en trente-huit ans de service, ne revient qu'une seule fois en France, encore est-ce pour donner au secrétaire d'État des éclaircissements sur les dettes que la nation française a contractées lors de la guerre de Sept-ans. Bien d'autres doivent attendre des années avant de pouvoir rejoindre leurs familles et respirer l'air natal, chose aujourd'hui inconcevable.

On sent bien les lacunes de cette analyse pour approcher une réalité, somme toute, assez difficile en Orient. Ce que l'on perçoit mieux, en revanche, c'est l'emprise du pouvoir royal sur la vie privée de ces ressortissants. Elle se fait plus forte vers la fin de l'Ancien Régime puisqu'on va jusqu'à interdire les jeux de hasard, y compris à bord des bâtiments en rade, sous peine d'être rapatrié.[1] Nous voulons ici nous étendre sur deux points particuliers qui ont attiré l'attention

---

[1] L'ordonnance de 1781 (Titre II, art. 34) rend les consuls responsables des infractions commises.

des autorités à l'époque : l'habillement, d'une part, et les relations avec les femmes, d'autre part.

La tenue vestimentaire

Le roi a longtemps laissé à ses agents en poste le choix de porter l'habit oriental ou de se vêtir à la française avec la culotte étroite, la veste écarlate, le chapeau et la perruque dont la tenue peu discrète n'est pas sans inconvénient dans les villes ottomanes. En 1768, il leur permet de revêtir l'habit des commissaires de la Marine, puis leur impose à partir de 1776 le port d'un uniforme qui les distingue à la fois des Turcs et des autres Européens et qui a l'avantage de suppléer aux riches vêtements qu'ils sont obligés d'avoir les jours de cérémonie. Ce costume est composé d'un « habit de drap bleu-de-Roi, avec parements de même couleur ; veste et culotte de drap écarlate, doublure de l'habit, de serge écarlate ; manches en botte ; boutonnières jusqu'à la taille, trois sur chacune des poches et des manches ; boutons de cuivre doré, timbrés aux armes du Roi ».[1] Enfin, des galons d'or sur les manches et sur les poches distinguent les différents grades. Hors de leurs fonctions, les consuls peuvent porter une tenue plus légère.

Cette innovation semble avoir été bien accueillie par les autorités turques et les habitants puisqu'à la veille de la Révolution nos agents paraissent dans les rues en uniforme contrairement à la plupart de leurs collègues européens. Le consul Rousseau décrit ainsi son arrivée à Bagdad en novembre 1782, une ville située aux confins de l'empire :

> « Jamais aucun Européen passant à Bagdad n'avait osé rester habillé à la française, mais me voyant si bien reçu, je fis mon entrée avec tous les Français. L'on se promena dans les bazars de même, j'engageai aussi plusieurs négociants italiens à s'habiller de même, et malgré la critique du procureur des Anglais qui est un Arménien, cela passa. Nous resterons habillés à la française et j'aurai accoutumé la populace et les janissaires* de Bagdad à respecter le chapeau ».[2]

---

[1] AN. AE. B^{III} 192. Ordonnance du 9 décembre 1776 sur les *Consuls et autres officiers de S.M. dans les Échelles du Levant et de Barbarie*, article 5. Cet uniforme est supprimé par l'arrêté du Comité de Salut public du 1er décembre 1794. Sur cette question, voir Boppe, « Les anciens uniformes du ministère des Affaires étrangères (1768-1882) », *Revue d'histoire diplomatique*, 1901, p. 368-447.

[2] AN, AE B^{I} 176, Bagdad, tome 2. Lettre au maréchal de Castries, secrétaire d'État de la Marine, Bagdad, 27 novembre 1782.

En revanche, les drogmans sont encore habillés à l'orientale avec leur fameux calpak (bonnet fourré de martre et de zibeline). À la fin du siècle on leur octroie une tenue particulière qu'ils sont libres d'adopter, à la condition que tous les drogmans de l'échelle « y soient habillés de la même manière ». Mais cet usage reste peu répandu. Un décret du 16 juin 1806 imposera un nouvel uniforme.

Quant aux marchands et aux artisans, ils ont toujours porté le vêtement local pour mieux se fondre dans la population, et c'est seulement à leur turban de soie bigarrée qu'on peut les distinguer des autres habitants. Ils passent ainsi inaperçus dans les marchés et peuvent mener à bien leurs affaires sans être constamment l'objet de railleries. Mais ils sont aussi plus facilement assimilés aux *rayas** et ne peuvent, de ce fait, mettre trop en avant leur statut d'étranger. Cette coutume tend pourtant à disparaître vers la fin du XVIIIe siècle et de plus en plus de négociants préfèrent s'habiller à l'européenne, comme le recommandent d'ailleurs les instructions du département de la Marine.

Il y a des résistances cependant. À Rhodes, par exemple, les Français ne manifestent « aucune marque de leur existence franque », comportement que réprouvent les agents du roi. Un an après sa prise de fonction, Mille avertit la communauté française de ne plus se présenter à la chancellerie consulaire « avec une serviette sur leurs têtes » et les « larges culottes ». Le 18 septembre 1783, il écrit au secrétaire d'État de la Marine :

> « La répugnance que ces artisans ont toujours manifesté pour l'habillement à la française est si grande et si forte, que de tous les temps ils ont vécu dans la ferme résolution d'y sacrifier leur propre tranquillité. Plusieurs cependant ont promis de s'habiller à la française et de ne se marier qu'après en avoir obtenu l'agrément. Mais quelques uns aussi, des plus obstinés, en sortant de la maison consulaire, se sont présentés de suite au gouverneur pour y prendre un billet de *karach*, et se soustraire par là à de nouvelles représentations de ma part ».[1]

Le vice-consul assimile volontiers ce refus aux « faibles sentiments de patriotisme » de ces artisans dont la plupart sont nés dans l'île. L'ambassadeur Saint-Priest a beau les menacer de leur retirer la protection de la France, ses remontrances ne sont pas suivies d'effet. Nous avons là un bel exemple d'intégration d'une communauté qui, en deux ou trois générations, a presque perdu ses racines. Cette

---

[1] AN, AE B[I] 953, Rhodes, tome 2.

assimilation à l'élément local s'explique à la fois par leur métier, qui les amène à coopérer avec les gens du pays, et par leur union avec des grecques orthodoxes qui leur procurent des maisons et des terres. À Rhodes, ce phénomène est plus manifeste qu'ailleurs.

Les mariages locaux

Les dispositions sévères à l'égard des femmes illustrent parfaitement ce contrôle des mœurs si caractéristique de l'expatriation en Orient sous l'Ancien Régime. L'ordonnance du 20 juillet 1726 a interdit aux femmes et aux filles de négociants français de résider dans les Échelles et a exigé des consuls une stricte application de cette mesure sous peine de révocation. C'est probablement l'une des raisons – avec la question fiscale liée au *kharâdj* mentionnée précédemment – pour lesquelles le gouvernement a limité à dix ans le séjour des marchands au Levant, tant pour abréger leur vie de célibataire, que pour les inciter à faire rapidement fortune. On craint par ailleurs que la présence des femmes ne détournent les hommes de leurs activités ou ne les divisent. Les consuls appelés à séjourner plus longtemps peuvent, en revanche, amener leurs épouses si elles sont d'un âge avancé et de « bonnes mœurs » ; et beaucoup d'entre elles, en effet, acceptent de suivre leurs maris à l'étranger.

Dans la pratique, les choses s'assouplissent un peu vers la fin du siècle et bien des consuls ferment les yeux lorsqu'un régisseur ou un commis vient s'établir avec sa famille. Si la part de la population féminine représente près du quart de la communauté française à la veille de Révolution, c'est que beaucoup d'unions sont contractées localement avec des femmes d'origine européenne, plus rarement avec des autochtones ou Levantines car cette disposition est en principe défendue. C'est dans son proche entourage et son milieu social, dans sa sphère des relations familiales ou professionnelles que l'expatrié va trouver sa future épouse. Ainsi voit-on Rossel, commerçant à Alep, demander la main de Suzanne Popolani, fille d'un riche négociant vénitien ; et son collègue Pillavoine celle de Masfick, sœur du consul hollandais établi dans la même échelle. Le marchand Gourdez à Alexandrie veut épouser Torner, fille d'un consul anglais à Chypre, tandis qu'Henry Mure, notre consul en Crète, souhaite se lier avec Marie Sponty issue d'une ancienne famille vénitienne de Candie et dont le père, ex-agent danois à La Canée, occupera sous la Révolution les fonctions de premier drogman du consulat de Venise à Smyrne. Citons encore Benoit Astier qui épouse à Larnaca, en 1772, la veuve du consul de Raguse.

Les Français doivent solliciter l'agrément du secrétaire d'État pour se marier. Toutefois, le défaut d'autorisation ne semble pas être une cause de nullité de l'union.[1] Les lettres, transmises par la voie hiérarchique, ne mentionnent pas seulement l'état civil de la jeune femme, mais portent aussi des indications sur son origine familiale, sa fortune ou son patrimoine, son éducation et ses diverses qualités qui feront d'elle une bonne épouse. Les consuls ne dérogent pas à la règle et la législation reste encore ferme sur l'habillement « à la française » des femmes mariées.

Le facteur sanitaire

Climat et résidence

La vie des expatriés est aussi celle de leur environnement naturel. À une époque où la médecine en est encore à ses débuts, les questions afférentes au climat, à l'hygiène, aux épidémies prennent une dimension particulière. Certes, les populations établies sur les rives de la Méditerranée orientale bénéficient dans l'ensemble d'un climat serein : des étés chauds et secs pour la plupart, des hivers doux et pluvieux, rarement rigoureux, à l'exception de la péninsule balkanique et des régions septentrionales de la mer Noire.

Pourtant, d'un point à l'autre de l'empire, entre Salonique et Le Caire, par exemple, ou entre Arta (côte Ionienne) et Alep, les écarts de température et les conditions d'existence peuvent varier sensiblement, rendant parfois le séjour dans l'échelle difficilement supportable pour celui dont la santé est fragile. Tel Roux de Fazillac, élève vice-consul affecté à Larnaca en décembre 1782, qui se trouve dans l'incapacité d'assumer ses nouvelles fonctions et meurt d'épuisement en août 1785 deux ans seulement après son installation.

Il est évident que certaines régions sont plus propices que d'autres aux maladies ou à la propagation des endémies. On souffre davantage d'ophtalmie* et de scorbut* en Égypte qu'en Thessalie. Enfin, il y a des résidences particulièrement pénibles. Ainsi, Alexandrette sur la côte syrienne ; l'air malsain et pestilentiel qui y règne est cer-

---

[1] Survivance de l'Ancien Régime, les militaires français servant « à titre étranger, pendant les cinq premières années de leur service actif », doivent encore obtenir l'autorisation préalable du ministre de la Défense pour contracter mariage avec un ressortissant étranger (loi n° 2005-270 du 24 mars 2005).

tainement l'une des raisons qui expliquent la suppression du vice-consulat en 1778.

> « L'insalubrité de son climat, lit-on dans un rapport de l'époque, est occasionnée par les mauvaises exhalaisons qui sortent d'une quantité innombrable de marais dont la plaine d'Alexandrette est remplie. Sous un gouvernement plus prévoyant et plus attentif au bien public, il ne serait pas difficile de remédier à cet inconvénient en desséchant les marais ».[1]

Les marécages qui bordent la côte n'expliquent pas tout. Les montagnes qui entourent étroitement le golfe retiennent en été la chaleur et l'humidité, de sorte que la région est presque inhabitable entre juillet et octobre. Au cours de l'été 1778, les chaleurs excessives favorisent la propagation de maladies qui causent la mort de nombreux Français dont le vice-consul David. Le gouvernement ne pourvoit pas à son remplacement et laisse la gestion des affaires à un jeune négociant, Jean-François Clément. Depuis, la nation française a pris l'habitude de venir passer l'été à Alep en attendant la fin de la mauvaise saison.

Bassora dans le golfe persique n'est pas un poste plus agréable. Le climat y est humide et brûlant la majeure partie de l'année et les épidémies sont fréquentes à cause de l'inondation de l'Euphrate. Pyrault, le seul agent que nous ayons dans le port, voit sa santé altérée et succombe prématurément en 1773. Son successeur Moustier tombe à son tour malade. En 1789, il se rend à Bagdad pour rétablir sa santé mais son état se dégrade et il sombre bientôt dans la démence. Ses souffrances sont telles que le consul Rousseau décide de le faire rapatrier. Ce dernier renonce lui-même à séjourner plus longtemps dans ce pays où il est pourtant né. Son âge avancé et les chaleurs de Bagdad, expliquera-t-il au dernier ministre de la Marine du roi,

---

[1] AN, AE B^I 99, Alexandrette, tome 2, lettre du vice-consul David au secrétaire d'État de la Marine, Alexandrette, 20 juin 1777. Autre témoignage, celui de Volney : « On peut assurer qu'elle [l'insalubrité de l'air] moissonne chaque année le tiers des équipages qui y estivent : l'on y a vu quelquefois des vaisseaux complètement démontés en deux mois de séjour. La saison de l'épidémie est surtout de mai jusqu'à la fin de septembre. Sa nature est une fièvre intermittente du plus fâcheux caractère ; elle est accompagnée d'obstructions au foie, qui se terminent par l'hydropisie ». *Voyage en Syrie et en Égypte pendant les années 1783, 1784 et 1785*, Paris, 1787, tome II, p. 145-146.

l'ont affaibli physiquement et moralement, ne lui permettant plus d'assumer les devoirs de sa charge.[1]

Naturellement, la situation n'est pas la même partout, et ce qui est vrai pour Alexandrette ou Bassora ne l'est pas forcément pour Athènes ; la peste, le choléra, les fièvres et la dysenterie ne sévissent pas en permanence et les réactions des Français diffèrent selon leur tempérament et leur constitution. Il n'en reste pas moins vrai que la saleté et les faibles conditions d'hygiène dans les villes (il n'est pas rare de voir des cadavres d'animaux pourrir dans les rues) favorisent la propagation des épidémies devant des pouvoirs publics impuissants.

La peste

Parmi les pandémies qui frappent alors les populations, la peste apparaît comme le principal fléau. Elle a marqué l'attention des contemporains. Car indépendamment de son aspect épidémiologique et humain, elle constitue un frein au commerce et à la vie économique locale. Elle se traduit aussitôt par une diminution du nombre des bâtiments mouillant dans les Échelles, que ne manquent pas de souligner les consuls. Maria Efthymiou, dans son étude sur Rhodes au XVIIIe siècle, rappelle que l'île et sa région ont été frappées une douzaine de fois par l'épidémie de peste au cours du siècle, ce qui a certainement eu une « influence négative » sur la navigation.[2] L'absence d'infrastructures et de réglementations sanitaires dans l'Empire ottoman explique son développement et sa récurrence. Les ports ne sont pourvus d'aucun service quarantenaire (lazaret) pour isoler les navires contaminés, ce qui explique qu'elle puisse se propager avec tant de rapidité d'une province à l'autre sans épargner les îles.

Daniel Panzac a analysé le comportement des Occidentaux face à la peste. Il y a deux attitudes possibles : soit la fuite, c'est-à-dire la retraite forcée dans un monastère ou un couvent loin de l'échelle contaminée, soit la clôture, pratique plus répandue parmi

---

[1] MAE, CCC, Bagdad, tome 4, Rousseau à de La Coste, ministre de la Marine, Bagdad, 2 juillet 1792.

[2] Maria Efthymiou-Hadzilacou, *Rhodes et sa région élargie au 18e siècle : les activités portuaires*, Athènes, 1988, p. 56-57. Au cours des deux dernières décennies du siècle, la peste a sévi à Kos en 1783-1784, à Rhodes en 1788, à Rhodes et à Kos en 1792 et à nouveau à Rhodes en 1795-1797.

les Européens. Un négociant français d'Alep explique à son correspondant marseillais en quoi consiste cette clôture volontaire :

> « La peste a entièrement cessé grâce à Dieu ; nous avons été renfermés près de quatre mois [...]. Les précautions que l'on prend en pareil cas sont fort simples. Il s'agit de ne pas sortir de sa maison et de ne permettre à personne d'y entrer, de prendre ce qui est nécessaire à la vie par une fenêtre élevée comme par exemple au premier étage de nos maisons par le moyen d'une corde et de retirer de l'espèce de sceau, la viande, les herbes [...] avec des pinces et les mettre dans une grande bassine d'eau fraîche mêlée avec un peu de vinaigre et ensuite de cette eau dans une autre bassine ayant de l'eau fraîche seulement. Ce sont les seules précautions que tous les Francs et nombre de chrétiens et juifs ont prises et il n'y en a aucun qui ait été attaqué de peste. Tout paquet s'il ne peut être mis dans le vinaigre ne doit pas être reçu, le parfum n'étant pas suffisant pour peu que le pli soit grand. Veut-on parler à quelqu'un, il faut que l'intervalle qu'il y a soit au moins de six pans et il est même prudent de mettre quelque parfum entre eux comme encens, myrrhe ... ».[1]

Les agents du roi et les médecins français prodiguent souvent des conseils d'hygiène aux autorités locales qui sont parfois appliqués. C'est ainsi qu'ont été introduites en Turquie au cours du XVIIIe siècle quelques mesures élémentaires en usage en Europe, tel que l'isolement rapide des lieux contaminés, la désinfection et l'aération des habitations et du mobilier. Quant aux soins donnés aux malades, ils restent totalement déficients. « Les médecins francs, souligne Daniel Panzac, sont aussi désarmés et impuissants face à la maladie que leurs confrères musulmans et minoritaires. Comme eux, les Européens s'en remettent alors à Dieu et le remercient lorsque l'épidémie disparue, ils constatent avec satisfaction qu'ils en ont réchappé ».[2]

Les hôpitaux français

Les Échelles n'ont pas toutes un médecin ou un chirurgien français. Aussi, le roi a t-il fait aménager à Constantinople et à Smyrne des hôpitaux pour servir d'asile aux matelots, aux pèlerins et à tous les nationaux résidant dans l'empire. Il y en a deux dans la capitale du sultan : l'hôpital de Saint-Louis, réservé aux pestiférés, et celui de Saint-Benoît, situé dans un couvent appartenant aux lazaristes et destiné aux autres malades.

---

[1] Lettre du 13 août 1787, citée par Daniel Panzac, *La peste dans l'Empire ottoman 1700-1850*, Paris-Leuven, éd. Peeters, 1985, p. 313-314.

[2] *Ibid.*, p. 317.

Ces établissements sont exigus, vétustes, surpeuplés, et surtout ils manquent de personnel qualifié et de moyens pour fonctionner correctement. À Smyrne, l'intendant est contraint d'augmenter le prix des journées payées par les capitaines pour leurs matelots et une ordonnance du 21 mars 1780 autorise la perception de nouveaux droits de chancellerie sur l'enregistrement des *barats* et des certificats de résidence. Pour l'entretien des deux établissements de Constantinople, le roi alloue un budget annuel de 3 000 livres depuis 1784, grâce aux recommandations du comte de Saint-Priest. La moitié de cette modique somme va aux honoraires du médecin et 960 livres au religieux qui se consacre au service des pestiférés ; les 540 livres restants vont à l'hôpital de Saint-Benoît. Ce budget apparaît totalement insuffisant au dire du nouvel ambassadeur Choiseul-Gouffier qui propose de faire supporter les coûts par la Chambre de commerce de Marseille.[1] Ces problèmes financiers se poseront avec plus d'acuité sous la Révolution.

Initiative heureuse de la monarchie, les hôpitaux des Échelles ne répondent pas vraiment aux défis sanitaires posés par la navigation maritime et la résidence de plusieurs centaines de Français au Levant.

---

[1] AN, AE B¹ 448, Constantinople, tome 73. Choiseul-Gouffier au secrétaire d'État de la Marine, Constantinople, 24 octobre 1787 et 22 février 1789.

CHAPITRE 2

Diplomatie et échanges commerciaux

Les relations politiques

Une vieille alliance

Les relations politiques entre la France et l'Empire ottoman présentent une singularité sous l'Ancien Régime. Il n'existe pas de représentation diplomatique turque à la cour de Versailles, ni a fortiori de consuls turcs dans le royaume, alors que le roi de France entretient un ambassadeur à Constantinople depuis 1639 (Jean de La Haye-Vantelet en est le premier titulaire) et un important réseau consulaire dans les Échelles depuis le XVIe siècle.

Certes, à l'instar du shah de Perse et des autres souverains orientaux, lorsque les circonstances politiques l'exigent, des missions officielles sont organisées et les émissaires du Grand Seigneur* sont reçus en audience publique par le roi. Celle de 1721, pendant la Régence, conduite par le haut dignitaire Mehmed Efendi, qui séjourne huit mois en France avec sa suite de plus de 80 personnes, est perçue comme un événement extraordinaire tant à Paris qu'à Constantinople.[1] Ces ambassades itinérantes, préparées longtemps à l'avance, sont toutefois si rares qu'il est difficile de parler de relations bilatérales. Elles ont au moins l'effet d'éveiller l'imagination quand les longs cortèges fastueux et chamarrés traversent les villes du royaume avec un cérémonial imposant. Elles alimentent la chronique locale à un moment où se développe l'orientalisme (traduction des *Mille et Une Nuits* par Antoine Galland) et les récits de voyage. Elles offrent aussi aux écrivains et aux philosophes un terreau fertile pour critiquer le régime monarchique dans ses formes les plus despotiques, par le biais de fictions historiques ou romanesques (*Les Lettres persanes* de Montesquieu, *Zadig ou la destinée* de Voltaire ...).

---

[1] *Mehmed efendi. Le paradis des infidèles. Relation de Yirmisekiz Çelebi Mehmed efendi, ambassadeur ottoman en France sous la Régence*, Traduit de l'ottoman par Julien Claude Galland. Paris, La Découverte / Poche, 2004, 254 p.

Il faut attendre les dernières années du siècle pour voir l'envoyé de la république à Constantinople, Raymond de Verninac, engager la Porte à nommer un représentant permanent en France en la personne d'Ali Efendi. Le refus des sultans d'entretenir des ambassades fixes auprès des souverains étrangers traduirait-il ce manque d'ouverture à la culture européenne que Bernard Lewis tente d'analyser dans son dernier essai sur *L'Islam, l'Occident et la modernité* ?[1] Il est un fait que les capitulations (renouvelées sous Louis XV en 1740) sont toujours signées à Constantinople en présence de notre ambassadeur ou du chargé d'affaires, et non à Versailles, et que la plupart des articles, rédigés comme s'il s'agissait de concessions accordées par la grâce du sultan, n'ont pas vraiment la forme de clauses bilatérales.

Pour autant, ce déséquilibre apparent au niveau de la représentation politique ne gêne nullement les bonnes relations que le roi de France maintient traditionnellement avec la Porte. Ses prises de position en politique étrangère le démontrent. À l'exception de l'épisode du siège de Candie au XVIIe siècle[2], la France a toujours affirmé sa neutralité dans les conflits qui opposaient les Turcs aux puissances chrétiennes (République de Venise, Russie, Autriche). C'est sous sa médiation que sont signés le traité de Belgrade entre le Habsbourg et Mahmut Ier (1739), puis la Convention de Constantinople entre la tsarine Catherine II et Abdülhamit Ier (1784).

Le comte de Vergennes, ambassadeur à Constantinople (1754-1768) puis secrétaire d'État des Affaires étrangères (1774-1787), est l'un des artisans de cette politique d'alliance avec le sultan. Elle contraste singulièrement avec celle de son prédécesseur, le duc d'Aiguillon, qui a montré peu d'intérêt à l'expansionnisme russe dans les Balkans lors de la guerre de 1769-1774 qui a vu la déroute des Turcs. Vergennes,

---

[1] B. Lewis, *Que s'est-il passé ? L'Islam, l'Occident et la modernité* (*What went wrong ?*), traduit de l'anglais par Jacqueline Carnaud, Paris, Gallimard, « Le Débat », 2002, 240 p. À mettre en relation avec une autre étude récente de Frédéric Hitzel, *Relations interculturelles et scientifiques entre l'Empire ottoman et les pays d'Europe occidentale (1453-1839)*, Thèse de doctorat, Paris IV, 1995.

[2] En 1668, Louis XIV autorise le duc de Feuillade à se rendre à Candie (Héraklion) avec 600 gentilshommes pour porter secours aux Vénitiens assiégés par les Turcs depuis près de vingt ans. Mais cette mission est mal préparée et manque de moyens : à peine débarqués, ils tentent une sortie et échouent. Les rescapés doivent regagner la France en janvier 1669. La citadelle tombe quelques mois plus tard. Voir Le Glay, « Une intervention en Crète (1668-1669) », *Revue d'histoire diplomatique*, 1897.

au contraire, s'oppose avec conviction au démantèlement de l'Empire ottoman proposé dans le projet de partage austro russe[1], de la même façon qu'il œuvre pour le maintien du statu quo en Europe en refusant par exemple tout engagement militaire de la France pour soutenir l'annexion de la Bavière par l'Autriche. Mais la France alliée de la Turquie n'a guère les moyens d'empêcher la Russie de s'emparer de la Crimée et d'établir un protectorat sur la Géorgie. C'est impuissante qu'elle voit se constituer une flotte de guerre russe en mer Noire. Informé très tôt par son ambassadeur à Constantinople, Louis XVI ne peut éviter un nouveau conflit russo-turc à partir de septembre 1787 ni l'entrée en guerre de l'Autriche en février 1788 car Joseph II espère désormais conquérir Belgrade, qui lui ouvrirait les Balkans. Louis XVI laisse faire et le nouveau secrétaire d'État des Affaires étrangères, le comte de Montmorin, rappelle même les officiers français servant comme conseillers techniques dans l'armée turque.

L'expertise française en matière militaire

La relative passivité de la France dans les affaires d'Europe orientale à la fin du XVIIIe siècle ne saurait toutefois cacher une politique séculaire marquée par des liens diplomatiques forts avec la capitale ottomane. Versailles soutient les projets réformateurs du sultan en matière militaire en envoyant en Turquie des officiers et des ingénieurs. Le baron François de Tott, colonel de cavalerie et ex-consul en Crimée, séjourne plusieurs années à Constantinople (1769-1775) afin de réorganiser l'armée ottomane et s'improvise instructeur en matière d'artillerie.[2]

La marine est un des domaines privilégiés où la France apporte son expertise. Après Tchesmé (6 juillet 1770), qui voit la défaite de la flotte turque par les vaisseaux russes de l'amiral Orlof, la Porte prend conscience de la nécessité d'améliorer les techniques navales et l'organisation de sa marine. Sous l'impulsion du grand amiral Hassan Pacha, des ingénieurs français participent à cet effort de

---

[1] À la Russie reviendrait la Crimée, l'Autriche-Hongrie annexant la Serbie et la Bosnie-Herzégovine. Joseph II suggère à son beau-frère Louis XVI de s'associer à ce plan de démembrement en offrant à la France l'Égypte, qualifiée de « morceau très convenable ».

[2] Robert Laulan, « Un artilleur français improvisé à Constantinople au XVIIIe siècle, le baron de Tott », *Revue Artillerie*, 1932, t. CX, p. 343-363, 392-411 et 460-481.

modernisation en modifiant la forme des navires, dont la poupe est trop élevée, en perfectionnant les agrès et en tentant, mais sans succès, de créer une école de marine à Constantinople selon les vœux du baron de Tott. Dans le même temps, le roi de France offre au sultan un vaisseau de ligne et plusieurs frégates dont l'usage est encore inconnu dans la marine turque. Par ailleurs, vers 1775, on note la présence à Rhodes de l'ingénieur Vaslin, expert en bois de construction, dont l'activité est peut-être liée au chantier naval. Enfin, dans les années 1784-1788 une mission française composée de deux ingénieurs de la marine, sept maîtres calfats et charpentiers détachés de Brest et de Toulon est envoyée à l'arsenal militaire de Constantinople à la demande du sultan. Elle permet la réalisation de nombreux ouvrages : un vaisseau de 74 canons, deux frégates, quatre corvettes de 14 canons, une galiote à bombes, vingt-deux bombardes canonnières, etc.[1] Non seulement ces artisans introduisent les méthodes et les techniques françaises dans les ateliers de construction de Péra, mais ils forment des élèves pour concevoir les plans des vaisseaux et des bâtiments de commerce. Quelques années plus tard, Sélim III fait appel à un autre constructeur naval français, Jacques Balthasard Le Brun et à ses associés pour superviser les travaux dans les arsenaux de la capitale ainsi qu'en province.

Cette amitié franco-turque ne se démentira pas sous la Révolution et elle explique encore qu'un officier d'artillerie comme Bonaparte songe, avant l'insurrection de vendémiaire an IV, à entrer au service du Grand Turc. Mais si la diplomatie française soutient l'Empire ottoman, elle joue aussi son propre jeu. Nos agents négocient secrètement des accords avec les gouverneurs locaux pour favoriser les intérêts économiques de la France. L'un des axes majeurs de cette politique dans les années 1780 est la recherche de voies de communication directes avec l'Inde afin de concurrencer l'Angleterre. C'est dans cet esprit qu'est signé le traité de commerce du 10 janvier 1785 entre Truguet et les beys* d'Égypte sur la liberté de transit de Suez au Caire, ou que sont entreprises avec l'appui du pacha de Bagdad des expéditions de draps français en Irak et en Perse via le désert syrien.

---

[1] MAE, Mémoires et Documents, Turquie, vol. 30 : *Détachement des constructions employées en Turquie pendant les années 1784, 1785, 1786, 1787 et 1788 sous les ordres successifs de L.E. MM. les comtes de St Priest et de Choiseul-Gouffier ambassadeurs du Roi*, Toulon, 26 janvier 1789 (anonyme).

Cette politique a toutefois ses limites puisque le roi de France n'ose s'engager avec les potentats locaux en matière de coopération militaire, ce qui serait très mal perçu à Constantinople. Lorsqu'en mars 1789, Ismaïl Bey, un des maîtres de l'Égypte, demande à Louis XVI de lui envoyer des ingénieurs et des instructeurs militaires (la Porte, en guerre avec les Austro-Russes, n'étant pas en mesure de lui envoyer des renforts), il voit son offre repoussée malgré le soutien de Magallon.

Le réseau consulaire

Les onze circonscriptions

Mieux que l'ambassade de France à Constantinople, dont les deux responsables sous Louis XVI sont le comte de Saint-Priest (1768-1784), puis le comte de Choiseul-Gouffier (1784-1792), ce sont les consulats qui retiendront surtout notre attention car leur implantation permet de comprendre les circuits d'échanges entre la France et la Turquie. Leur création au Levant remonte au XVIe siècle alors que les Ottomans n'ont pas encore achevé la conquête de la Méditerranée orientale et que sont signées les premières capitulations : le consulat de Tripoli de Syrie est ouvert en 1536, celui d'Alep en 1560 et celui de La Canée en 1567.[1] Depuis, le réseau a connu de nombreuses modifications. Il n'est structuré et hiérarchisé que tardivement.[2]

À la fin du XVIIIe siècle, la répartition des onze circonscriptions consulaires du Levant, telle qu'elle est définie par l'ordonnance de la Marine du 3 mars 1781 – on parle à l'époque de « départements » consulaires – correspond à peu près aux délimitations des provinces turques (*pachaliks**).[3] Comme pour le territoire américain

---

[1] Bien qu'elle n'entretienne aucun réseau à l'étranger, la Turquie fait preuve d'une certaine ouverture dans ses relations consulaires. Notons qu'une grande puissance comme l'Espagne n'admet pas de consul de France dans ses colonies d'Amérique. Seul l'agent français de la Marine y est toléré et fait office de consul pour les nationaux.

[2] Ainsi, l'ordonnance du 17 août 1756 supprime les consulats ou vice-consulats d'Andrinople (Edirne), La Cavale (Kavala), Négrepont (Eubée), Tinos et Mykonos, tandis que le règlement du 9 décembre 1776 crée des consulats généraux dans les grandes Échelles.

[3] Ordonnance du 3 mars 1781 sur *les Consulats, le commerce et la navigation dans les Échelles du Levant et de Barbarie*, Titre II, article 17.

(à partir de 1779), cette division de l'espace en circonscriptions s'explique parfaitement dans un empire étendu sur plusieurs milliers de kilomètres.

Le département de Morée comprend le Péloponnèse, les îles du golfe Saronique, l'Attique et l'Eubée. Le département de Salonique s'étend au nord de la Grèce depuis le golfe de Volos jusqu'à Kavalla. Celui de Constantinople regroupe la région des Détroits (Dardanelles et Bosphore) ainsi qu'une partie de la Thrace avec la ville d'Andrinople, ancienne résidence des sultans jusqu'en 1703 et centre commercial encore important où résident plusieurs marchands français. Les côtes de l'Asie Mineure depuis la plaine de Troie jusqu'à Rhodes forment également un département consulaire (centré autour de Smyrne). La Crète et Chypre en représentent deux autres. Enfin, les provinces arabes qui regroupent un vaste ensemble géographique ont été divisées en cinq départements : deux se trouvent en Syrie (Alep et Tripoli), un en Palestine (Saïdâ), un autre en Égypte avec les Échelles d'Alexandrie, Rosette, Damiette et Le Caire (point de jonction du commerce méditerranéen, oriental et africain), le dernier département étant situé en Irak, dans l'ancienne Mésopotamie sur un territoire allant de Mossoul à Bassora.

En principe, les chefs de circonscription consulaire, consuls généraux et consuls, sont établis dans le lieu de résidence des pachas au même titre que l'ambassadeur séjourne dans la capitale du sultan. Cette règle néanmoins n'est pas de rigueur et tout dépend de l'évolution des marchés et de la situation des maisons de commerce. En général, celles-ci sont situées dans les ports (ou à proximité) et non à l'intérieur des provinces où se trouvent la plupart du temps les sièges des gouverneurs ; ceci ne facilite pas les démarches lorsqu'il faut recourir à eux pour des autorisations, bien que cet éloignement permette aussi de mieux contrevenir à leurs ordres lorsque sont publiés par exemple des firmans de prohibition sur certaines marchandises. Ainsi s'explique pourquoi le consulat général de Morée soit installé à Coron, petite localité portuaire située à l'extrême sud du Péloponnèse au lieu d'être à Tripolitsa, capitale administrative régionale, siège du pacha de Morée et carrefour routier important. C'est à Coron que nos établissements extraient le plus d'huile d'olive, principale production de la province. De même, La Canée (Xania) est le siège du consulat de France en Crète alors que Candie (Héraklion) est la résidence du gouverneur turc. Même constatation à Chypre ; Nicosie est la capitale mais c'est à Larnaca, sur la côte est, que se trouve le consul avec la communauté française.

Un réseau évolutif

Cette distribution géographique des postes qui se veut calquée sur les divisions administratives ottomanes laisse pourtant quelques problèmes en suspens, comme le montre bien le cas de l'Attique. Gaspary, qui gère les affaires de la nation française à Athènes depuis 1764, affirme à juste titre que l'ordonnance de la Marine de 1781, en comprenant implicitement l'Attique dans la Morée, contrarie la démarcation de la Porte. Le district d'Athènes, explique-t-il, est un apanage attaché de tout temps au Kislar aga ou « Grand Eunuque ». L'Attique dépend entièrement de cet officier du Sérail et aucun pacha, même celui de Tripolitsa, ne peut se mêler de son administration. Il est donc logique à ses yeux que le vice-consulat d'Athènes soit distinct du département de Morée.[1] Cette affaire est portée devant le roi et Gaspary obtient gain de cause en 1789.

En dépit de ses imperfections, le réseau consulaire est assez souple pour s'adapter aux événements locaux. L'Égypte en fournit un bon exemple. Le siège du consulat général est transféré à Alexandrie en 1777 à cause des troubles qui agitent le pays ; on délaisse donc Le Caire, qui est pourtant le véritable centre des activités économiques de la province.[2] Mais c'est un retrait temporaire car en 1793 un nouveau consul général est nommé dans l'ancienne capitale des Fatimides.

Entre Bagdad et Bassora, le gouvernement hésite longtemps à la suite de rapports contradictoires. Un consulat général est créé en 1741 à Bagdad sur les recommandations du comte de Maurepas, ministre de la Marine. Cette fondation poursuit plusieurs objectifs : faciliter les liaisons avec l'Inde, assurer une représentation officielle auprès du puissant pacha de Bagdad, placer nos produits sur un marché encore peu exploré (Anglais et Hollandais y sont présents depuis le début du XVIIIe siècle), enfin protéger l'évêque de Babylone

---

[1] AN, AE B^I 174, Athènes, tome 2, lettre de Gaspary au secrétaire d'État de la Marine, Athènes, 22 octobre 1788. Le 27 avril 1789, le comte de La Luzerne avertit Taitbout de Marigny, consul général de Morée, de ne plus considérer l'Attique comme dépendante de sa circonscription. Quelques mois plus tard, le poste d'Athènes est érigé en consulat.

[2] En dépit du détournement des voies commerciales à la suite des Grandes découvertes du XVIe siècle, Le Caire continua d'affirmer sa vocation de centre international de transit et de redistribution, ce qui explique que la France y établit dès 1625 un consulat général au détriment d'Alexandrie. On peut lire à ce sujet les intéressantes remarques d'André Raymond, *Artisans et commerçants au Caire au XVIIIe siècle*, Damas, Institut français de Damas, 1973, tome 1, p. 107.

et les missionnaires de la congrégation de la Propagande*. Mais quarante ans plus tard, en 1781, on propose un transfert du poste dans le port de Bassora où la Compagnie des Indes entretient déjà un agent. Une décision à nouveau contestée sous la Révolution puisque Bagdad redevient le siège du consul général.[1]

Contrairement aux missions diplomatiques, le réseau consulaire connaît donc une situation assez évolutive, laquelle n'est cependant pas toujours liée au contexte local comme le montre l'ordonnance royale du 17 août 1756 qui supprime plusieurs vice-consulats dans les Cyclades.

Le dispositif financier

Le rôle de la Chambre de commerce de Marseille

Depuis Colbert, les frais induits par la représentation consulaire dans l'Empire ottoman échappent à la règle commune. Bien qu'ils soient titulaires d'une commission du roi (provisions* ou brevets*), les agents en poste dans les échelles du Levant et de Barbarie ne sont pas rémunérés sur le budget du département de la Marine dont ils dépendent administrativement, contrairement à leurs collègues affectés au Maroc, dans les pays européens et aux États-Unis d'Amérique (à partir de 1779).

Le Trésor royal a trouvé plus judicieux de faire supporter ces dépenses publiques par la Chambre de commerce de Marseille. Celle-ci, depuis l'arrêt du Conseil du 31 juillet 1691, a également en charge une partie des frais engagés par l'institution des jeunes de langue confiés aux capucins à Péra, mais aussi le contrôle des comptes des nations dans les Échelles, le service de la poste et le paiement des présents offerts aux autorités ottomanes. La Chambre de commerce est autorisée à financer ces dépenses par des taxes sur la navigation française. Le système a varié au cours du XVIIIe siècle. Si le « droit

---

[1] À l'époque, il faut compter une quarantaine de jours pour traverser le désert depuis Alep jusqu'à Bagdad ; par cette voie deux à trois mois suffisent au roi pour recevoir des nouvelles de l'Inde. En réalité le moyen le plus rapide passe par Suez, mais la navigation en mer Rouge à proximité des Lieux saints de l'islam est encore mal perçue des Ottomans. Sur cette question : Miroudot, *Mémoire sur le consulat général de France à Bagdad*, 12 janvier 1781. AN, AE B^I 176, Bagdad, tome 2 ; Henri de Manneville, « Les premiers consuls de France à Bagdad (1741-1788) », *Revue d'Histoire diplomatique*, 1935, p. 225-234.

de consulat » perçu à Marseille a toujours été fixe, le droit dit « d'avarie » perçu dans les Échelles n'est pas, jusqu'en 1776, uniforme ; il est acquitté indifféremment sur les entrées ou les sorties des navires, de façon souvent arbitraire en fonction des circonstances et des besoins.

L'arrêt du 9 décembre 1776 tente de rationaliser le mode de perception et d'augmenter par là-même les recettes de la Chambre, qui n'ont jamais couvert suffisamment les dépenses. Les anciennes taxes sont donc remplacées par une nouvelle imposition sur le commerce sous la dénomination commune de « droit de consulat ». Il s'élève à l'époque à 5 % réparti de la façon suivante : 2 % sur la valeur des produits français à leur arrivée dans les Échelles, et 3 % sur toutes les marchandises de retour débarquées à Marseille hormis les grains, l'or et l'argent, non imposés. Des préposés de la Chambre sont chargés de collecter les recettes en France et dans les Échelles. Applicable dès le 1er janvier 1777, le droit de consulat est abaissé à 3 % au 1er juillet 1785, désormais perçu sur les seules marchandises de retour[1], puis à 2 % au 1er juillet 1790, à la grande satisfaction des négociants marseillais. On assiste ainsi à la fin de l'Ancien Régime à une baisse des tarifs douaniers. Malgré cette réduction fiscale, les ressources augmentent : pour le Levant environ 610 000 livres en moyenne annuelle pour la période 1777-1785 et plus de 700 000 livres pour la période 1785-1789. Cette hausse s'explique avant tout par une meilleure gestion des dépenses qui permet dans le même temps une revalorisation des traitements, comme nous l'indiquons ci-après.

Les dépenses publiques

L'arrêt du 27 novembre 1779 a déterminé le montant de toutes les charges relatives à la résidence des agents du roi et aux relâches des navires français dans les Échelles. Le gouvernement établit ainsi pour la première fois un cadre budgétaire rigoureux qui laisse peu de marges. Il reste inchangé jusqu'à la fin du siècle, ce qui n'est pas sans conséquences sur les salaires alors que l'on assiste à un renchérissement du coût de la vie dans l'Empire ottoman. Mais il a au moins pour effet de supprimer les dettes jadis contractées dans les Échelles et a permis, par voie de conséquence, la réduction de la taxe sur le commerce levantin mentionnée plus haut.[2]

---

[1] Dispositions de l'arrêt du 29 avril 1785.

[2] Selon une étude réalisée par le bureau des Consulats du secrétariat d'État de la Marine, les dépenses faites dans les Échelles du Levant entre 1765 et 1774

S'agissant des traitements, la grille des salaires pour le corps consulaire au Levant s'établit comme suit après la réévaluation de 1779 : 10 000 à 20 000 livres par an pour un consul général, 8 000 à 9 000 livres pour un consul (soit le salaire d'un directeur d'administration), 4 000 à 5 000 livres pour un vice-consul (autant qu'un chef de bureau), 1 500 à 2 000 livres pour un élève vice-consul.[1] Ces traitements qui, pour quelques-uns d'entre eux, avaient déjà été augmentés à deux reprises au cours du siècle (en 1763 et 1773), diffèrent selon l'importance de la résidence ; ainsi, les titulaires des postes de Smyrne, Salonique, Larnaca, Chio, Saïdâ, Athènes et Nauplie sont mieux payés que leurs collègues de même grade dans les autres Échelles.

Sans les mettre vraiment dans la gêne, ces salaires n'apparaissent plus à la fin du XVIIIe siècle comme des charges lucratives, contrairement aux diplomates qui vivent dans une réelle aisance et parviennent même à faire fortune pour certains d'entre eux (l'ambassadeur à Constantinople touche jusqu'à 150 000 livres par an).

Il faut préciser qu'ils doivent pour la plupart se loger à leur charge et que les frais de voyage et d'installation leur sont rarement remboursés ; ils ne bénéficient pas toujours d'indemnités lorsqu'ils sont victimes d'un accident ou d'une catastrophe naturelle et les gratifications pour bons services restent exceptionnelles. S'ils n'ont plus l'obligation d'entretenir les drogmans depuis 1776, ceux qui emploient des élèves vice-consuls, des secrétaires particuliers ou des domestiques (cuisiniers, palefreniers) le font sur leurs deniers. Comme, par ailleurs, il leur est défendu de recevoir une quelconque rétribution pour l'enregistrement des actes passés en chancellerie, ni percevoir aucun droit sur le commerce (contrairement à leurs homologues autrichiens et anglais) sous peine de révocation[2], ils se plaignent assez régulièrement de leur sort. Mais tous ne sont pas comme Louis

---

se sont élevées, moyenne annuelle, à près de 400 000 livres. Dans les années 1780, ce chiffre est réduit à 300 000 livres. AN, AE B[III] 298.

[1] Les rémunérations sont plus élevées en Angleterre, en Europe du Nord et aux États-Unis. Dans ce dernier pays, par exemple, un consul général perçoit 24 000 livres par an, un consul 15 000 livres et un vice-consul 8 000 livres.

[2] Ce principe souffre de nombreuses exceptions ou dérogations. Les activités personnelles de certains agents sont connues et tolérées par les bureaux de Versailles qui ferment les yeux. D'anciens négociants sont choisis en raison de leur compétence en matière de commerce (Gaspary à Athènes, Magallon au Caire) et des agences sont confiées traditionnellement à des marchands (Alexandrette, Ramala, Beyrouth, Patras).

Emmanuel Mille qui affirme être « dans la plus grande affliction » au moment où il quitte Rhodes en 1786, ou Jean-François Rousseau qui revient en France endetté, en 1780, après avoir géré l'agence de Bassora pendant sept ans. Ces cas restent isolés.

L'échelle des salaires offre moins de disparité parmi les drogmans ; le traitement annuel d'un « jeune de langue » est de 1 200 livres et celui d'un drogman va de 1 500 à 4 500 livres selon son grade et sa résidence. Les secrétaires interprètes du roi à l'ambassade sont beaucoup mieux payés, entre 5 000 et 10 000 livres, barème qui ne varie guère jusqu'à la fin du siècle.[1] Comme les consuls, les drogmans ne peuvent exercer aucune autre activité liée au négoce ni profiter (après la réforme de 1776) de leur position au sein de la chancellerie pour percevoir des émoluments autres que ceux fixés par les règlements.[2]

Les traitements des agents du roi grèvent les trois-quarts du budget des consulats. Il y a aussi les dépenses annexes liées à la résidence dont certaines sont fixes, à savoir : l'entretien du pavillon national (environ 250 livres par an), le salaire de l'aumônier ou du curé de la nation sous le titre « frais de chapelle » (il varie de 150 à 600 livres par an selon les départements consulaires), la solde du janissaire[3] employé comme garde de la chancellerie (de 300 à 350 livres par an, et jusqu'à 500 livres si l'on compte son logement et son linge), parfois aussi les frais de location.

S'ajoutent les escales des bâtiments de la marine royale, les déplacements dans la circonscription, les frais de bureau et de correspondance et toutes les dépenses de représentation : réceptions données aux notables locaux et aux agents des puissances étrangères, présents et étrennes (les « donatives ») qu'il est d'usage de distribuer lors des fêtes religieuses et des visites d'apparat à l'occasion de l'installation d'un nouveau pacha ou de la nomination d'un grand officier, lors de la naissance d'un prince turc, ou tout simplement lorsqu'il s'agit

---

[1] AN, AE B^III 197 : *Des secrétaires interprètes en langues orientales*, Rapport du ministère des Relations extérieures du 13 décembre 1799.

[2] Ordonnance du 9 décembre 1776 sur *les Consuls et autres officiers de S.M. dans les Échelles du Levant et de Barbarie*, article 8 ; et ordonnance du 3 mars 1781, Titre I, articles 92, 120 et 121.

[3] La présence d'un soldat turc à la porte de la maison consulaire est une mesure de protection indispensable. Dans les postes importants, ils peuvent être deux ou trois.

d'aplanir une difficulté (extraction d'une denrée prohibée, libération d'un compatriote détenu). Et il faut imaginer que le même bureau tenu par le *cadi**, le *moutselim**, le *moufti** ou le douanier, peut changer de titulaire plus d'une fois dans l'année et que ces présents sont, la plupart du temps, offerts non seulement aux officiers mais à leur suite. Il y a enfin tous les imprévus : les avanies ou extorsions, les réfections immobilières (mât du pavillon, toit de la chancellerie), les secours portés aux marins en détresse, quelquefois même le rachat d'esclaves chrétiens, etc.

La somme attribuée annuellement pour ces dépenses dites « extra-ordinaires » va de 600 à 800 livres pour un vice-consulat ou une simple agence, 1 500 à 2 000 livres pour un consulat, et 2 000 à 3 000 livres pour un consulat général. Ces budgets seraient insuffisants au dire de Cousinéry.[1]

La lettre de change

Nous ne pouvons conclure ce passage sur les finances sans parler de la lettre de change, qui reste à la fin du XVIIIe siècle le mode de transfert des fonds le plus sûr entre l'Empire ottoman et l'Europe puisque l'envoi de numéraire par mer ou par terre comporte toujours des risques. Elle permet aux négociants français d'avoir entre eux « des enchaînements d'affaires sans que jamais n'intervienne autre chose qu'un transfert de papiers et des inscriptions en compte courant », écrit Rousseau.[2] Si les maisons marseillaises adressent parfois à leurs régisseurs des monnaies d'or et d'argent étrangères pour faciliter leurs achats sur place, le numéraire n'est jamais utilisé depuis la France pour régler les affaires administratives dans les Échelles : paiement des fonctionnaires, dépenses liées à l'entretien du pavillon et de la chancellerie, escales des bâtiments, etc.

Pour ce faire, la Chambre de commerce de Marseille passe par les députés de la nation, représentants élus des corps de marchands dans les Échelles et responsables pour le compte du Trésor des budgets des consulats. Le système est simple : le député recueille en piastres turques la somme voulue auprès d'un autre négociant de l'échelle

---

[1] AN, AE B^I 1004, Salonique, tome 15. Dans son *État général des dépenses extraordinaires de l'Échelle de Salonique faites pendant le cours d'une année* (période 1788-1791), le consul Cousinéry affirme être souvent à découvert puisqu'il dépense 2 300 livres en moyenne au lieu des 1 500 qui lui sont allouées.

[2] AN, AE B^I 177, Bagdad, tome 3, lettre au secrétaire d'État de la Marine, Bagdad, 8 septembre 1788.

qui dispose de liquidités et tire sur la Chambre de commerce une lettre de change à l'ordre de la maison mère de ce négociant ou d'un correspondant établi en France. Le député rend compte de ses opérations financières chaque trimestre par un rapport détaillé à la Chambre de commerce et au secrétaire d'État de la Marine.

Depuis 1785, les officiers des Échelles sont autorisés à retirer eux-mêmes leurs appointements sans passer par les députés. Le système est le même mais il fait intervenir plusieurs démarcheurs. Le consul se fait remettre en espèces par un négociant la somme désirée et tire une lettre de change sur son fondé de pouvoir en France à l'ordre de l'établissement marseillais créditeur. Le fondé de pouvoir se fait ensuite rembourser par la Chambre de commerce.[1]

Que les traites soient tirées par les consuls ou par les députés, rien ne se fait sans l'intermédiaire des négociants qui seuls disposent des fonds sur place. C'est l'une des raisons pour lesquelles les consuls sont établis à proximité du quartier d'affaires de leurs compatriotes dont ils doivent justement assurer la protection.

MONOPOLES ET PROTECTIONNISME

État monarchique et libre-échange

Avant d'aborder la politique économique de la France au Levant, il n'est pas inutile de rappeler ici les conditions dans lesquelles s'organise la production dans le royaume, car nous ne pouvons encore parler de libre marché à la fin du XVIIIe siècle. Il n'y a pas de libre jeu des prix et des profits et la législation royale favorise volontiers l'existence de monopoles. Dans les villes, les métiers et les professions sont réglementés en corporations pourvues de privilèges de fabrication et de commercialisation. Il existe par ailleurs des entraves à la libre circulation des hommes et des richesses. L'administration territoriale n'est pas unifiée, chaque province, chaque terre a son statut particulier ; les marchandises sont soumises à de multiples péages et douanes intérieu-

---

[1] K. Fukasawa, *Toileries et commerce du Levant d'Alep à Marseille*, op. cit., p. 128-129 et 134. La Chambre de commerce achète aussi des lettres de change tirées par des établissements marseillais sur leurs régisseurs. Elle les endosse à l'ordre des députés de la nation qui, sur réception de ces lettres, peuvent retirer auprès des régisseurs la somme équivalente au montant encaissé par les établissements marseillais, change inclus. Cette pratique semble toutefois avoir été moins courante.

res. La vie économique souffre de l'insuffisance des liaisons (réseau de transport médiocre, lent, coûteux et discontinu) et du cloisonnement administratif qui privilégie bien souvent le local sur le national.

En matière de commerce extérieur, l'État monarchique prône le développement de la navigation et des échanges. Mais il souhaite dans le même temps protéger le marché national de la concurrence étrangère et intervient pour réglementer l'industrie naissante et surtout la production agricole, qui demeure à la fin de l'Ancien Régime la principale richesse de la nation. En dépit de l'influence des Physiocrates[1], il s'oppose encore au libre-échangisme même si l'on perçoit à la fin du règne de Louis XVI l'amorce d'une politique libérale comme le montre le traité de commerce franco-anglais de 1786 ou la libre exportation des grains en 1787.[2]

Le port de Marseille et ses privilèges

La position dominante de Marseille dans le commerce méditerranéen illustre parfaitement la doctrine économique de l'Ancien Régime que nous venons d'exposer brièvement. Ce port, qui est aussi engagé dans le commerce outre-atlantique, apparaît en effet comme l'unique entrepôt des marchandises orientales en France et certainement le mieux doté pour rivaliser avec Gênes, Livourne et Trieste également bien placés sur le marché levantin.

---

[1] Les Physiocrates – dont François Quesnay, médecin de Louis XV, est le représentant le plus célèbre – développent entre 1756 et 1776 un courant de pensée libéral qui s'oppose aux idées mercantilistes et à la forte intervention de l'État dans l'économie qui prévaut depuis Colbert. Ce mouvement est relayé Outre-manche par « l'école classique anglaise », représentée par Adam Smith. Dans son ouvrage *Recherches sur la nature et les causes de la richesse des nations* (1776), A. Smith s'oppose au protectionnisme et soutient que le libéralisme et la concurrence créent un contexte favorable à la croissance économique. Il est vrai que la révolution industrielle a déjà commencé en Angleterre. Les nouvelles techniques de production plus performantes nécessitent l'existence de vastes débouchés pour rentabiliser leur mise en œuvre et donc une politique libérale dans le domaine des relations extérieures.

[2] Le traité de 1786 négocié par Vergennes stipule une baisse des droits de douane sur les tissus anglais en échange d'exportations facilitées pour les eaux-de-vie françaises. Moins compétitifs, les manufacturiers français ne peuvent supporter cette concurrence et les licenciements qui en résultent favorisent les tensions sociales à la veille de la Révolution. Quant à l'autorisation d'exporter les blés à l'étranger, qui déroge à la peur séculaire de la famine, elle est de courte durée puisque dès 1790 l'Assemblée nationale revient sur cette décision malgré la bonne récolte.

Depuis le XVIIe siècle les règlements maritimes ont favorisé, au détriment des autres ports du royaume, l'ancienne cité phocéenne où sont canalisés et stockés tous les produits orientaux avant d'être redistribués à l'intérieur du pays. Ce n'est pas que les négociants nantais, bordelais ou rouennais ne puissent pas commercer avec les Échelles, mais l'obligation pour tout navire de venir relâcher à Marseille pour y effectuer la quarantaine (réaffirmée par l'arrêt du 14 octobre 1762) vient restreindre cette liberté laquelle, sur le plan des principes tout au moins, n'a jamais été contestée par la monarchie. En réalité, la contrainte réside moins dans la quarantaine elle-même – mesure de santé publique indispensable pour éviter toute propagation de la peste dans le royaume – que dans le fait qu'on ne puisse la faire qu'à Marseille. C'est le seul port de France équipé d'un lazaret pour la marine marchande, comme l'est Toulon pour la flotte de guerre. Volney explique en quoi elle consiste et pourquoi l'État en a limité le nombre.

> « Tout vaisseau venant de Turquie ou de Barbarie est interdit de toute communication immédiate, et mis en séquestre, lui, son équipage et sa cargaison. Afin que le séquestre s'observe avec sûreté et commodité, l'on a formé des espèces de parcs enceints de hautes murailles où les voyageurs sont reçus dans un vaste édifice, et les marchandises étalées sous des hangars où l'air les purifie ; c'est ce que l'on appelle *Lazarets, Maisons de santé* ou *Infirmeries*. Or, comme ces Lazarets, outre la dépense de leur construction et de leur entretien, coûtent encore des soins et des précautions extraordinaires, chaque État en a restreint le nombre le plus qu'il a été possible, afin d'ouvrir moins de portes à un ennemi aussi dangereux que la peste ».[1]

La durée de la quarantaine varie selon les renseignements inscrits dans la « patente de santé » que tout capitaine de navire doit présenter aux autorités portuaires à son arrivée à Marseille et qui lui a été délivrée par le consul dans l'échelle.[2] Outre cette formalité préalable, il est perçu une taxe de 1 % sur toutes les marchandises du Levant ou de Barbarie déchargées au lazaret ainsi que le fameux « droit de consulat » dont les recettes encaissées par la Chambre de commerce de Marseille servent précisément à financer les dépenses des consulats. Il est certain que la perception de ces taxes dans un seul port

---

[1] C.-F. Volney, *Considérations sur la guerre actuelle des Turcs*, Londres, 1788, p. 81-82.

[2] D. Panzac, *Quarantaines et Lazarets. L'Europe et la peste d'Orient (XVIIe-XXe siècles)*, Aix-en-Provence, Edisud, 1986, p. 41.

facilite la gestion comptable de la Chambre. Après avoir acquitté les taxes et effectué la quarantaine, l'Intendant de la santé délivre au capitaine de navire un certificat légalisé par les échevins de la ville de Marseille. Il peut dès lors relâcher et vendre sa cargaison dans n'importe quel autre port du royaume. Sans ce certificat, toute marchandise est systématiquement confisquée à son arrivée en France.

Marseille doit aussi sa position privilégiée à son statut de port franc octroyé par un édit de mars 1669. Le cadre géographique a favorisé une telle situation. Le port, la ville et ses environs sont bornés au nord par une chaîne de montagnes formant comme une frontière naturelle ; les bureaux de douane sont placés aux extrémités de ce petit territoire où se trouvent les seules voies de passage à travers la montagne. Là, dans cette « enceinte » naturelle, les marchandises peuvent être stockées et circuler librement sans aucune taxe, exceptées celles venant des Échelles soumises au droit de consulat et les huiles d'Italie imposées à 10 sous par millerole*. En réalité, on ne paye la douane que si l'on veut introduire les produits étrangers à l'intérieur du royaume (hors du territoire marseillais), mais l'entrée est libre de droit s'il s'agit de productions françaises. La franchise avantage donc les fabriques marseillaises qui importent de l'arrière-pays ou de l'étranger les matières premières dont elles ont besoin et exportent leurs produits sans contrainte douanière, privilège que n'ont pas les autres villes portuaires.

Enfin, deux mesures protectionnistes complètent ce dispositif et témoignent de l'absence d'un libre marché. Il est perçu un droit de 20 % sur tous les produits du Levant ou des pays barbaresques (à l'exception des grains) introduits à Marseille par des navires étrangers ou par des navires français ayant relâché à l'étranger. Dans l'esprit des pouvoirs publics, il s'agit à la fois d'inciter les négociants français à commercer directement avec Marseille et d'empêcher toute concurrence étrangère sur le territoire national. Cette taxe est si dissuasive qu'elle ne produit pas 20 000 livres de recettes par an dans les caisses de la Chambre de commerce.

Par ailleurs, l'édit de mars 1669 interdit aux étrangers d'exporter eux-mêmes dans les Échelles les produits de nos colonies ou de notre industrie achetées en France, à l'exception des draps. Le roi leur a pourtant accordé cette liberté en 1781, mais devant l'opposition des négociants marseillais une nouvelle ordonnance du 29 avril 1785 rétablit la mesure discriminatoire.

Ainsi, grâce à ces dispositions protectionnistes, grâce à son port franc et à l'imposition de la quarantaine, Marseille continue à la fin du XVIIIe siècle de jouir seule des avantages du commerce levantin de la même façon que Nantes et Bordeaux se partagent le commerce des colonies. Ce monopole trouve sa manifestation dans la part prépondérante des négociants d'origine marseillaise ou de sa région (Berre, Martigues, Grasse) parmi le personnel commercial des Échelles, qui ne semble pas avoir beaucoup varié au cours du siècle. Fukasawa avance le chiffre de 72 % de Marseillais pour Alep, entre 1711 et 1781[1], proportion que l'on retrouve par exemple à Salonique à la veille de la Révolution.

Des établissements en nombre limité

Outre le monopole détenu par Marseille, l'État exerce un droit de contrôle sur la liberté d'entreprise de ses sujets en Turquie en limitant le nombre des maisons de commerce dans chaque échelle, en fonction de leur productivité ou de leurs chiffres d'affaires. Il fixe les règles du jeu en matière économique afin d'éviter la libre concurrence. Cette politique interventionniste répond d'ailleurs aux vœux des régisseurs d'établissement et des agents consulaires, qui expliquent sans ambages qu'il n'est pas possible de faire participer tous les nationaux aux bénéfices du commerce levantin et qu'il faut tenir compte des besoins du marché et des ressources locales, surtout dans les régions où les exportations sont basées sur quelques articles de première nécessité, comme c'est le cas dans les provinces grecques.

Ainsi, lorsque la maison Sauvaire à Coron, accablée de dettes depuis plusieurs années, fait faillite en 1789, le consul Taibout de Marigny ne cherche nullement à la soutenir auprès des créanciers. Il est soutenu dans sa démarche par l'ensemble de la nation française et notamment par les frères Beaussier qui tiennent l'autre maison concurrente. Ces derniers entendent se réserver le monopole des achats d'huile d'olive en Morée et vont jusqu'à solliciter l'intervention du roi contre les négociants de Patras et de Nauplie qui envoient régulièrement leurs commis à Coron pour acquérir une partie de la production d'huile.[2]

---

[1] K. Fukasawa, *Toileries et commerce du Levant d'Alep à Marseille, op. cit.*, p. 76.

[2] AN, AE B[I] 472, Coron, tome 4, rapport des frères Beaussier au secrétaire d'État de la Marine, Coron, 2 janvier 1787.

À Larnaca, Astier estime qu'une seule maison pourrait suffire à exploiter tout le commerce français à Chypre et que la création d'un troisième établissement projetée en 1788 par la Chambre de commerce de Marseille, loin d'être un avantage pour l'échelle, serait au contraire nuisible aux deux maisons existantes à cause de la hausse des prix dans l'île et de la concurrence que leur font les marchands vénitiens et chypriotes.[1] Pourtant, quinze ans plus tôt, on recensait quatre établissements français.

Même souci à La Canée où le consul Pellegrin souhaite avant tout préserver l'union et l'harmonie entre les quatre maisons françaises ; un établissement de plus, explique-t-il, diminuerait les bénéfices des négociants et leur rivalité profiterait d'abord aux locaux. Son successeur Mure d'Azir défend aussi la position de ses compatriotes, inquiets de constater que la proposition d'une nouvelle maison de commerce a reçu finalement l'approbation du gouvernement. Le 2 août 1789, il écrit au secrétaire d'État de la Marine : « Les établissements français n'ont pris quelque consistance dans cette échelle que depuis la détermination que la Cour a prise d'en fixer le nombre à quatre ; c'est d'après ce principe qu'elle a déjà refusé en septembre 1786 au sieur Ganteaume, négociant à Marseille, son agrément pour un cinquième établissement qu'il demandait à former ».[2]

Situations semblables à Tripoli de Syrie, à Saint-Jean d'Acre et à Constantinople où l'ambassadeur réagit à l'annonce de la fondation d'une nouvelle maison : « L'augmentation des maisons françaises n'ajoute pas à l'activité de notre commerce ; il est beaucoup plus avantageux en général de le concentrer entre un petit nombre de négociants aisés que de le diviser sur une quantité trop considérable. Dix maisons riches font bien mieux prospérer le commerce que vingt qui partagent entre elles des bénéfices assez médiocres. L'échelle de Constantinople a aujourd'hui dix établissements ; celle du sieur Pech fera le onzième. Il peut être utile, il n'est certainement pas nécessaire ».[3]

---

[1] AN, AE B^I 642, Larnaca, tome 13, Astier au secrétaire d'État de la Marine, Larnaca, 12 septembre 1788.

[2] AN, AE B^I 358, La Canée, tome 19.

[3] AN, AE B^I 447, Constantinople, tome 72, Choiseul-Gouffier au secrétaire d'État de la Marine, Constantinople, 10 janvier 1785.

Une liberté commerciale restreinte dans l'espace ottoman

Si la France d'Ancien Régime adopte à l'égard de l'Empire ottoman une politique nettement protectionniste, les Turcs ont aussi établi des monopoles sur le commerce extérieur. Ils ont accordé la protection aux marchands et aux marins occidentaux, mais n'ont jamais ouvert totalement leur marché. La prétendue « liberté » commerciale concédée aux Français par les capitulations est, en fait, restrictive à deux niveaux.

D'abord à l'égard des produits échangés. À la fin du XVIIIe siècle, l'importation étrangère en territoire ottoman est quasiment libre à l'exception du tabac, du sel, des armes, poudres et autres munitions de guerre dont l'administration turque se réserve le monopole. Il n'en est pas de même pour l'exportation des produits locaux vers l'Europe qui est sévèrement réglementée (sel, tabac, fruits secs), voire prohibée pour certaines matières premières (fer, laines et cuirs bruts) ou denrées de première nécessité (blé, riz, huile d'olive). Faut-il voir dans ces restrictions la crainte que les exportations ne se fassent au détriment de la consommation locale ou ne mettent en difficulté l'approvisionnement des manufactures ottomanes ? Mais rappelons qu'en France l'importation de certains articles (draps, sel, tabac, poissons salés et cuirs tannés) est également interdite afin de protéger l'industrie nationale.

Le fait que les capitulations aient été rédigées de façon souvent obscure ou incomplète (par exemple, on ne mentionne pas les articles illicites supposés être connus), donnent lieu à des contestations fréquentes entre les douaniers turcs et les capitaines français. Il faut composer avec un droit coutumier et des pratiques qui favorisent la corruption.

En réalité, les choses se passent différemment dans les Échelles. Bien souvent la sortie des produits prohibés se fait en contrebande avec la complicité des autorités locales, surtout pour les denrées. C'est ainsi que chaque année, au moment de la récolte des olives, il arrive dans les villes grecques des *firmans** de la Porte interdisant l'exportation des huiles, sauf celles destinées à Constantinople. Si à Candie cette mesure est appliquée avec une certaine rigueur parce qu'elle s'accorde bien avec les intérêts des fabricants de savon candiotes qui monopolisent le marché, en revanche à La Canée, Rethymnon, Coron et Athènes les gouverneurs opposent peu de difficultés aux chargements lorsque les récoltes sont abondantes (y compris pour le blé). De larges présents facilitent les passe-droits avec les responsables turcs, mais les producteurs locaux s'y retrouvent aussi car les Français acceptent en général de payer les huiles plus cher que celles vendues à Constantinople.

Le riz que l'on embarque à Damiette et Rosette (le riz du Delta et du Fayoum est d'une qualité supérieure à celui que l'on cultive dans les autres provinces de l'empire), dont l'exportation vers l'Europe est normalement prohibée, fait aussi l'objet de tractations secrètes. Sa sortie se fait désormais au grand jour et non plus la nuit.[1] On retrouve une situation similaire à Larnaca et à Salonique où l'extraction des grains s'opère clandestinement en soudoyant les douaniers ou leurs préposés.

Les pachas y trouvent leur compte puisqu'une partie de leurs richesses est fondée sur les revenus de la douane. Le sultan lui-même n'ignore pas ces pratiques, mais il préfère fermer les yeux que d'avoir des démêlés avec ses gouverneurs dont il connaît les velléités d'indépendance. Il lui arrive d'ailleurs d'assouplir sa position, comme en 1788 lorsqu'il facilite l'exportation des laines, bien que cette mesure soit de circonstance, la Porte ayant besoin du soutien de la France dans la guerre qui l'oppose à nouveau à la Russie. Louis XVI, pour sa part, n'ose faire pression à Constantinople et se contente d'exiger la stricte application des traités.

Il faudra attendre la convention franco-turque du 25 novembre 1838 pour voir clairement formulé le principe de la libre exportation. La Porte s'engagera à « abolir tous les monopoles qui frappent les produits de l'agriculture et les autres productions de son territoire » et les Français pourront acheter « tous les articles, sans exception, provenant du sol ou de l'industrie de ce pays ».[2]

La nature des marchandises n'est pas la seule entrave à la liberté du commerce. L'espace ottoman lui-même n'apparaît pas vraiment ouvert aux Occidentaux. Les échanges franco-turcs ne peuvent prospérer qu'en zone maritime, dans les grands sites portuaires et non dans les villes de l'intérieur reliées par un réseau de communications terrestres défaillants, « domaine des caravanes dont la manipulation

---

[1] MAE, CCC, Damiette : Kercy, *Mémoire sur l'Échelle de Damiette*, 10 décembre 1777. Paul Masson, *Histoire du commerce français dans le Levant au XVIIIe siècle*, Paris, Hachette, 1911, p. 597.

[2] Article 2 de la Convention du 25 novembre 1838 conclue à Constantinople et formant « Appendice aux capitulations garanties à la France par la Porte ottomane ».

et l'organisation sont encore entre les mains des autochtones », note Robert Mantran.[1] Les Français bénéficient d'une douane réduite à 3 %, mais sortis des Échelles ils sont soumis aux mêmes taxes que les autochtones et peuvent difficilement soutenir leur concurrence parce qu'ils sont obligés le plus souvent de passer par des intermédiaires.

Enfin, certaines régions comme la mer Noire, source d'approvisionnement importante pour le blé, le bois et le fer, longtemps considérée par les Turcs comme un lac intérieur, nous sont interdites bien que rien ne soit stipulé dans les capitulations. Les marchands français ont bien créé des comptoirs en Valachie et en Moldavie et ont tenté des liaisons maritimes avec la Russie du Sud et la Crimée, mais sans grand succès. Si la Porte ottomane accorde à la Russie au traité de Kütchük Kaïnardji (1774) la libre navigation en mer Noire, privilège concédé dix ans plus tard à l'Autriche, l'ambassadeur de France à Constantinople ne parvient pas à obtenir les mêmes droits pour notre marine marchande. Évoquant la clause de la nation la plus favorisée[2], Choiseul-Gouffier profite néanmoins du conflit russo-turque pour faire admettre les avantages de la neutralité du pavillon français. C'est ainsi qu'entre 1787 et 1789 nombre de nos bâtiments affrétés aux Turcs font le cabotage entre Constantinople et les provinces ottomanes de la mer Noire. Mais cette politique n'est pas vraiment soutenue par Versailles, qui craint d'impliquer la France dans la guerre et notre commerce levantin n'en tire de toute façon aucune spéculation.

Sous la Révolution, la mer Noire restera pour les Français un marché fermé. Ce n'est qu'à la faveur du renouvellement des traités en juin 1802 (suite à la rétrocession de l'Égypte) que la Porte consentira au libre accès maritime et à la cessation du droit de visite dans les Détroits, mesure réclamée depuis longtemps par les capitaines de navires.[3]

---

[1] R. Mantran, *Histoire de l'Empire ottoman*, Paris, Fayard, 1989, p. 282.

[2] Cette clause est stipulée dans l'article 83 de la capitulation du 28 mai 1740 : « Comme l'amitié de la cour de France avec ma Sublime Porte est plus ancienne que celle des autres cours, nous ordonnons pour qu'il soit traité avec elle de la manière la plus digne, que les privilèges et les honneurs pratiqués envers les autres nations franques aient aussi lieu à l'égard des sujets de l'empereur de France ».

[3] Le traité de Paris du 25 juin 1802 entre la France et la Turquie annule les dispositions de l'article 27 de la capitulation de 1740 qui imposait la visite des bâtiments français aux Dardanelles et à Constantinople.

Les pratiques commerciales

La douane turque

Elle a été fixée à l'origine à 5 % sur toutes les marchandises importées ou exportées des Échelles. Louis XIV parvient à la réduire à 3 % à la faveur du renouvellement des capitulations en 1673. Elle s'acquitte en monnaie courante (piastres) ou en nature et il est délivré en retour un « acquit de douane » (*edateskeressy*). Les protégés de France bénéficient de ce régime de faveur alors que les autres sujets turcs payent un droit de 5 à 7 %.

Deux problèmes se posent. L'un est lié à l'évolution des cours des marchandises car il n'existe pas de tarifs uniformes dans l'Empire ottoman. Non seulement les prix courants de certaines denrées comme les grains et les huiles subissent des variations journalières, mais l'évaluation des produits se fait différemment selon les régions. Par exemple, à Salonique les prix sont fixés d'après une ancienne estimation faite au XVIIe siècle tandis qu'à Alep on a établi un tarif annuel, renouvelable chaque année et qui est négocié à l'amiable entre les douaniers et les marchands étrangers. Dans une même province, les prix peuvent varier sensiblement ; ainsi, les ballots de draps à Saïdâ sont soumis à un droit de 18 piastres alors qu'on exige 12 piastres à Saint-Jean d'Acre.

Il va sans dire que cette situation est constamment matière à discussion entre les autorités locales et les corps de marchands assistés de leurs consuls. Ce n'est qu'en avril 1839 qu'est publié un tarif général pour toutes les échelles du Levant, valable pour une durée de sept ans. Par ailleurs, divers abus ou malversations se sont instaurés au mépris des traités. Dans beaucoup d'échelles, les « acquits » sont peu respectés par les Turcs qui exigent arbitrairement des capitaines faisant le cabotage le paiement d'une seconde douane. Or, celle-ci ne doit être acquittée qu'une seule fois, lorsque les marchandises sont débarquées dans le port pour y être vendues et non lorsqu'elles sont en transit.[1] De plus, vers la fin des années 1780 une nouvelle imposition sur le commerce de sortie, portant le nom de *bedeât**, est perçue à Larnaca, à Alexandrie et en Morée en dépit des récri-

---

[1] On peut citer le témoignage de Beaussier (lettre du 24 mai 1790 au secrétaire d'État de la Marine) où il relate ses démêlés avec le douanier de Saïdâ qui exige 3 % sur les produits français destinés à Acre. AN, AE B^I 1041, Saïdâ, tome 25.

minations de notre ambassadeur. Elle s'étendra à d'autres échelles sous la Révolution.

L'évolution à l'aube du XIXe siècle va vers une augmentation de la fiscalité douanière. Mais il faut rappeler, à titre de comparaison, que les Turcs ne peuvent commercer en France qu'en payant un droit de 20 % : une telle mesure protectionniste n'existe dans aucun port ottoman, ce qui conduit finalement à minimiser les contraintes ressenties par nos ressortissants dans les Échelles. Quoi qu'il en soit, la France trouvera un arrangement avec la Porte (convention du 25 novembre 1838) pour que tous les droits payés par ses nationaux soient remplacés par une taxe fixe de 9 %.

Les intermédiaires locaux

L'accès direct au marché intérieur turc échappe en grande partie aux Occidentaux qui doivent composer avec les réseaux de distribution locaux. C'est ainsi que les régisseurs des maisons françaises achètent rarement leurs marchandises aux producteurs et s'adressent, en général, à des fournisseurs du pays mieux placés qu'eux sur le marché et qui, de surcroît, peuvent compter sur le soutien tacite des autorités.

À Chypre, par exemple, l'épiscopat orthodoxe, grand propriétaire foncier et responsable pour l'administration ottomane de la perception des taxes sur la nation grecque, est le principal intermédiaire entre nos marchands et les cultivateurs. Ces derniers, en effet, se trouvant presque toujours à court d'argent pour régler leurs impôts, cèdent à bas prix leurs récoltes aux dignitaires religieux, lesquels les revendent aux négociants étrangers avec un gros bénéfice.[1]

On procède de la même façon dans la région de Salonique, à la différence près que les Français ont affaire ici aux Turcs. Dans cette province septentrionale de l'empire, la majeure partie des producteurs (cultivateurs ou bergers) ont besoin d'emprunter des sommes importantes pour l'hivernage et l'entretien de leurs familles. Pour ce faire, ils s'adressent ordinairement à des compagnies de janissaires* qui avancent les fonds et se font rembourser sur les produits des récoltes. Ces marchands janissaires se nomment *moutaf** et c'est

---

[1] AN, AE B^I 642, Larnaca, tome 13 : *Extrait de quelques articles du Mémoire remis le 18 février 1785 par le consul Astier au chevalier de La Prévalaye, commandant la corvette du roi La Poulette en réponse à ses questions relatives au commerce.*

auprès d'eux que les Français de Salonique ont coutume de se fournir en laines et en cotons. Ils leur avancent l'argent et ceux-là se chargent ensuite de tous les détails de l'approvisionnement et du transport en ville. Cette méthode est pratique mais coûteuse car les *moutaf* prennent d'importants frais de commission et fixent à leur gré les prix de vente.[1]

En Morée et en Crète, les Français achètent également par anticipation. Ils s'associent avec les magasiniers d'huiles auxquels ils avancent les fonds et ces derniers traitent avec les propriétaires d'oliviers.[2] À Alep, ils se heurtent à la concurrence des riches négociants du pays, arméniens et juifs, qui ont établi un monopole sur le commerce des toiles de coton, principal article d'exportation de cette Échelle. Contraints d'acheter ces toiles en seconde main à des conditions onéreuses, les Français perdent peu à peu le contrôle d'un secteur traditionnel de leur négoce.[3]

À Saint-Jean d'Acre et à Saïdâ, il faut traiter avec Ahmad Djazzâr Pacha, partenaire obligé entre les producteurs et les commerçants occidentaux. Régnant en maître sur la Palestine depuis 1775, ce gouverneur a la main mise sur les principaux produits d'exportation (coton, céréales). Il a interdit aux Français de faire des avances aux cultivateurs et a obligé ces derniers à apporter leurs denrées dans les seules villes d'Acre et de Saïdâ où elles sont vendues à ses agents. Il a créé d'énormes magasins où s'entassent les produits des récoltes qu'il revend aux habitants et aux négociants étrangers avec d'importantes marges bénéficiaires.[4]

---

[1] MAE, CCC, Salonique, tome 15 bis : Félix-Beaujour, *Mémoire sur le commerce de Salonique*, remis à la Classe des Sciences morales et politiques de l'Institut national, 5 novembre 1797.

[2] MAE, Mémoires et Documents, Turquie, vol. 30 : Guy de Villeneuve, *Observations sur l'île de Candie*, 2 février 1788. Voir aussi la lettre de Taitbout de Marigny au secrétaire d'État de la Marine, Coron, 3 juin 1788. AN, AE B^I 473, Coron, tome 5.

[3] K. Fukasawa, *Toileries et commerce du Levant d'Alep à Marseille, op. cit.*, p. 140. Voir aussi les remarques du vice-consul Devaulx, Alep, 25 octobre 1786. AN, AE B^I 96, Alep, tome 21.

[4] A. Cohen, *Palestine in the 18th Century. Patterns of government and administration*, The Magnes Press, Jérusalem, 1973, p. 265 et 269. Volney, *Voyage en Syrie et en Égypte ..., op. cit.*, tome II, p. 210-211. AN, AE B^I 981, Saint-Jean d'Acre, tome 3 : Renaudot, *Situation des affaires dans le département d'Acre et de Seyde*, rapport au secrétaire d'État de la Marine, 15 juillet 1790.

Conscients de la difficulté de pénétrer le marché intérieur ottoman et de la nécessité de passer par des intermédiaires, certains Français se sont concertés et ont élaboré des « stratégies » de retrait. Depuis 1774, ceux de Salonique se sont associés pour acheter en commun les laines de Macédoine qui forment l'un des principaux articles de commerce de cette Échelle. Deux d'entre eux se chargent de réunir les sommes, traitent seuls avec les vendeurs, puis répartissent équitablement les laines entre les différents établissements français. C'est ce que les négociants appellent acheter « en ligue » ou « en répartition ». Habituellement, ce sont les députés de la nation qui exercent ces fonctions et règlent les lots pour chacune des maisons.

L'achat des cotons filés et des toiles de coton à Acre et à Saïdâ se fait un peu de la même manière ; les négociants mettent leurs avances et leurs profits en commun et font une seule et grande « commandite ». Ils ont établi un syndic chargé de répartir la quantité de coton pour chaque régisseur d'établissement en fonction de ce qui a été fixé préalablement.[1] Cette pratique est bientôt adoptée par les Français de Tripoli de Syrie qui décident à partir de 1786 d'acheter les soies en commun.[2]

Toutefois, ce système n'est pas étendu partout et il ne concerne que certains articles de commerce. Enfin, dans les Échelles où il est appliqué, il ne fait pas l'unanimité de la nation. L'avantage de la « ligue » est de ne présenter aux vendeurs qu'un seul acheteur et ainsi de ne point faire hausser les prix en jouant sur la concurrence ou les rivalités entre les maisons françaises. Mais avec ce système, chaque établissement se trouve forcé de recevoir une quantité de marchandises qui ne correspond pas toujours à ses besoins réels ni à la demande de ses commettants marseillais. Il suppose aussi un accord parfait entre les nationaux et fait appel à la responsabilité et à la bonne conduite de chacun. Or, il arrive que des marchands se servent d'un nom étranger pour croiser les opérations de la « ligue » et faire secrètement des achats que l'ensemble de la communauté veut suspendre ou retarder. Le consul n'a pas toujours les moyens d'empêcher ces abus ou de maintenir la concorde entre les Français, ce qui impose parfois l'intervention du secrétaire d'État.

---

[1] AN, AE B^I 981, Saint-Jean d'Acre, tome 3 : *Délibération nationale pour l'achat des toiles en répartition dans le département de Seyde et d'Acre*, 25 avril 1788.

[2] AN, AE B^I 1123, Tripoli de Syrie, tome 10, Devoize au secrétaire d'État de la Marine, Tripoli de Syrie, 13 janvier 1786.

Les pratiques de vente ne diffèrent pas tellement des retraits ; les produits français sont cédés à des grossistes qui les redistribuent dans les bazars et les foires. Les autochtones gardent la main mise sur les circuits économiques locaux, mais cette situation n'est pas exclusive comme le montrent les expéditions de draps faites à Bagdad par la maison Audibert dans les années 1782-1785. Il s'agit là d'une des rares tentatives d'exploration du marché intérieur ottoman au XVIIIe siècle, qui mérite d'être décrite.

Jusqu'alors, le transit caravanier entre Alep et le golfe persique a toujours été entre les mains des négociants arméniens et turcs ; ce sont eux qui expédient en Irak nos marchandises qu'ils achètent dans les ports syriens. L'idée d'établir des liaisons avec Bagdad et Bassora par la voie terrestre refait surface au moment où éclate la guerre avec l'Angleterre en 1778 et alors que le régent de Perse Kerim Kan sollicite un nouveau traité de commerce avec la France (le dernier date de 1715).

Lorsque les frères Audibert de Marseille tentent en 1782 une première expédition de 20 ballots de draps, avec des caisses de cochenille, de bonnets et d'étoffes, ils reçoivent aussitôt le soutien de Versailles qui dépêche à Bagdad le consul Jean-François Rousseau pour s'assurer le concours de Souleyman Pacha et faciliter l'écoulement des marchandises. Le convoi traverse le désert sans être attaqué par les Arabes comme le craignait Miroudot, et atteint Bagdad le 21 novembre 1782. Une partie des produits ayant été vendue à Alep (cochenille et bonnets essentiellement), le reste est liquidé sur place.

Le succès de cette entreprise (entre 40 et 45 % de bénéfice net selon les articles, déduction faite de tous les frais de transport et de douane) permet un nouvel envoi de 24 ballots de draps avec des bonnets et des étoffes qui rapporte des gains importants (août 1783). Une troisième expédition de 320 ballots est faite dans l'année 1785, mais cette fois les recouvrements s'échelonnent sur plusieurs années suite à des troubles sociaux dans la province. Rousseau explique que le monopole de Souleyman Pacha sur les principales denrées et ses oppressions successives ont occasionné une rareté du numéraire et l'appauvrissement de la population :

> « Ce gouverneur et quelques juifs du pays ont tellement accumulé en leurs mains le numéraire de Bagdad et de Bassora, que d'autres négociants, quoique riches, ont de la peine à avoir quelques milliers de piastres en argent, et comme pour terminer entièrement les affaires de commerce qui m'ont été confiées, il ne reste que des recouvrements à faire, j'ai beaucoup de la peine à y réussir car si je force les débiteurs, ou ils s'enfuient ou ils

font faillite, de sorte que le seul moyen de réussir est de patienter avec eux pour les mettre à même de payer peu à peu ».[1]

Le 19 mars 1791, Rousseau reconnaît qu'il n'a pas encore totalement récupéré les créances des négociants Audibert, le pays étant « ruiné par la famine, les guerres et trois révoltes de Bassora ». Pour diverses raisons (absence d'établissements français à Bagdad, instabilité politique de la région, navigation dangereuse sur le Tigre et l'Euphrate, présence des Anglais à Bassora...) l'expérience ne sera pas renouvelée sous la Révolution.

Les négociants français d'Alep connaissent une situation un peu semblable dans les années 1778-1789, où leurs marchandises ont du mal à trouver preneur et restent stockées dans leurs magasins (la valeur des dépôts s'élève à 2 532 000 livres en 1785). Selon Fukasawa, il existe une « corrélation étroite entre la conjoncture mésopotamienne et l'écoulement des marchandises de France ».[2] Marseille exporte en grande quantité à Alep sans trop tenir compte des besoins du marché, à un moment où beaucoup d'habitants de la région se trouvent réduits à la misère par la mauvaise gestion des dirigeants (problème de ravitaillement, pression fiscale), par une insécurité régnante (brigandage des Kurdes et des Arabes dans les campagnes) et à cause d'une conjoncture externe défavorable (interruption des communications avec la Perse troublée par des querelles dynastiques).

Si les Français d'Alep parviennent difficilement à écouler leurs produits (les recouvrements se font sur quinze à vingt mois), leurs collègues d'Égypte vendent souvent à perte et ne peuvent contraindre leurs débiteurs qui sont les fournisseurs des puissants beys mamelouks*. Là, les Français traitent directement avec les grands du pays mais au prix de vexations.

---

[1] AN, AE B^I 177, Bagdad, tome 3, Rousseau au secrétaire d'État de la Marine, Bagdad, 8 septembre 1788. De nombreux détails sur cette affaire sont relatés dans un manuscrit anonyme intitulé : *Analyse historique des opérations consulaires et des principaux événements de Bagdad et de Bassora depuis 1755 jusqu'à 1791.* AN, AE B^I 197, Bassora, tome 1.

[2] K. Fukasawa, *Toileries et commerce du Levant d'Alep à Marseille, op. cit.*, p. 128-129 et 134.

Le déséquilibre des échanges

L'Empire ottoman représente pour la France un immense marché où elle peut placer ses produits manufacturés ainsi qu'une partie de ses marchandises coloniales et s'approvisionner en retour des matières premières nécessaires à son industrie et à ses consommateurs. Pour dresser ce tableau des échanges franco-turcs à la veille de la Révolution, nous nous sommes basés sur les statistiques de commerce adressées par les consuls au secrétaire d'État de la Marine et à la Chambre de commerce de Marseille, au cours des années 1786-1788. Les chiffres cités ci-après représentent la moyenne annuelle pour ces trois dernières années de l'Ancien Régime.

L'exportation au Levant

La draperie forme de loin le premier article d'exportation vers les Échelles. Dans tous les envois que font les négociants français, on trouve toujours quelques ballots de draps. Cet article représente à lui seul près de la moitié de la valeur des exportations. C'est en quelque sorte la base de nos échanges avec la Turquie. Ces draps fabriqués essentiellement dans la province du Languedoc sont appelés « londrins » parce qu'ils sont confectionnés comme les draps anglais produits à l'origine à Londres.[1] Ils sont présentés en assortiments (un tiers bleu, un tiers vert et un tiers garance) et vendus en ballots ou balles composées de dix pièces. Les Français expédient chaque année en moyenne plus de 4 500 ballots pour une valeur d'environ 8 300 000 livres. L'essentiel va à Smyrne (plus de 40 % des expéditions), d'où ils sont ensuite réacheminés dans les villes d'Asie Mineure et les îles grecques. Constantinople et Alexandrie reçoivent également des stocks importants : ces deux échelles se partagent à elles seules 35 % des envois.

Cette branche de notre industrie n'est plus aussi florissante qu'elle ne l'était encore au milieu du XVIIIe siècle. La concurrence étrangère se fait plus rude dans les années 1780 car les Allemands et les Anglais s'attaquent au marché turc. De plus, les locaux ont tendance à se plaindre de la mauvaise qualité de nos draps qu'il faut parfois

---

[1] Il y a deux qualités de londrins : les londrins « premiers » faits avec de la laine de Ségovie, et les londrins « seconds » presque tous confectionnés avec de la laine du Roussillon. Ces derniers sont fabriqués en plus grand nombre, mais leur texture et leur apprêt sont aussi plus grossiers.

renvoyer à Marseille pour défaut de fabrication ou non respect des règlements (absence d'apposition des plombs par exemple). Choiseul-Gouffier s'inquiète des conséquences de ce discrédit :

> « La concurrence des draps de Leipsick et d'Angleterre s'accroît de jour en jour : les qualités et les prix de ces draps balancent déjà la consommation des nôtres, et l'on doit s'attendre à voir bientôt nos rivaux entièrement préférés, lorsque nous joindrons la mauvaise foi dans les ventes à la négligence dans les fabrications. Je ne dois pas vous dissimuler que la chute de notre commerce est inévitable, si l'on ne prend pas les précautions les plus promptes pour arrêter de pareils excès en faisant exécuter plus rigoureusement les règlements destinés à les prévenir. Les fabricants ne sont pas les seuls répréhensibles : les inspecteurs plus criminels méritent sans doute une punition plus sévère puisqu'ils donnent la caution du gouvernement à un effet frauduleux ».[1]

Les avertissements réitérés de l'ambassadeur resteront lettres mortes et n'empêcheront pas la baisse des expéditions de draps languedociens.

Avec les draps, la bonneterie constitue un autre article d'exportation courant. Chaque année des centaines de caisses de bonnets sont expédiées dans l'Empire ottoman ; dans certaines échelles, ces envois peuvent représenter jusqu'à 15 % de la valeur des chargements. Comme l'explique un contemporain, le bonnet est l'élément principal de la coiffure des Orientaux, de la même façon que la perruque ou le chapeau en Europe : « Les Grecs le portent simplement en guise de calotte. Les Turcs l'entourent d'un turban, et les femmes de tous les états et de toutes les conditions l'ornent de mouchoirs, de franges et de pompons ».[2] Les bonnets confectionnés à Orléans, Carcassonne et Marseille ont un beau lustre et sont en général appréciés des Turcs malgré la concurrence italienne et la réputation des manufactures de Fez (Maroc) et de Tunis.

La France exporte également des matières premières pour l'artisanat, essentiellement de l'indigo de Saint-Domingue et de la cochenille, mais aussi des bois précieux et des métaux en lingots. Matières tinctoriales connues pour leurs belles couleurs bleu et rouge, l'indigo et la cochenille sont destinés aux fabriques de textiles locales

---

[1] AN, AE B^I 447, Constantinople, tome 72, lettre au maréchal de Castries, secrétaire d'État de la Marine, Constantinople, 15 octobre 1785.

[2] MAE, CCC, Salonique, tome 15 bis : Félix-Beaujour, *Mémoire sur le commerce des étrangers à Salonique et dans la Grèce*, 19 juin 1798.

et à la confection des fameux maroquins. Ils représentent un chiffre d'affaires annuel de 3 690 000 livres. Un bon tiers de ces marchandises partent à Smyrne, un quart à Constantinople, le reste étant surtout distribué à Alep, à Salonique et à Alexandrie. C'est un commerce lucratif pour la France d'autant plus que les Turcs ne sont pas encore parvenus à acclimater l'indigotier qui a besoin de beaucoup d'humidité.

Les bois de campêche et de Pernambouc viennent des régions tropicales d'Amérique ; ils sont donc réexportés comme l'indigo mais en petite quantité. Quant aux métaux, ce sont surtout le fer, le plomb et l'étain que l'on vend sous forme de barres ou de verges. Les bois et les métaux représentent peu dans le total des exportations puisque la valeur des envois n'excède pas 400 000 livres.

Parmi les produits alimentaires, le sucre et le café provenant des colonies sont les deux principaux articles vendus aux Turcs. Presque toujours raffiné, le sucre est présenté en « pain » ou en poudre. Les Français en exportent chaque année pour environ 1 540 000 livres, essentiellement vers Constantinople et Smyrne. Le café des îles et du Cap (expédié pour une valeur de 2 860 000 livres) est concurrencé par celui de Moka dont les marchands égyptiens et syriens ont le monopole. Aussi, les envois se font-ils vers les provinces centrales de l'empire (Smyrne, Salonique, Constantinople).

Aux cargaisons de sucre et de café s'ajoutent souvent quelques liqueurs, des eaux-de-vie, des sirops, des confitures, des dragées, des amandes, des épices (piment, poivre de Hollande, girofles) et des poissons fumés (morues, harengs). L'exportation des céréales est en principe prohibée ; rares sont les sacs de farine et de riz embarqués.

Les autres marchandises d'exportation, papier, outils, clous, savons, quincaillerie, ne représentent pas un chiffre d'affaires conséquent. Il y a enfin les articles de luxe ou d'un usage peu courant : galons, étoffes de soie, d'or et d'argent sorties des manufactures de Lyon, dorure, verrerie, porcelaines, faïence, corail travaillé, horlogerie, bijouterie, armes fines et parfois quelques produits médicinaux. Tous ces articles sont très recherchés par les autochtones bien qu'ils soient vendus en petite quantité.

L'importation en France

S'agissant des marchandises de retour, les Français importent surtout ce qui est nécessaire à leur industrie, en particulier les matières premières pour les fabriques de textile et de savon. Le reste est composé de produits orientaux et africains généralement achetés en Égypte et servant à l'alimentation et à la confection des produits pharmaceutiques. Dans la plupart des échelles, ce commerce de sortie est fondé sur quelques articles de base qui forment l'essentiel de la valeur des cargaisons. À Salonique et à Smyrne, par exemple, on charge essentiellement des cotons. Alep se distingue par ses toileries et ses cotonnades, Tripoli de Syrie par ses soies et La Canée par ses huiles d'olives. Il se dessine ainsi des zones de production spécialisées ouvertes aux échanges internationaux.

1) Nous distinguerons d'abord les marchandises qui touchent à l'industrie textile et aux branches qui lui sont dérivées (teinturerie, artisanat du cuir). On peut les diviser en trois catégories : d'un côté, les cotons, les laines, les cuirs et les peaux vendus à l'état brut ou semi œuvrés et qui représentent un chiffre d'affaires annuel de 15 à 16 millions de livres, soit la moitié environ de nos importations du Levant ; de l'autre, les matières tinctoriales, galles, garances et safranons ; enfin, les produits semi-finis ou manufacturés comme les toileries et les soies.

* Cotons, laines, cuirs. 11 800 000 livres sont consacrés à l'achat des cotons bruts et filés. Smyrne détient la plus grosse part du marché (75 % des exportations), avec Salonique (16 %). Ces deux échelles, ainsi que Larnaca, expédient surtout des cotons bruts qui se vendent par « balles », mais il y a des régions où les Turcs n'autorisent que la sortie des cotons filés, notamment à Acre, à Saïdâ et surtout en Égypte. Les laines brutes ou filées (laines de chèvres et de moutons) constituent également un important article de commerce. Les Français en importent chaque année pour 3 230 000 livres. Là encore Smyrne détient l'essentiel du marché avec plus de 80 % des exportations à destination de Marseille.

Les cuirs et les peaux non travaillés ne sont achetés que pour 400 000 livres. Les peaux de lièvres et de chèvres que l'on vend à Constantinople viennent d'Asie Mineure et des provinces de la mer Noire, tandis que les cuirs de buffles exportés à Alexandrie proviennent d'Afrique subsaharienne.

* Galles, garances, safranons. Les galles sont des excroissances formées sur les plantes à la suite de blessures faites par des insectes parasites qui y déposent leurs œufs. Ces excroissances ont souvent la forme de noix ; aussi parle-t-on ordinairement de « noix de galles ». En Orient, elles se développent sur les pousses des chênes que l'on trouve dans les forêts d'Asie Mineure, de Syrie et du Liban. Elles sont particulièrement riches en tanin et sont de ce fait utilisées par les teinturiers et les tanneurs. Le grand marché est Alep : les Français de cette Échelle en achètent pour près de 500 000 livres dans les années de bonne récolte.

Autre produit végétal servant à la teinturerie : les garances. Ce sont des plantes herbacées dont les racines rougeâtres appelées « alizaris » fournissent une matière colorante très recherchée pour la confection de certains vêtements. On trouve ces garances sur toute la région côtière de Smyrne à Acre, mais il est très rare que les exportations vers la France atteignent 200 000 livres. Enfin, le safranons (ou safranum) est une petite plante cultivée dans la région du Caire dont la fleur est également très appréciée pour la teinture en rouge et en rose des draps du Languedoc ou des soieries de Lyon ainsi que pour la préparation des fards. Le safranons n'est commercialisé qu'en Égypte et les Français en achètent, moyenne annuelle, pour plus de 600 000 livres.

* Toileries et soies. Les étoffes et les tissus sont l'un des rares produits de l'artisanat local à passer en Europe. Chaque année, la France importe pour environ 2 400 000 livres de toiles de coton et de lin auxquelles s'ajoutent quelques étoffes de laine. Ces toiles, d'une qualité souvent grossière, sont destinées à des usages divers (confection d'habits, voiles de navire). Deux échelles ont le monopole de ce marché : Alep (avec 76 % des exportations) et Alexandrie (17 %).[1]

La soie est également un article courant ; presque toutes les régions en produisent, mais c'est à Beyrouth et à Smyrne que nous passons les plus fortes commandes (plus d'un million de livres par an). La

---

[1] K. Fukasawa, dans son étude sur *Toileries et commerce du Levant d'Alep à Marseille* (p. 175 à 188), montre comment les cotonnades d'Aïntab et de Diarbékir (principale région de production en Syrie) trouvent la plupart de leurs débouchés dans les ports d'Europe. Employées en partie à l'indiennage par les fabricants marseillais, elles sont redistribuées dans l'intérieur du royaume et passent par voie maritime en Italie, en Espagne, en Hollande et jusque dans les Antilles françaises.

plupart de ces soies sont expédiées à Lyon d'où elles sont ensuite réexportées en Europe et même dans les villes turques.

2) Les savonneries qui utilisent les huiles et les soudes végétales forment une autre branche industrielle directement concernée par le commerce levantin. Les huiles d'olive que l'on extrait en grande quantité des provinces de Morée, d'Attique et surtout de Crète occidentale (La Canée et Rethymnon) servent aux fabriques de savon de Marseille ; très peu sont destinées à l'alimentation. À la fin du XVIIIe siècle, les huiles représentent un marché annuel de 3 millions de livres et lorsque les récoltes sont abondantes (comme en 1788), il peut aller jusqu'à 5 millions. Avec les cotons et les laines, c'est certainement le commerce le plus avantageux pour les Français.

D'autres composants sont employés dans la confection du savon, comme la soude produite à partir des cendres de certaines plantes qui poussent dans les régions côtières de la Méditerranée. Ces cendres sont achetées à Tripoli, Acre, Saïdâ et surtout à Alexandrie, mais on en retire peu car l'essentiel de la production est réservée aux fabriques de savon locales, en particulier celles de Candie qui fournissent tout le Levant. Cela n'a guère de conséquence pour notre commerce puisque les négociants marseillais s'approvisionnent surtout en Espagne, en Sicile et en Sardaigne, ce qui ne les empêche pas de porter un intérêt croissant pour le sel de natron récolté en Égypte, depuis que les scientifiques ont découvert qu'il pouvait remplacer les soudes végétales dans la composition du savon. Les importations de natron, presque insignifiantes au début des années 1780, augmentent subitement à la veille de la Révolution et atteignent près d'un million de livres.[1] La demande restera forte pendant la Révolution lorsque

---

[1] Le natron (ou natroun) est un sel décomposé naturellement sous l'effet de la chaleur et de l'évaporation. On le recueille à la surface de deux grands lacs situés à une centaine de kms au nord-ouest du Caire, en plein désert libyen. Les Égyptiens s'en servaient jadis pour conserver leurs morts. À l'époque mamelouke* il a différents usages : certains boulangers l'utilisent pour faire lever la pâte de leurs pains et il sert également à la verrerie car c'est un excellent fondant comme le montreront les expériences faites à l'époque révolutionnaire par Deslandes, directeur de la manufacture des glaces de Saint-Gobain. Alphonse Le Roy a écrit un intéressant *Mémoire sur le natron*, adressé au Directoire exécutif le 30 mars 1798 (Archives du ministère de la Défense à Vincennes, série Mémoires et Reconnaissances, n° 1677). La valeur des cargaisons de natron sorties du port d'Alexandrie à destination de Marseille s'établit comme suit. En 1786 : 2 400 livres tournois. 1787 : 4 500. 1788 : 25 980. 1789 : 970 260. 1790 : 350 000 (AN, AE B^I 114, Alexandrie, tome 15).

les soudes provenant de l'Europe du Sud ne suffiront plus aux besoins de l'industrie savonnière française à la suite de l'interruption des liaisons maritimes.

Parmi les matières premières nécessaires à l'industrie ou à l'artisanat, il faut encore mentionner le cuivre que l'on importe à Marseille pour 1 140 000 livres. C'est quasiment le seul métal importé, car le fer de Russie et des régions du Danube acheté parfois à Constantinople ou à Salonique ne représente pas 20 000 livres moyenne annuelle. Ce cuivre vient surtout de Smyrne (plus de 80 % des exportations) et d'Alep (environ 15 %).

Les autres marchandises du Levant, denrées, cire jaune, gommes d'Arabie et articles médicinaux (encens, drogueries) ne représentent pas le quart de nos importations. La France achète finalement assez peu de produits alimentaires à la Turquie. Outre les fruits secs, la rhubarbe et les fromages de Morée, ce sont surtout les céréales et le café de Moka que l'on importe. Les grandes régions productrices sont la Macédoine et la Thessalie : 40 % du blé acheté aux Turcs provient de Salonique. Une autre partie importante vient des plateaux d'Anatolie (38 % des exportations vers Marseille), le reste est acheté en Morée. Les exportations de riz, en revanche, sont faibles et elles ont presque cessé à Damiette (principal marché) après 1786.[1] Quant au café de Moka que l'on charge à Alexandrie, il représente un chiffre d'affaires de 480 000 livres.

La balance des paiements

Dans l'ensemble, la France achète plus de marchandises à la Turquie qu'elle ne lui en vend, comme l'indiquent les chiffres présentés ci-dessous. Et pourtant, elle parvient toujours à équilibrer sa balance des paiements et même à réaliser d'importants bénéfices qu'on peut évaluer entre 15 et 20 %. Ce paradoxe s'explique parfaitement.

---

[1] Est-ce l'effet d'une reprise en main du pouvoir turc qui en interdit l'exportation à l'étranger ou celui d'un déclin progressif de cette Échelle au profit de Rosette ? Dans les années 1770 les Français ont encore le monopole des exportations de riz à Damiette. Voir Paul Masson, *Histoire du commerce français dans le Levant au XVIIIe siècle*, Paris, Hachette, 1911, p. 466.

Balance commerciale entre la France et l'Empire ottoman
Période 1786-1788 – En livres tournois

(On ne tient pas compte ici des remises en lettres de change ou en espèces)

	Valeur des importations dans les Échelles	Valeur des exportations vers Marseille
Morée	98 097	297 365
La Canée	120 092	2 932 740
Salonique	2 388 713	2 366 108
Constantinople	4 810 520	641 528
Smyrne	6 652 811	13 755 264
Larnaca	104 043	575 106
Alep	2 249 178	3 208 146
Tripoli de Syrie	246 425	456 899
Acre et Saïdâ	677 443	589 113
Alexandrie	1 927 999	2 667 122
Total	19 275 321	27 489 391

À l'exception de Constantinople, d'Acre et de Saïdâ, la vente des produits français dans les Échelles ne suffit pas à régler tous les retraits effectués. Il y a régulièrement une différence entre la valeur des envois et celle des retours (de l'ordre de 8 millions de livres chaque année). En réalité, ce déficit des échanges est en partie comblé par un transfert de fonds, soit en numéraire, soit sous la forme de traites ou de lettres de change ; ces fonds sont reçus directement de Marseille ou des Échelles dont le commerce se trouve excédentaire.

La plupart du temps, les Français – comme les Italiens et les Allemands d'ailleurs – recourent au numéraire car les monnaies d'argent (thalers autrichiens, piastres sévillanes) et d'or (sequins de Venise) sont exemptes de droits d'entrée et sont revendues plus cher dans les Échelles à cause des altérations successives de la piastre ottomane.[1] Ces pièces, enfin, sont très prisées des Turcs ; outre leur usage

---

[1] L'exemption de taxes est prévue par l'article 3 de la capitulation de 1740. Sur ces questions monétaires, on se réfère aux passages de Charles Carrière, *Négociants marseillais au XVIIIe siècle. Contribution à l'étude des économies maritimes*, Marseille, Institut historique de Provence, 1973, tome 1, p. 72, et Robert Mantran, *Histoire de l'Empire ottoman, op. cit.*, p. 223 et 253.

local (comme bijoux en particulier[1]), elles leur permettent de payer comptant leurs propres importations d'Asie centrale, de Perse, de l'Inde et d'Extrême-Orient, royaumes demandeurs d'or et d'argent.

Les remises de fonds en espèces se font surtout depuis Marseille. Par contre, les transferts d'échelle à échelle s'effectuent par lettres de change. Les négociants français de Constantinople, de Smyrne ou d'Alep versent fréquemment une partie de leurs recettes dans les autres places du Levant qui ont besoin d'argent pour leurs retraits. C'est par ce procédé que s'acquièrent les huiles à La Canée ou les soies à Tripoli de Syrie. Les avances de fonds sont ensuite remboursées à Marseille par les propriétaires des établissements qui en sont débiteurs.

Dans ce trafic, Constantinople occupe une place essentielle. Les maisons françaises établies dans la capitale ottomane vendent, en effet, beaucoup plus qu'elles n'achètent ; elles se retrouvent donc avec une masse considérable de piastres turques. Plutôt que de renvoyer à Marseille cette mauvaise monnaie, elles ont recours à des circuits plus rentables pour rapatrier leurs capitaux par lettres de change. Soit elles financent les achats de leurs compatriotes dans les autres échelles, comme nous l'avons dit, soit elles placent cet argent dans les grandes villes d'Europe où elles ont des correspondants (Amsterdam, Livourne, Vienne, Venise) qui se chargent de réexpédier les fonds à Marseille en exploitant au mieux les différences de cours.[2]

Malgré l'importance de ces transactions en numéraire et en lettres de change, la balance commerciale reste déficitaire pour la France (5 à 6 millions de livres par an). L'équilibre de sa balance

---

[1] « Les sequins de Venise, explique Volney, sont très recherchés pour la finesse de leur titre, et pour faire des parures aux femmes. La façon de ces parures n'exige pas beaucoup d'art ; il s'agit tout simplement de percer la pièce d'or pour l'attacher à une chaîne également d'or qui règne en « rivière » sur la poitrine. Plus cette chaîne a de sequins, plus il y a de pareilles chaînes, plus une femme est censée parée [...] L'effet de ce luxe sur le commerce est d'en retirer des sommes considérables dont le fonds reste mort ; en outre, lorsqu'il rentre en circulation quelques unes de ces pièces, comme elles ont perdu de leur poids en les perçant, il faut les peser. Cet usage de peser la monnaie est habituel et général en Syrie, en Égypte et dans toute la Turquie » (*Voyage en Syrie et en Égypte ...*, op. cit. tome II, p. 388-389).

[2] E. Eldem, « La circulation de la lettre de change entre la France et Constantinople au XVIIIe siècle », dans : Jean-Louis Bacqué-Grammont et H. Batu, *L'Empire ottoman, La République de Turquie et la France*, Istanbul-Paris, éd. Isis, 1986, p. 92.

des paiements n'est obtenu que parce que les matières premières (cotons, soies, laines) que nous retirons à bas prix du Levant ressortent de nos manufactures en étoffes, draps et bonneterie, revendus dans les Échelles avec des gros bénéfices. Cette disparité de niveau économique ou industriel entre la France et l'Empire ottoman, qui se traduit naturellement par une distorsion dans les échanges commerciaux, est déjà bien perçue par les contemporains, tel l'orientaliste Volney.[1]

---

[1] C.-F. Volney, *Considérations sur la guerre actuelle des Turcs, op. cit.*, p. 91. Cette question est abordée dans une excellente étude de Charles Carrière et Marcel Courdurié : « Un sophisme économique. Marseille s'enrichit en achetant plus qu'elle ne vend. Réflexions sur les mécanismes levantins au XVIIIe siècle », *Histoire, Économie et Société*, 3e année, 1984, p. 39.

> # SECONDE PARTIE

DE L'AVÈNEMENT DE SÉLIM III À L'EXPÉDITION D'ÉGYPTE
(1789-1798)

CHAPITRE 3

La fermentation des esprits

Le mouvement de contestation dans les Échelles

La grogne des marins

À l'approche de l'été 1789, alors que le vieux royaume de France est en pleine effervescence, la contestation gagne peu à peu les communautés nationales à l'étranger. Depuis quelque temps déjà les consuls signalent un relâchement dans les comportements et déplorent la conduite désinvolte de leurs administrés qui négligent les « devoirs de la religion » et ne sont plus aussi déférents à leur égard. Certains signes ne trompent pas, tels ces « abus » qui se multiplient dans la marine marchande et qui suscitent des rappels à l'ordre de plus en plus fréquents, surtout à l'encontre des capitaines faisant la caravane : embarquement clandestin de passagers et matelots malgré les amendes élevées, solde des marins et droits de chancellerie sur les cargaisons acquittés irrégulièrement, travail exercé les dimanches et jours de fête, législation sanitaire contournée (notamment par le refus de prendre la patente de santé), etc.

Certes, le désir d'échapper à la réglementation n'est pas nouveau et les agents du roi chargés de faire appliquer les instructions se plaignent régulièrement de l'attitude de certains capitaines. Mais les infractions dans les mois qui précèdent la Révolution apparaissent plus nombreuses ; elles « peuvent altérer la confiance que les Turcs ont jusqu'à présent accordé à notre pavillon et occasionnent dans les Échelles des mesures de police assez désagréables », souligne notre agent à Rhodes.[1]

L'indiscipline gagne également les équipages de la marine royale dont une escadre croise en permanence en Méditerranée orientale depuis le début de la guerre russo-turque (1788). Les matelots ne sont plus payés régulièrement et désirent ardemment rentrer en France où les événements politiques se précipitent. Ayant appris que l'on ne fait aucun armement à Toulon pour les relever, ils n'hésitent pas à

---

[1] AN, AE B^I 953 Rhodes, tome 2, Dutrouy au secrétaire d'État de la Marine, Rhodes, 15 juin 1789.

menacer leurs capitaines et, dès qu'ils ont l'occasion de débarquer, sèment le désordre dans les quartiers francs à la stupéfaction des habitants. Acquis pour la plupart aux idées nouvelles, ce sont eux qui amorcent le premier mouvement de contestation dans les Échelles, propagent auprès de leurs compatriotes expatriés les principes de liberté et de fraternité, imposent le port de la cocarde tricolore à leurs supérieurs et aux officiers des consulats un peu timorés.[1]

Les scènes de violence sont cependant rares. Celles auxquelles on assiste à Smyrne au cours de l'été 1790 à bord des frégates *l'Alceste*, *l'Iphigénie*, *la Minerve* et la corvette *la Flèche* mettent dans l'embarras le consul Amoreux qui tente de rassurer les autorités locales. C'est pour prévenir toute insurrection que le comte de Thy, commandant la flotte du Levant, offre aux équipages une avance de deux mois de salaire et décide de regagner Toulon. Cette nouvelle soulage les négociants de l'échelle qui préfèrent voir les bâtiments du roi en croisière, à la poursuite des corsaires barbaresques et des pirates magniotes, plutôt que dans les ports.[2]

Les « gens de mer » semblent avoir longtemps été le fer de lance de la Révolution au Levant, puisque l'on voit encore, en juillet 1793, le consul Renaudot exprimer son désarroi au ministre Lebrun :

« À l'égard de l'incivisme dont nous sommes soupçonnés par cet équipage [la frégate *La Sensible*] j'avoue que je ne sais absolument à quoi l'attribuer : il n'y a pas un des nationaux, depuis le premier jusqu'au dernier, qui n'ait donné de fortes preuves du contraire depuis la Révolution, et j'en ai fourni des convaincantes ainsi que tous les officiers de ce département. Les dispositions hostiles de cet équipage envers nous, et qui nous ont été attestées de Chypre, d'Acre et de Caïffe par des personnes dignes de foi,

---

[1] Les consuls généraux Amoreux (à Smyrne) et Taitbout de Marigny (à Coron) affirment avoir été contraints de porter la cocarde afin de ne pas s'exposer à la vindicte des marins.

[2] Sur cette affaire : lettres de Amoreux au secrétaire d'État de la Marine, 18 juin et 26 juillet 1790 et rapport des députés du commerce de Smyrne adressé à la Chambre de commerce de Marseille, 19 juin 1790. AN, AE B^I 1069 Smyrne, tome 28. Avant même ces incidents, les députés de Smyrne ont demandé à leurs confrères de Marseille de faire armer au plus vite quelques bâtiments pour protéger la navigation et le commerce en mer Égée. Les Français d'Alexandrie et de Salonique formulent le même souhait : un ou deux bricks suffiraient selon eux pour escorter les navires marchands et devraient croiser en permanence sur les côtes pendant la belle saison. La désertion d'une partie des officiers et cadres de l'Amirauté, et la pénurie de matelots dont souffre la marine à cette époque empêchent cependant toute politique ambitieuse à cet égard.

ont consterné tous mes nationaux ; et les malveillants qui saisissent toutes les occasions de nous nuire ont encore tiré partie de cette circonstance pour aggraver notre situation ».[1]

La grogne des marins est tout à fait révélatrice du climat de désorganisation qui règne dans les Échelles au cours des années 1789-1791 et elle contribue à cette crise générale de l'autorité que l'on constate depuis la réunion des États généraux à Versailles. Beaucoup de capitaines n'entendent plus se plier à des règlements qu'ils estiment désuets et souhaitent la création d'un code maritime plus libéral et mieux adapté au nouvel environnement économique qui est en train de naître dans les grandes cités portuaires d'Europe occidentale. Paradoxalement, ces mêmes hommes qui remettent en cause l'ordre ancien peinent à se faire respecter par leurs propres équipages, comme ces 19 capitaines caravaneurs qui, mouillant dans le port d'Alexandrie en octobre 1790, viennent solliciter du vice-consul Butet la protection et l'autorité qu'ils ont eux-mêmes battues en brèche. Et comme pour amplifier ce mouvement d'émancipation, beaucoup de négociants élèvent aussi leurs voix contre l'Ancien Régime que symbolise à l'étranger l'institution consulaire.

Les communautés françaises divisées

Il est difficile d'affirmer avec certitude si la majeure partie des ressortissants français sont acquis à la Révolution. Il semble exister un consensus sur les principes fondamentaux. Pour preuve, ces dons patriotiques spontanés adressés au président de l'Assemblée nationale, en réponse à la loi du 6 octobre 1789 sur la contribution du quart du revenu. Ces témoignages de solidarité de la part des artisans, des négociants et officiers consulaires (auxquels ne participent pas vraiment les religieux) s'élèvent à près de 60 000 livres pour les sept Échelles de Smyrne, Larnaca, Alep, Tripoli, Lattaquié, Acre et Saïdâ.[2]

Autre signe manifeste. Nombre d'entre eux, enthousiasmés par la lecture des gazettes et les propos tenus par quelques matelots auda-

---

[1] MAE, CCC, Saint-Jean d'Acre, tome 1.

[2] AN, AE B¹ 97 Alep, tome 22, Lettre des résidents français d'Alep à la Chambre de commerce de Marseille, 11 mars 1790. AN, AE B¹ 1124, Tripoli de Syrie, tome 11, Procès-verbal de l'assemblée des nations de Tripoli de Syrie et Lattaquié. AN, AE B¹ 1069, Smyrne, tome 28, lettre de Amoreux, 27 février 1790. AN, AE B¹ 1041, Saïdâ, tome 25, lettre de Renaudot, 30 avril 1790.

cieux, commencent dès l'automne 1789 à exprimer ouvertement leur point de vue lors des réunions de la nation, discutant sur la liberté et les droits de l'homme, les mesures prises par l'Assemblée Constituante pour « régénérer » les institutions et la vie politique. Certains régisseurs de maisons de commerce sont parmi les premiers à vouloir organiser des manifestations publiques pour exprimer leurs sentiments « patriotiques » et leur solidarité envers les Français de la métropole.

Les officiers des consulats, toujours animés par d'anciens principes de modération qui ne sont plus au goût du jour, apparaissent en décalage face à ce mouvement spontané. Ce qui ne signifie pas qu'ils soient hostiles à la Révolution. Seulement, leur comportement réservé engendre très vite la suspicion et l'on assiste parfois à des altercations un peu vives. Ainsi, Taitbout de Marigny, en poste en Morée, rapporte un incident survenu à Coron le jour de la Pentecôte, le 23 mai 1790. Il écrit le lendemain au ministre :

> « Après la messe l'on a chanté selon l'usage l'exaudiat et la prière pour le Roi. Lorsqu'elle a été finie, j'ai crié trois fois « Vive le Roi » qui a été répété avec ardeur par les officiers du consulat, et par quelques gens de mer qui étaient présents. Un des négociants qui avaient assisté à la messe s'est permis de dire avec beaucoup d'émotion : « il me semble que l'on devrait dire aussi Vive la Nation ». Je me suis contenté de lui répondre très froidement que je ne pouvais permettre aucune innovation sans un ordre. Il n'a pas cru devoir suivre l'exemple de la modération que je lui montrais, et il a osé me faire entendre fort clairement que je devrais regarder comme un ordre ce qui s'était passé dans plus de cent villes de France, et la forme des acclamations adoptées par l'Assemblée nationale. Je lui ai répliqué que, puisqu'il citait les représentants de la Nation, il devait savoir que toutes les fois qu'ils avaient fait quelque nouveau décret, ils avaient toujours supplié le Roi d'en ordonner l'exécution. J'en ai conclu que, pour tout généralement, je devais attendre vos ordres ».[1]

Taitbout soupçonne les autres ressortissants de partager l'opinion de ce négociant. Poursuivant son propos, il explique comment ils ont changé d'attitude à son égard, n'étant plus aussi courtois et déférents qu'auparavant :

> « À l'époque où ils ont eu connaissance de certains décrets de l'Assemblée nationale, qu'ils interprètent fort mal, ils ont cessé tout à coup de venir chez moi, comme société. Je ne les vois plus que pour la messe, ou pour affaires. Je me passe, on ne peut pas plus aisément de leurs visites ; mais cela fait un mauvais effet dans le public, et encore plus les propos qu'ils

---

[1] AN, AE B¹ 473, Coron, tome 5.

tiennent, d'après les capitaines, sur la prochaine suppression des consulats, et sur les punitions qui doivent être infligées à quelques consuls qu'ils nomment. Ils me font l'honneur de m'excepter du nombre de ceux qu'ils jugent devoir être punis. Mais l'espérance dans laquelle ils sont de vivre bientôt dans l'anarchie leur donne cependant la hardiesse de se plaindre publiquement de moi, avec une injustice qui prouve évidemment combien ils ont besoin d'un chef, et que ce chef ait assez d'autorité pour les contraindre provisoirement à obéir aux lois ».

Son collègue à Smyrne, Joseph Amoreux, n'est pas moins inquiet devant la fermentation des esprits qui règne dans sa circonscription. Plusieurs nationaux se permettent de critiquer ouvertement sa gestion des affaires. Lors d'une réunion tenue en novembre 1789 dans la chancellerie consulaire, où l'on discute sur les dispositions à prendre pour la relâche des bâtiments du roi, le négociant Denis Rolland prend la parole et explique devant ses confrères que la liberté et les droits de l'homme étant reconnus en France, il se sent désormais libre et indépendant de toute décision prise par eux. Et il conclut en affirmant que les nouvelles lois auxquelles il entend se soumettre sont contraires à l'autorité et aux pouvoirs accordés aux consuls dans le Levant. Amoreux ne relève pas le défi mais il explique dans sa dépêche au secrétaire d'État de la Marine qu'il ne s'écartera pas des règlements qui dirigent encore l'administration des Échelles car tout doit « subsister sur l'ancien pied jusqu'à ce qu'il en soit autrement ordonné ».[1]

L'acceptation par le roi de la Constitution révisée est l'occasion d'une nouvelle confrontation, lorsqu'une partie des résidents de l'échelle souhaite organiser pour la circonstance une grande fête et faire chanter un *Te Deum**. Amoreux y est peu favorable, mais il consulte quand même la nation le 24 octobre 1791. Si quinze négociants considèrent qu'il faut différer la cérémonie et attendre les ordres de Paris, six autres jugent inutile cette disposition et manifestent clairement leur déception, comme le marchand Blancard qui se résigne « non sans en ressentir les plus vives peines ». Son collègue Joseph-Charles Manuel estime qu'on ne peut « gêner la liberté sacrée et inviolable des opinions et perpétuer dans les assemblées des Français en Levant une influence et des principes arbitraires, qui sont contraires aux bases les plus essentielles de notre nouvelle Constitution ».

Jean-Baptiste Majastre déplore les discordances apparues dans la communauté :

---

[1] AN, AE B^I 1068, Smyrne, tome 27, lettre du 5 novembre 1789.

« La Régénération de la Patrie a été parmi nous l'époque des dissensions. Nous devions, et je l'observe avec douleur, un autre exemple aux Européens jaloux de notre gloire naissante dans un pays où nous sommes étrangers, nous-mêmes. Nous devions une autre reconnaissance à cette chère Patrie qui triomphe aujourd'hui pour nous des plus vils préjugés. Aux regrets de voir mes frères divisés dans leurs opinions, je n'ajouterai pas les remords d'avoir contribué à des désordres ».

Malgré des menaces anonymes, Amoreux tient tête et se retranche derrière les instructions de son supérieur. Pendant deux ans il va s'efforcer d'entretenir l'union et la bonne harmonie entre les nationaux, ce qui ne l'empêchera pas en 1793 d'être démis de ses fonctions à la suite de délations.

À Larnaca, le consul Astier craint la volonté d'autonomie de ses compatriotes. Il soupçonne en particulier le député de la nation*, Jacques Tardieu, qui a pris fait et cause pour des matelots français venus réclamer la libération d'un des leurs détenu dans la prison consulaire pour une rixe avec des Grecs. Astier lui reproche de vouloir partager avec lui les fonctions administratives et de se considérer un peu comme un maire élu.[1]

À Saïdâ, Jean-Pierre Renaudot doit aussi faire face à l'opposition d'une partie de la nation. Un clan « patriotique » s'est constitué dès le début de 1790 à la tête duquel se trouvent les négociants Dupont, Faurrat et Mazoillier ; ces derniers demandent le rappel du consul dont ils jugent l'autorité arbitraire.[2] Un peu partout au Levant, ce sont les mêmes arguments avancés par les fonctionnaires du roi qui craignent avant tout de voir renier leurs prérogatives.

Si la vague de contestation touche principalement les agents consulaires, c'est qu'ils représentent le symbole de l'ordre établi dans les Échelles. Tous ceux qui se croient en mesure de contester la rigidité d'un règlement ou d'une décision, ou qui ont un quelconque motif personnel de se plaindre s'en prennent d'abord aux officiers des consulats. Ces derniers apparaissent un peu comme le bouc émissaire des maux de l'Ancien Régime.

---

[1] AN, AE B^I 642, Larnaca, tome 13, Astier au secrétaire d'État de la Marine, Larnaca, 31 mai 1790.

[2] AN, AE B^I 980 Saint-Jean d'Acre, tome 3, Renaudot au secrétaire d'État de la Marine, Acre, 12 juin 1790.

Les griefs ont des origines diverses. On leur en veut surtout d'appliquer à la lettre les anciennes ordonnances de la Marine qui restreignent la liberté individuelle bien qu'elles n'aient pas été abrogées par le nouveau pouvoir constitutionnel. On les accuse aussi de ne pas défendre systématiquement les intérêts des marchands français lorsqu'il s'agit, par exemple, d'extraire des denrées prohibées et d'organiser un commerce de contrebande. On leur reproche, enfin, leur attitude passive et leur manque d'enthousiasme comme si rien n'avait changé depuis 1789.

Il est vrai qu'ils ne sont pas les premiers à planter l'arbre de la liberté ni à porter la cocarde tricolore. Mais les démonstrations patriotiques intempestives peuvent blesser l'amour-propre des populations, expliquent-ils dans leurs correspondances, et l'on ne saurait agir en Turquie comme en France. Leur attitude réservée ne tient qu'à leur fonction ; ils ne sont pas pour autant ennemis de la Révolution et le seul moyen pour eux de conserver le droit de réclamer auprès des autorités locales l'exécution des capitulations est d'empêcher leurs nationaux d'abuser des privilèges que les Turcs leur ont octroyés.

Faut-il voir dans ces attaques contre l'institution consulaire une remise en cause des structures qui régissent la vie professionnelle et privée dans les Échelles ? La réponse nous semble mitigée. Si les principes de 1789 libèrent les opinions et favorisent la critique contre l'autorité administrative, on ne perçoit pas vraiment dans les délibérations des assemblées de la nation, lieu de sociabilité et d'expression privilégié des ressortissants français, de revendications claires dans ce sens. Où sont les critiques contre les prérogatives du port de Marseille qui empêchent les autres commerçants du royaume de faire fortune au Levant ? Qui parle des conditions d'établissement sévères imposées à tous les candidats au départ et qui vont à l'encontre du principe de libre circulation des hommes et des richesses prôné par les Constituants ? Et nul ne dit mot sur l'excessive restriction des mœurs dans les Échelles.

Lorsque les régisseurs des établissements seront consultés par leurs maisons mères pour suggérer aux pouvoirs publics des améliorations dans l'organisation des Échelles, la plupart n'auront d'autres propositions à formuler que la suppression des agents consulaires qu'ils estiment être à la charge du commerce levantin. Le débat n'ira pas plus loin, comme si les uns et les autres souhaitaient finalement conserver leurs privilèges.

L'opposition religieuse

La grande majorité des missionnaires au Levant accueille avec inquiétude les premiers événements révolutionnaires qui secouent la France. Les manifestations patriotiques organisées par les ressortissants pour célébrer la Déclaration des droits de l'homme et du citoyen, l'abolition des privilèges et la Constitution civile du clergé sont mal vécues par ces religieux dont beaucoup occupent les fonctions d'aumônier des consulats. Se sentant menacés par l'ordre nouveau, ils opposent dès 1790 une résistance passive en refusant d'assumer les devoirs de leur charge. Certains abandonnent leurs établissements, tandis que d'autres se mettent sous la protection des puissances étrangères espérant ainsi se soustraire à la législation française. Naturellement, tous ne sont pas anti-révolutionnaires et l'on voit bien par exemple le Père Millefort, missionnaire capucin à La Canée, ou le président de l'hospice de Terre sainte de Saïdâ, Agathange Bastion, prêter leur serment civique au printemps 1791 avec les agents de ces échelles ; mais ces cas restent assez isolés.

Contrairement à ce que l'on a vu précédemment, l'opposition religieuse est ici davantage liée aux circonstances politiques plutôt qu'à une volonté de remettre en cause une administration consulaire « colbertiste ». Ce n'est pas la rigidité des édits royaux que l'on critique mais la philosophie du nouveau pouvoir dont les principes et les prises de position menacent les prérogatives du Saint-Siège.

Dans la capitale turque, les lazaristes (qui ont remplacé au Levant les jésuites) sont parmi les premiers à faire défection et à placer leur couvent de Galata et l'église de Saint-Benoît sous la protection autrichienne. L'ambassadeur tente de s'y opposer en nommant des « commissaires » pour la conservation et l'administration de leurs biens et en ordonnant à leur supérieur, le Père Viguer, de s'abstenir de tout acte temporel. Cette réaction provoque les plaintes de la légation autrichienne auprès des autorités turques qui décident le séquestre du couvent en attendant de statuer sur son sort. Cette affaire révèle la détermination des missionnaires puisque les Français n'obtiennent gain de cause qu'en août 1793, peu après l'arrivée de Descorches à Constantinople.[1]

---

[1] MAE, Mémoires et Documents, Turquie, vol. 136, Descorches au ministre des Relations extérieures, Galata, 9 août 1793.

Dans les provinces grecques, l'opposition prend souvent une autre forme, les religieux français préférant ne pas heurter de front leurs compatriotes. Ainsi, l'hospice des capucins à Athènes, qui abrite la petite chapelle consulaire, est abandonné au début de l'année 1790 et laissé dans un état de délabrement. Les Français font bien venir en septembre 1791 le vicaire de l'île de Kéa pour leur dire la messe, mais celui-ci quitte son poste six mois plus tard à cause de la peste qui ravage l'Attique durant cette période. Il n'y aura plus un seul religieux dans cet hospice jusqu'en 1802.

L'établissement des capucins à Candie est également déserté vers 1790. Il est vrai qu'il n'était plus guère utile au service : le prêtre qui y résidait était totalement isolé, les commerçants français ayant depuis longtemps quitté les lieux.

À Larnaca, l'hospice et la chapelle consulaire desservis par l'unique capucin de l'Échelle sont abandonnés dès le mois de mai 1790. Ce dernier explique que les ordres réguliers sont dissous en France et que la suppression des deux établissements capucins à Chypre n'est qu'une question de temps ; son titre de chapelain est inutile puisqu'il n'y a presque personne pour assister à l'office ; les faibles honoraires qu'il reçoit du roi (moins de 500 livres par an) et qui lui suffisent à peine pour vivre décemment ne lui sont plus payés régulièrement ; enfin, son supérieur à Alep lui a accordé un congé.

Astier ne peut l'empêcher d'abandonner son poste, même s'il sait bien que la fermeture de cet établissement sera préjudiciable à la navigation. Le chapelain avait en effet l'habitude de donner l'hospitalité aux voyageurs et aux capitaines de navires et son hospice servait fréquemment d'asile aux matelots malades. Cette désertion fait sensation dans la petite communauté française. Elle est d'ailleurs suivie par celle d'un autre capucin français qui vit reclus dans le couvent de Nicosie depuis de longues années, ne recevant personne chez lui, disant la messe après minuit et menant une existence tout aussi misérable que son collègue de Larnaca. Ce couvent, laissé à l'abandon, sera mis en vente vers 1795.[1]

L'opposition des frères du couvent de Terre sainte à Larnaca est beaucoup plus sérieuse. Cet établissement, entretenu par des missionnaires espagnols et italiens, bénéficie de la protection française.

---

[1] MAE, Mémoires et Documents, Turquie, vol. 50, Henry Mure, *Détails particuliers sur les religieux français établis sur l'île de Chypre*, 9 février 1802.

Le supérieur, un Vénitien, apprend par des gazettes que la population parisienne a brûlé l'effigie du pape suite à son bref du 10 mars 1791 condamnant la Constitution civile du clergé et les principes révolutionnaires. Indigné, il défend aussitôt au curé de la nation française (de nationalité espagnole) de chanter l'*exaudiat* et l'oraison en l'honneur de Louis XVI comme il est d'usage dans les cérémonies et fêtes religieuses. Cet incident déclenche la rupture avec le consul, qui intime l'ordre au supérieur de quitter l'échelle. Le religieux tient tête, soutenu par ses confrères, et répond qu'il ne se soumettra pas à une décision d'un représentant français dont le souverain s'est montré « insensible aux outrages » faits au chef de l'église catholique. Dépité, Astier n'ose employer la force pour contraindre ce qu'il appelle des « ecclésiastiques fanatiques ». Souhaitant éviter l'intervention des autorités locales, il se borne à solliciter du Discrétoire de Jérusalem la déposition du supérieur, tout en rappelant à ce tribunal religieux le respect que les moines de Terre sainte doivent au roi de France.[1]

Les tensions sont aussi vives à Rhodes. Les franciscains de la congrégation de la Propagande* qui régissent l'unique hospice de l'île se déclarent ouvertement contre la Révolution, semant la discorde entre les Français originaires de Rhodes et ceux de la métropole. Leur refus d'inhumer un capitaine français mort dans l'échelle provoque la colère du nouveau vice-consul Pierre Chépy, qui soupçonne ces religieux de vouloir détacher du parti français les protégés locaux en les menaçant d'excommunication et en jetant l'anathème sur les principes de 1789.

Les provocations se multiplient au cours de l'été 1795 et Chépy, inquiet, en fait part au commissaire des Relations extérieures :

> « Lors de la plantation de l'arbre de la liberté, ils crièrent à l'impiété et à l'idolâtrie et frappèrent ces gens simples d'excommunication. Ceux-ci sont restés fidèles pendant dix mois malgré la privation absolue de ce que leur religion appelle les secours spirituels. Le refus de la sépulture ecclésiastique fait au capitaine Jaubert a ébranlé un peu leur constance [...] Enfin, à force de menacer de l'enfer, ils ont déterminé deux filles de protégés et un jeune homme de dix-sept ans à faire abjuration publique : en conséquence, à l'église devant un équipage napolitain le jour de la fête patronale [15 août], ils ont infligé à ces jeunes gens une pénitence publique, leur ont fait promettre de ne jamais prêter le serment civique, de n'assister à aucune fête républicaine et de ne point porter les couleurs de la liberté ; moyen-

---

[1] AN, AE B¹ 642, Larnaca, tome 13, Astier au ministre de la Marine, Larnaca, 1ᵉʳ juillet 1791.

nant quoi ils les ont reçus dans la communion des Vrais fidèles, toutefois après leur avoir donné quelques coups de cordon de St-François ».[1]

L'agent français se verra contraint, avec l'accord de l'ambassade, de suspendre la protection de la République pour ces protégés.

La situation n'est pas moins difficile dans les provinces arabes. La plupart des missionnaires établis en Égypte sous la protection de la France font défection dès les premières années de la Révolution, notamment les franciscains de l'hospice d'Alexandrie qui sollicitent ouvertement la protection de l'Autriche.

Leurs confrères de Jaffa adoptent une attitude plus prudente en refusant simplement d'assister aux cérémonies patriotiques comme celle qu'organisent, en mai 1791, les réfugiés français d'Acre à l'occasion de la prestation de leur serment civique.

> « J'avais prévenu notre curé, écrit Renaudot, que nous la terminerions par aller chanter un *Te Deum** à l'église de Terre sainte, mais celui-ci ayant voulu préalablement consulter les religieux sur cette fonction, il trouva dans le frère Gabriel, vice-procureur et vice-consul d'Espagne, qui gouverne scandaleusement cet hospice depuis longtemps, une opposition à laquelle personne ne s'attendait, se permettant des propos indécents sur le compte de la Nation, sur la Révolution, et renvoyant aux supérieurs de Jérusalem pour avoir l'agrément de cette cérémonie aussi extraordinaire, disait-il ».[2]

Indignés par cet affront, les Français décident de ne plus remettre les pieds dans l'église.

À Saïdâ, le chapelain consulaire, forcé de se soumettre aux ordres de ses supérieurs, passe à Jérusalem dès le mois d'août 1790, à la grande satisfaction de Renaudot et Beaussier qui se disent délivrés de ce « perturbateur ».

Même opposition de la part des religieux d'Alep qui refusent de se joindre aux Français de l'échelle réunis le 14 juillet 1791 dans l'église paroissiale pour célébrer le premier anniversaire de la fête de la Fédération et y chanter un *Te Deum** en l'honneur de la nouvelle constitution. Les capucins français et les pères de Terre sainte repoussent avec mépris l'invitation qui leur est faite par la nation et

---

[1] MAE, CCC, Rhodes, tome 3, lettre du 30 août 1795.

[2] AN, AE B^I 981, Saint-Jean d'Acre, tome 4, lettre au ministre de la Marine, Jaffa, 8 mai 1791.

manifestent publiquement leur désaccord avec les nouveaux décrets de l'Assemblée nationale et la Constitution civile du clergé.

Cette attitude, note Mazière de Saint-Marcel, « donne à réfléchir sur leur ingratitude à la protection que la France leur a accordée jusqu'à présent », alors qu'il y aurait bien des griefs à leur opposer à cause de leur « zèle inconsidéré » et de leur conduite privée « scandaleuse ».[1] Le consul n'ose exercer son autorité comme le lui suggèrent ses compatriotes afin de ne pas attiser les tensions, et préfère attendre les instructions du ministre.

Mais ce que ne dit pas Mazière pour expliquer la conduite des missionnaires d'Alep et leurs attaques portées contre la monarchie constitutionnelle, c'est que depuis trois ans ces religieux ne sont plus rémunérés par l'État. Le 28 mars 1791, le Père Éleuthère, chef de la mission des capucins français de Syrie, alerte le ministre de la Marine Fleurieu sur les arriérés des pensions perçues par leur correspondant à Montpellier, qui est chargé d'adresser les fonds à chacune des missions de capucins établies au Levant :

> « Depuis près de quarante ans que j'ai l'honneur de desservir la mission de Syrie en qualité de custode, la pension du roi tant pour nous, que pour nos chers confrères capucins [...] a toujours été assez exactement payée, excepté que depuis trois ans, nous n'avons reçu que la demi pension de l'année 1788 : c'est pourquoi uni à mes confrères de notre mission je prends la liberté de présenter ce mémoire en vous priant de daigner nous faire payer les arrérages [environ 6 000 livres], attendant l'arrangement qui sera pris pour les missions et qui indiquera notre sort ».[2]

Il est évident que ces religieux ne peuvent vivre uniquement du produit de leurs quêtes et aumônes. La raison financière est au moins aussi forte que les motifs politiques pour comprendre l'hostilité des missionnaires à la Révolution. Pour le ministère, la suppression des pensions allouées à certains établissements au titre d'honoraires des chapelains n'est qu'une mesure d'économie qui s'explique par les circonstances difficiles que traverse le pays. Les religieux ne sont d'ailleurs pas les seuls à subir cette situation : elle touche aussi une partie des fonctionnaires des départements de la Marine et des Affaires étrangères.

---

[1] AN, AE B^I 97, Alep, tome 22, lettre au ministre de la Marine, Alep, 19 juillet 1791.

[2] AN, AE B^I 97, Alep, tome 22, Père Éleuthère, capucin custode, au ministre de la Marine, 28 mars 1791.

Les réactions locales

L'influence des Lumières en Turquie

Lorsqu'en mai 1790 Astier refuse de prêter son concours à une fête révolutionnaire que veulent organiser ses compatriotes de Larnaca pour célébrer une nouvelle reçue de France, il avance comme prétexte les circonstances de la guerre avec la Russie qui semble tourner au désastre pour le sultan. « Les Turcs, écrit-il au ministre de la Marine, pourraient croire que le véritable motif de ces réjouissances publiques est la célébration de quelque victoire remportée par les Russes ».[1] Mais le message qu'il souhaite surtout faire passer à Paris, ayant séjourné trente cinq ans au Levant et connaissant bien les mentalités locales, c'est qu'il faut agir avec précaution à l'égard des habitants. Toute innovation en Turquie est perçue avec méfiance, voire avec hostilité.

Astier n'est pas le seul agent français à réagir ainsi et l'on peut se demander si cette justification est fondée historiquement. Elle soulève en tout cas la question de la réceptivité de l'idéologie révolutionnaire dans l'Empire ottoman. Il serait erroné de penser que cet État multinational soit fermé à toute ouverture comme l'ont souvent rapporté avec préjugés depuis le XVIe siècle les voyageurs européens. Bien sûr, pour les dirigeants turcs le transfert de technologie et l'apport des influences occidentales, notamment françaises, sont d'abord perçus comme un moyen de reproduction et de consolidation du pouvoir. Ce qui intéresse surtout ce sont les réformes en matière d'éducation militaire et de techniques navales que s'efforcent de promouvoir à grand peine Abdülhamit Ier (1774-1789) puis Sélim III (1789-1807).[2]

---

[1] AN, AE BI 642, Larnaca, tome 13, lettre du 31 mai 1790.

[2] Sur cette question, on consultera les travaux de Bernard Lewis, « The Impact of the French Revolution on Turkey », *Journal of World History*, I, 1953, p. 105-125 ; et *The Emergence of Modern Turkey*, Oxford, 1968. Egalement : Stanford J. Shaw, *Between Old and New. The Ottoman Empire under Sultan Selim III 1789-1807*, Cambridge, 1971 ; les articles de Gérard Groc, Stéphane Yerasimos et Faruk Bilici dans un numéro spécial de la revue *CEMOTI* consacré à « La Révolution française, la Turquie et l'Iran », 1991, p. 21-69. Enfin, l'article de Murphey Rhoads, « The Ottoman attitude towards the adoption of Western Technology : the role of the *Efrenci* technicians in civil and military applications », dans : *Contributions à l'histoire économique et sociale de l'Empire ottoman*, Collection Turcica III, Institut français d'études anatoliennes (Istanbul) / Association pour le développement des études turques (Paris), Éd. Peeters, Louvain, 1983, p. 287-298.

Dans les rouages administratifs de l'État ottoman, l'assimilation des nouvelles connaissances scientifiques et techniques à des fins militaires se fait donc plus aisément que les concepts politiques libéraux véhiculés par quelques penseurs étrangers, au demeurant souvent pourchassés dans leur propre pays.

En revanche, dans les milieux intellectuels de l'empire ainsi que dans certains groupes sociaux liés au grand commerce maritime, l'humanisme « cosmopolite et civique » des Lumières et l'aspiration au progrès et à la liberté ont une résonance plus forte, en particulier dans les provinces ottomanes du nord (région du Danube), proches géographiquement et culturellement des États européens. S'agissant des communautés chrétiennes, les travaux de Constantin Dimaras sur l'influence de Voltaire dans la Grèce de la fin du XVIIIe siècle dont les œuvres ont été traduites et publiées à l'époque par Evgénios Voulgaris, les recherches de Paschalis Kitromilidis sur le savant Iosipos Moisiodax, ou celles de Larry Wolff sur le rôle de la religion orthodoxe, montrent non seulement la pénétration de la langue française dans la culture hellénique mais surtout la réceptivité aux idées nouvelles dans certaines franges éclairées de la population, parmi lesquelles se trouvent des marchands, des aristocrates (boyards) et des ecclésiastiques. Choiseul-Gouffier, en débarquant en 1776 dans l'île de Patmos pour visiter le monastère de Saint-Jean, s'étonne de voir citer le nom de Voltaire dans la bouche d'un moine orthodoxe venu à sa rencontre. Mais cette anecdote, relatée dans son *Voyage pittoresque de la Grèce*, révèle bien la perméabilité des courants de pensée qui franchissent les frontières de l'Europe. Les Mémoires de Dositej Obradović, prêtre serbe et figure majeure des Lumières orthodoxes nous en donnent une autre illustration, comme le rappelle Larry Wolff.[1]

Si beaucoup d'œuvres littéraires circulent dans les Balkans (Voltaire et Rousseau seraient les auteurs favoris des milieux cultivés de Moldavie, note en 1791 le correspondant à Jassy du *Courrier hongrois*), n'oublions pas que les bases sociales de cette ouverture à l'Occident

---

[1] Larry Wolff, *The Enlightenment and The Orthodox World*, Athènes, Centre de recherches néo-helléniques, Fondation nationale de la recherche, 2001, p. 180-181 (ouvrage bilingue grec-anglais). Pour les autres références citées : Constantinos Dimaras, *La fortune de Voltaire en Grèce, La Grèce au temps des Lumières*, Genève, Droz, 1969 ; Paschalis M. Kitromilidis, *The Enlightenment as Social Criticism : Iosipos Moisiodax and Greek Culture in the Eighteenth Century*, Princeton, Princeton University Press, 1992 ; Dositej Obradovich, *The life and adventures of Dimitrije Obradovich*, Berkeley, University of California Press, 1953.

sont maigres, y compris au sein des communautés orthodoxes, et que la diffusion des Lumières n'a pas menacé les équilibres sociaux. Le renouveau intellectuel perceptible ici ou là dans la plume de quelques lettrés et diffusé au sein de collèges ou académies ne concerne encore qu'une élite et se trouve éloigné de toute considération politique ou sociale. « La nourriture spirituelle des ouailles consiste en quelques livres de colportage et pour le reste, en textes contrôlés par l'Eglise », note Dimaras.[1] Il est évident que la majorité des sujets ottomans reste en marge du courant libéral qui traverse l'Europe à cette époque. On ne peut donc affirmer que les événements révolutionnaires aient un impact immédiat sur les populations locales, mais ils préparent assurément le terrain à une action en germe où l'influence de quelques écrivains grecs de la diaspora semble déterminante.

Ainsi, Adamantios Koraïs, scientifique et philologue grec installé à Paris depuis mai 1788, vit les débuts de la Révolution avec enthousiasme et en livre une analyse critique dans sa *Correspondance* avec son ancien directeur spirituel à Smyrne, le curé hollandais Bernard Keun, ainsi qu'avec son ami français Chardon de la Rochette. Il y décrit longuement la fin des privilèges de l'aristocratie et du clergé, s'intéresse au symbolisme politique que représente la substitution de l'acclamation traditionnelle « vive le roi » par celle de « vive la Nation », s'émeut devant le transfert de la dépouille de Voltaire au Panthéon (juillet 1791) et l'exécution du roi.[2] Les lettres de Constantin Stamaty à Panagiotis Kodrikas, secrétaire du *hospodar** de Valachie, et celles du géographe Daniel Philippidès à Barbié du Bocage – deux autres témoins oculaires des événements parisiens et partisans de la Révolution – ne manquent pas non plus d'intérêt même si leur approche des faits diffère.

---

[1] C. Th. Dimaras, « France-Grèce : deux processus convergents », dans : *La Révolution française et l'hellénisme moderne*, Actes du IIIe colloque d'histoire (Athènes, 14-17 octobre 1987), Contribution hellénique à l'occasion du Bicentenaire de la Révolution française, Athènes, CRN-FNRS, 1989, p. 36.

[2] Adamantios Koraïs, *Correspondance* (Ἀλληλογραφία), tome I (1774-1798), publiée sous la direction de Constantin Dimaras, Athènes, 1964. Deux bons articles sur la question : Anna Tabaki, « Les intellectuels grecs à Paris (fin du XVIIIe-début du XIXe siècle) », dans : *La Diaspora hellénique en France*, sous la direction de Gilles Grivaud, Athènes, École française d'Athènes, 2000, p. 39-53 ; Catherine Koumarianou, « Vivre la Révolution : témoignages grecs de 1789 », dans : *La Révolution française et l'hellénisme moderne*, *op. cit.*, p. 59-67.

Un autre intellectuel grec de la diaspora résidant à Vienne, Rigas Vélestinli, se lance dans un travail de traduction d'œuvres littéraires françaises, dans un but essentiellement pédagogique. Ses premiers travaux sont publiés à Vienne à partir de 1790. Très peu nous sont parvenus. Parmi eux, on peut citer *L'École des amants délicats*, qui est plutôt une paraphrase de six nouvelles de Rétif de de la Bretonne et le *Recueil de physique à l'usage des Grecs intelligents et désireux d'apprendre*, dont beaucoup de chapitres sont la traduction d'articles de *L'Encyclopédie* de Diderot. Si le premier ouvrage vise l'affranchissement moral, le second a pour intention de libérer l'homme des superstitions et des préjugés sociaux, note Dimitrios Padélodimos.[1] Rigas y écrit notamment qu'il est de son devoir de traduire l'*Esprit des lois* de Montesquieu « au profit de la Nation ».[2] Quelques années plus tard, cet érudit soucieux de développer une prise de conscience chez ses compatriotes passera à l'action politique à Vienne.

La capitale des Habsbourg apparaît alors comme le centre le plus actif de l'esprit révolutionnaire dans l'Europe du Sud-Est. En 1791, les frères Markidis-Poulios, émigrants macédoniens, impriment dans les feuilles de leur *Journal* (Εφημερίς) qui circule en langue grecque et serbo-croate, la Déclaration des droits de l'homme et du citoyen. C'est de Vienne également que sont diffusés les brochures et journaux français dans les terres slaves du Sud, à Bucarest, à Jassy, à Zagreb et à Raguse, où l'on suit par ailleurs très attentivement le déroulement de la campagne militaire des Austro-Russes dans les principautés danubiennes de Moldavie et de Valachie. Les principes de 1789 trouvent là un écho favorable et alimentent ce que P. Kitromilidis appelle le « radicalisme interbalkanique », qui se transformera au début du XIXe siècle en foyers d'insurrection nationaux.

Le récit du notable cairote Al-Jabarti[3] est plus tardif puisqu'il est contemporain de l'expédition de Bonaparte et ne nous concerne donc pas au premier chef, mais c'est une source capitale car nous avons ici

---

[1] D. Padélodimos, « Μεταφράσεις γαλλικών έργων από τον Ρήγα Βελεστινλή » (« Traductions des œuvres françaises de Rigas Vélestinli »), dans les Actes du Symposium international sur la *Traduction* (Μετάφραση), 25-27 novembre 1999, Université nationale et Kapodistrienne d'Athènes, 2000, p. 17-33.

[2] Paschalis M. Kitromilidis, *Η Γαλλική Επανάσταση και η Νοντιοανατολική Ευρώπη* (La Révolution française et l'Europe du Sud-Est), Athènes, éd. Poreia, 2000, p. 144.

[3] Abd-el-Rahman Al-Jabarti, *Journal d'un notable du Caire durant l'expédition française (1798-1801)*, Paris, Albin Michel, 1979.

l'opinion d'un lettré musulman au contact direct avec l'administration française. Al-Jabarti consigne au jour le jour ses observations sur les réformes entreprises par l'armée d'Orient et les bouleversements qu'elles engendrent dans les mentalités. Dans son *Journal* transparaît les inquiétudes psychologiques et spirituelles de ses pairs, qui montrent clairement les limites de l'application des principes révolutionnaires dans la bourgeoisie ottomane.

Le sentiment populaire

Bien que le concept d'opinion publique soit encore inexistant dans l'Empire ottoman, il est légitime de se demander ce que pense le Turc, le Grec, le Juif ou l'Arménien, habitant de l'une de ces échelles du Levant. Comment réagit le *cadi**, le douanier ou le producteur qui traite quotidiennement pour affaire avec le marchand français, l'artisan ou le capitaine de navire ? Que pense l'intendant du gouverneur ou le commandant de garnison amené à côtoyer régulièrement le consul ? S'il ignore le plus souvent ce qui se passe en France (à tout le moins dispose-t-il d'informations partielles), il est tout de même confronté aux premières manifestations du symbolisme révolutionnaire organisées en plein jour, comme la plantation de l'arbre de la liberté, la célébration des fêtes patriotiques, le port de la cocarde tricolore, l'élévation du nouveau pavillon sur les mâts des vaisseaux et des chancelleries consulaires. Il est quasiment impossible de décrire sa vision des faits en l'absence de sources, mais on peut supposer que le consul Astier, en mettant en garde ses compatriotes, n'a pas tout à fait tort.

Comme lui, la plupart de ses collègues au Levant relatent la baisse sensible de notre influence au Levant dont tirent parti nos principaux concurrents dans la région, Autrichiens, Russes et Italiens.

Quel spectacle, en effet, les ressortissants français offrent-ils aux autorités locales sinon celui de gens qui ne vivent plus dans l'union et la concorde, qui manquent subitement d'égards et de ménagements pour leurs chefs et qui cherchent à séduire les habitants par des raisonnements sur les droits civiques, le bonheur des peuples, la patrie régénérée et la souveraineté nationale qu'ils ne comprennent pas toujours ? Ces propos tenus ouvertement semblent être mal perçus par les officiers turcs et suscitent, au dire de nos agents, certainement plus de défiance que d'admiration. Taitbout de Marigny, dans sa lettre du 24 septembre 1790 au secrétaire d'État de la Marine, s'en fait l'interprète :

> « J'ai fait tout ce qu'il m'a été possible pour faire comprendre à quelques-uns d'entre eux [les Turcs] ce que c'est qu'un peuple libre, mais obéissant aux lois, et par conséquent soumis au souverain de l'Empire. Je leur ai dit qu'incessamment les Français se contenteraient de ce genre de liberté, puisque tout paraissait être prêt à rentrer dans l'ordre. Je croyais avoir réussi à leur persuader que nous allions sortir de cet état d'anarchie qui rend la Nation méprisable à leurs yeux, lorsque l'un d'eux me dit en petit moresque : ‹ Vous le croyez, consul, parce que vous le désirez ; mais nous savons qu'il n'y a plus d'autorité ni de lois en France et que le peuple fait tout ce qu'il veut. Il n'y a pas de remède à cela, parce que les troupes n'obéissent ni au sultan [le roi de France] ni à votre grand *Mékémé* ›. Voilà comment ils appellent l'Assemblée nationale ; quelques uns l'appellent le *Divan** général. Ils sont instruits de tout ce qui se passe par les principaux Grecs qui reçoivent de Venise et de Trieste les gazettes traduites dans leur langue ».[1]

Le même Taitbout écrit le 6 septembre 1792, peu de temps après avoir reçu la nouvelle de la déclaration de guerre de la France au roi de Bohême et de Hongrie

> « Il vient souvent des bâtiments triestins dont les capitaines tiennent affirmativement des propos qui donnent aux Turcs la plus mauvaise idée de la Nation, et de la situation actuelle de la France. Comme je suis fort lié avec tous les chefs de la forteresse [de Coron] je réussis quelquefois à les faire revenir de leurs opinions à cet égard ; mais je crois de mon devoir de vous avertir qu'en général ils sont mal prévenus, que dans les lettres qu'ils reçoivent de Tripolizza ou d'ailleurs, on leur parle à peu près comme les capitaines triestins, et que la conduite de nos gens de mer les entretient dans leur façon de voir la situation et les affaires de la France ».[2]

Certains gouverneurs semblent profiter des circonstances difficiles dans lesquelles se trouvent les Français pour remettre en cause leurs privilèges commerciaux. En Palestine, leur désunion a probablement conforté Djazzâr Pacha dans sa décision de les expulser de Saint-Jean d'Acre et de Saïdâ (octobre 1790), ou tout au moins lui a servi de prétexte pour éloigner de dangereux rivaux.

---

[1] AN, AE B^I 473, Coron, tome 5.
[2] MAE, CCC, Coron, tome 6, lettre au ministre de la Marine.

LA FERMENTATION DES ESPRITS

SERMENT CIVIQUE ET PAVILLON TRICOLORE

La réserve affichée par le pouvoir exécutif face à la liberté d'expression des ressortissants français a alimenté les craintes d'un personnel consulaire encore attaché à l'Ancien Régime et laissé sans réelles instructions. En imposant le changement de pavillon (conformément aux décrets de l'Assemblée des 21 et 24 octobre 1790) et en demandant aux employés des ambassades et des consulats de jurer fidélité à la Constitution, le roi n'offre d'autre alternative que le ralliement à la Révolution.

Le nouveau pavillon

Les instructions du 19 décembre 1790 du nouveau ministre de la Marine, le comte de Fleurieu, prescrivent d'arborer le drapeau tricolore dans les échelles du Levant et de Barbarie et d'exiger de tous les fonctionnaires en poste de prêter un serment civique individuel. De Brueys, commandant la corvette royale *La Poulette*, est chargé de porter ces instructions à tous les consuls avec les nouveaux pavillons de la marine qu'il doit leur remettre en mains propres. Ce pavillon est constitué de trois bandes égales bleu, blanc, rouge posées verticalement et couvrant une partie seulement du drapeau qui reste blanc. Une loi du 31 octobre 1790 fixe au 1er avril 1791 le délai d'exécution de cette mesure qui doit être visible tant sur les chancelleries consulaires qu'à bord des bâtiments français.

Cette disposition est partout appliquée, avec cependant quelque retard à Salonique (12 avril 1791), Larnaca (23 avril), Alexandrie (1er mai) et Tripoli de Syrie (18 mai). À Patras, Etienne Fradet se contente d'un modèle que lui envoie son collègue Taitbout et il doit même faire venir de Marseille un mât pour ériger le nouveau drapeau. Dans plusieurs ports, l'événement est accueilli aux cris de « vive la nation, vive la Loi, vive le Roi », et salué de 21 coups de canon par les navires français au mouillage et par quelques salves tirées des forts et des citadelles.

La plupart des agents ont cependant adopté une attitude prudente et ont préféré attendre les ordres de l'ambassadeur avec le *firman** du sultan autorisant ce changement. Choiseul-Gouffier a en effet demandé à Sélim III l'envoi d'une circulaire dans les différentes provinces de l'empire pour faire reconnaître le nouveau pavillon français.

« Il est de notre devoir, écrit-t-il au consul Amoreux, de prévenir les accidents qui pourraient avoir lieu s'il s'effectuait avec trop de précipitation et avant que le ministère ottoman eût fait parvenir ses ordres dans toutes les provinces de l'Empire [...] Il faut aussi qu'on ait eu le temps de faire parvenir ce même firman aux commandants des armements turcs et algériens qui croisent dans l'Archipel, et qui ne cherchent que des prétextes pour commettre les plus dangereux excès. Toutes ces considérations réunies m'ont engagé à rassembler les capitaines qui se trouvent en ce moment sur cette rade, et après leur avoir notifié la loy qui ordonne le changement de pavillon, je suis convenu avec eux qu'ils ne le prendraient que successivement et à mesure qu'ils arriveront sur des Échelles où les ordres du Grand Seigneur seront déjà parvenus. Ils ont tous parfaitement senti l'utilité de cette disposition et j'en ai rendu compte aux ministres du Roy qui sûrement l'approuveront ».[1]

L'ambassadeur termine sa lettre en recommandant aux nationaux de ne pas se laisser aller à des démonstrations patriotiques qui « sans inconvénients en France, en peuvent entraîner de très grands en Turquie » et provoquer l'hostilité des habitants.

Ces craintes s'avèrent fondées. À Tripoli de Syrie, le pacha signifie au consul Laidet qu'il n'autorisera pas l'installation du nouveau pavillon « sans au préalable en avoir reçu l'ordre de son souverain ».[2] Astier éprouve les mêmes difficultés à Larnaca. Le gouverneur Osman aga lui fait comprendre que beaucoup de gens du pays, notamment les marins, regardent les couleurs tricolores portées sur les chapeaux des Français comme « la marque distinctive des Moscovites » en guerre contre les Turcs, méprise déjà constatée dans plusieurs échelles.[3]

En réalité les choses se passent mieux que prévu et on ne relève aucun incident majeur, excepté à Smyrne où, ce jour-là, les équipages des bâtiments français se répandent dans le quartier franc en menaçant leurs compatriotes qui n'ont pas porté les couleurs nationales.

Les prestations de serment

Les prestations de serment de fidélité à la Constitution suscitent moins d'embarras au personnel consulaire, toujours soucieux de ne

---

[1] AN, AE B¹ 1069, Smyrne, tome 28, lettre du 23 mars 1791.

[2] AN, AE B¹ 1124, Tripoli de Syrie, tome 11, Laidet au ministre de la Marine, 16 avril 1791.

[3] AN, AE B¹ 642 Larnaca, tome 13, Astier au ministre de la Marine, 14 et 18 avril 1791.

pas indisposer les commandants du pays. Un décret de l'Assemblée nationale du 17 novembre 1790 sanctionné par le roi le 1er décembre de la même année enjoint aux fonctionnaires employés à l'étranger de prêter un serment civique individuel sous peine d'être destitués et rayés des cadres de l'administration. Ce décret précède de dix jours celui imposé aux ecclésiastiques en exercice. Le modèle est rédigé ainsi : « Je jure d'être fidèle à la Nation, à la Loi et au Roi, de maintenir de tout mon pouvoir la Constitution décrétée par l'Assemblée nationale et acceptée par le Roi, et de défendre les Français près du pacha et des officiers du gouvernement turc ainsi que près des autres Puissances de ce pays ». Signé et scellé du sceau de la chancellerie consulaire, le serment doit être adressé au président de l'Assemblée par la voie du ministre de la Marine dans un délai de trois mois.

Les prestations s'échelonnent de janvier à juin 1791. En fait, la plupart des consuls connaissent le nouveau décret de l'Assemblée depuis le mois de février, soit par l'intermédiaire de l'ambassade qui dispose d'une imprimerie, soit par le *Bulletin des Lois* que l'on reçoit régulièrement dans les Échelles. Rousseau et Deval, par exemple, bien qu'en résidence à Bagdad, n'attendent pas les instructions du ministre pour accomplir leur devoir civique ; les autres préfèrent en général s'exprimer d'une commune voix et rassembler préalablement les serments de tous les agents de leur département, comme le fait Mazière de Saint-Marcel à Alep : « J'attendais depuis longtemps une occasion pour vous transmettre l'acte de ma prestation de serment, celle des officiers de ce consulat, et de Mr. Clément agent de France à Alexandrette. Elle se présente aujourd'hui, et je la saisis avec empressement. En nous acquittant de ce devoir de fonctionnaire public, nous avons rendu hommage aux sentiments patriotiques qui nous animent, à la Déclaration universelle des droits de l'homme et du citoyen, et à cette liberté constitutionnelle qui en dérive ».[1]

Il ne fait aucun doute que la quasi totalité des officiers des consulats remplissent leur obligation puisqu'ils ne sont pas rappelés et ne font l'objet d'aucune disgrâce. Certains, néanmoins, tels Amoreux et Taitbout de Marigny, ne peuvent dissimuler leur réserve et soulignent habilement qu'ils se sont conformés à une loi approuvée et sanctionnée par le roi. On sent bien que ce personnel d'Ancien Régime s'efforce de s'adapter aux circonstances politiques et fait preuve de pragmatisme comme beaucoup de membres de l'administration.

---

[1] AN, AE B^I 97, Alep, tome 22, lettre au ministre de la Marine, Alep, 16 juin 1791.

Le renversement du Trône et ses effets au Levant

Le départ de Choiseul-Gouffier.

La chute de la monarchie et la constitution d'un pouvoir révolutionnaire à Paris ont un impact immédiat sur le personnel diplomatique français, au moins pour les chefs de poste. L'ambassadeur à Constantinople, le comte de Choiseul-Gouffier, connu pour ses sentiments royalistes, est aussitôt relevé de ses fonctions. Apprenant sa révocation, le 22 août 1792, il ordonne à ses subordonnés de cesser leurs activités et s'enferme dans le Palais de France avec le personnel de service et quelques Albanais armés, dans l'espoir d'un renversement de la situation politique en France à la suite des défaites militaires et de l'invasion des troupes autrichiennes. Mais le 8 décembre, le premier drogman Antoine Fonton est proclamé chargé d'affaires par une assemblée de la nation à laquelle participent les capitaines de navires présents. Dépassé par les événements et décrété d'accusation par la Convention, Choiseul-Gouffier laisse ses pouvoirs au premier secrétaire Chalgrin, puis émigre en Russie après avoir recommandé au *Raïs Efendi** la protection des missions religieuses.[1]

Le rappel de l'ambassadeur n'a guère d'écho dans les milieux officiels de la capitale turque. Passé l'effet de surprise, la situation se régularise avec l'arrivée, le 7 juin 1793, d'un nouveau ministre plénipotentiaire, Descorches de Sainte-Croix, homme énergique et proche de Robespierre. Pour autant, le fait n'est pas anodin. Avec le départ de Choiseul-Gouffier une page d'histoire semble irrévocablement tournée. C'est la fin de la diplomatie d'Ancien Régime faite de compromis et de recherche d'équilibre, d'apparat et de faste. Les successeurs de Choiseul n'auront pas sa retenue et ne seront plus aussi préoccupés de collectionner pour leur plaisir des antiquités et des manuscrits anciens. Un nouveau profil de diplomate s'impose, où la recherche de l'efficacité et les considérations idéologiques prennent le pas sur les manières.

---

[1] ACCM, J 209, délibération de l'assemblée de la nation française de Constantinople, 8 décembre 1792. Voir aussi Édouard de Marcère, *Une ambassade à Constantinople. La politique orientale de la Révolution française*, Paris, Alcan, 1927, tome 1, p. 11.

Les changements imposés par la République

Dès le 14 août 1792, le ministre de la Marine, Monge, annonce la suspension du pouvoir exécutif et affirme que « désormais, c'est au nom de la nation qui vient d'être libre qu'il faut que ses agents prononcent son nom dans toute l'Europe ».[1] Le lendemain, l'Assemblée législative impose à tous les fonctionnaires, y compris les prêtres, un nouveau serment de fidélité à la nation. Quelques jours plus tard, le 3 septembre, Monge rédige une circulaire pour prévenir les consuls de cette disposition :

> « Je vous adresse, Messieurs, des exemplaires de la nouvelle loi rendue par l'Assemblée nationale pour assujettir les fonctionnaires publics à prêter le serment d'être fidèles et de maintenir de tout leur pouvoir la liberté et l'égalité ou de mourir à leur poste. Vous voudrez bien remplir sans délai cette formalité, et veiller à ce que les vice-consuls et agents de la nation, qui relèvent de vous, et sont nés Français, se conforment à cette loi. Vous n'aurez qu'à m'en adresser les actes pour que je puisse les remettre à Mr. le Président de l'Assemblée nationale ».[2]

Contrairement aux agents diplomatiques, le corps consulaire dans son ensemble ainsi que la plupart des drogmans réagissent positivement à l'annonce de la déchéance du roi, puis de la proclamation de la République en septembre 1792. Les serments parviennent au gouvernement sans trop de difficulté au cours de l'hiver 1792-1793.[3] Quelques rappels à l'ordre sont parfois nécessaires, comme celui adressé à Joseph Roussel en résidence à Nauplie :

> « Quoique depuis très longtemps aucune de tes lettres ne me soient parvenues, quoique je n'aie pas même reçu l'acte de la prestation de ton serment prescrit par la loi du 15 août 1792, je veux bien attribuer à la distance et à la difficulté des communications et ce silence et la non réception de cet acte qui devait garantir ta fidélité à la République, et prends pour une preuve de ton attachement à tes devoirs sacrés, ce que tu as fait après la lâche défection du traître Taitbout ».[4]

---

[1] J. Baillou, *Histoire de l'administration française. Les Affaires étrangères et le corps diplomatique français*, Paris, CNRS, 1984, tome 1, p. 342.

[2] MAE, Personnel, Organisation du ministère, vol. 50.

[3] On constate la même adaptation aux circonstances politiques lors des deux autres serments imposés par le Directoire exécutif aux agents de l'État, en application des lois du 17 janvier 1796 et 13 janvier 1797.

[4] MAE, CCC, Coron, tome 6, Buchot, commissaire des Relations extérieures, au vice-consul Roussel, Paris, 5 juillet 1794. À partir du 1er avril 1794,

Le changement de régime politique impose évidemment la suppression de tous les signes distinctifs de la monarchie. Une circulaire du 27 novembre 1792 prescrit de remplacer sur la porte des consulats l'écusson aux armes de l'ancienne France par celui de la République. Un modèle est fourni pour aider les artisans locaux à confectionner ce type d'ouvrage, qui semble d'ailleurs avoir posé quelques problèmes dans les Échelles.

Dans les chancelleries consulaires, le sceau de la République remplace peu à peu celui de la royauté tandis qu'à Constantinople les anciens portraits des diplomates aux perruques, chamarrés de médailles et de décorations, qui tapissaient les murs de la résidence de France, sont enlevés pour mieux faire ressortir le tableau de la Déclaration des droits de l'homme. Le changement des boutons d'uniformes procède du même esprit : les nouveaux portent une ancre surmontée du bonnet phrygien avec en exergue « République française ».[1] La tenue reste cependant inchangée jusqu'en 1796 où apparaît un nouveau costume ressemblant à celui des commissaires aux armées : habit bleu, ceinture rouge et blanche avec franges aux couleurs nationales, chapeau rond avec des plumes tricolores.

Plus important est le décret de la Convention du 15 février 1794 qui modifie la disposition des couleurs tricolores sur le pavillon de la marine. Dans une dépêche adressée aux consuls, le commissaire des Relations extérieures, Buchot, explique ainsi les raisons de ce changement :

> « Le pavillon décrété par l'Assemblée constituante ressemblait à la Constitution qu'elle nous avait donnée. Les couleurs nationales étaient reléguées dans un coin du pavillon comme si on les y avait ajoutées à regret ; la couleur de la royauté y prédominait comme ses prérogatives dominaient dans la Constitution. Aujourd'hui les couleurs du peuple doivent couvrir toute la surface du pavillon, comme sa souveraineté couvre toute la surface de la République ».[2]

Ces diverses mesures ne semblent pas donner lieu à des observations ou des obstacles de la part des autorités locales. Dans les communautés françaises, en revanche, tous ne suivent pas le mouvement avec le

---

le terme de « commissaire » remplace celui de « Citoyen ministre » utilisé depuis le printemps 1793. Le tutoiement n'est employé qu'en l'an II.

[1] AN, AE B^{III} 95, arrêté du Comité de Salut public du 1er décembre 1794.

[2] MAE, Personnel, Organisation du ministère, vol. 50, circulaire du 5 mars 1794.

même élan ou le même enthousiasme. Des réticences apparaissent, vite assimilables à une opposition contre-révolutionnaire.

Des agents démis de leurs fonctions

Les consuls les plus âgés, souvent les plus modérés d'ailleurs, sont facilement dénoncés par leurs compatriotes comme anti-républicains. Ainsi, le chevalier Taitbout de Marigny, en poste en Morée depuis la fin des années 1780 et qui compte parmi les agents les plus anciens au Levant, ne peut faire face à l'opposition grandissante d'une partie de la nation. Il sollicite à deux reprises sa mutation dès 1791.[1] Le silence du ministère, sa situation financière difficile (il n'a rien retiré de ses appointements depuis le 1er juillet 1792), enfin la tournure que prennent les événements en France l'amènent finalement à démissionner le 2 février 1794 et à s'emparer illégalement des dépôts de la chancellerie. Pour éviter les poursuites, Taitbout se place sous la protection de l'ambassadeur d'Angleterre.

À Salonique, le vieux Cousinéry se voit écarté des affaires par ses administrés. En juillet 1792, il se rend à Constantinople pour régler un dossier relatif à l'organisation de l'échelle et laisse la gestion du consulat au député du commerce François Masse.[2] Mais lorsqu'il revient à Salonique, en juin 1793, il apprend qu'il a été suspendu de ses fonctions, probablement sur une dénonciation d'un ou plusieurs négociants. Malgré ses protestations, l'intérim est confié au député Tavernier, à un moment où la nation française traverse une crise grave en raison de la défection d'une partie de ses membres. Le consulat restera longtemps sans titulaire.

Bien que proche de la retraite, le consul général à Smyrne, Joseph Amoreux, est resté très actif au début de la Révolution. Mais, suite aux dénonciations de quelques Français de l'échelle qui l'accusent d'être de la mouvance de Choiseul-Gouffier, il est démis de ses fonctions le 26 juin 1793 et aussitôt remplacé par le premier député de l'échelle, Vincent Dauphin.

Mazière de Saint-Marcel, qui dirige la circonscription de Syrie-Palestine, est également amené à cesser ses fonctions en mai 1794 devant l'opposition irréductible d'une partie des nationaux. Son col-

---

[1] AN, AE B^I 473, Coron, tome 5, lettres au ministre du 4 avril et 27 décembre 1791.

[2] AN, AE B^I 1004, Salonique, tome 15, Masse au ministre de la Marine, 1er décembre 1792.

lègue Jean-Pierre Renaudot, en exil à Jaffa avec les autres ressortissants, se voit reprocher par les régisseurs des maisons de commerce d'avoir mal géré le contentieux qui les oppose depuis des années au gouverneur de Saint-Jean d'Acre. Victime des soupçons portés contre lui, il est destitué le 3 décembre 1794, mais sera très vite réhabilité.

Rares sont les agents qui démissionnent de leur propre chef et nous ne savons pas vraiment si c'est pour raison politique ou par convenance personnelle. Antoine Butet, chargé de l'intérim des affaires consulaires à Alexandrie après le départ de Mure en mai 1789, démissionne le 31 juillet 1793 sans donner d'explication, laissant ses fonctions au député du commerce Pierre Joseph Reboul. Celui-ci va gérer pendant plus de trois ans le consulat général de France en Égypte sans aucun subside du ministère, en attendant l'arrivée de Magallon.[1]

Le nouvel envoyé de la République à Constantinople, Descorches de Sainte-Croix, reprend les choses en mains à partir de l'été 1793, écarte les agents suspects et les remplace par des hommes sûrs dont il connaît les opinions politiques. C'est ainsi par exemple qu'il charge Pierre Bermond, vice-consul aux Dardanelles, de remettre de l'ordre en Morée, ou qu'il place à Rhodes Pierre Joseph Coste, un capitaine de la marine marchande, qui va gérer le vice-consulat pendant plus de dix-neuf mois avec le plus grand désintéressement. Coste est probablement le premier à planter l'arbre de la liberté dans l'île et à y arborer le pavillon tricolore. Enfin, Descorches tient en échec toute velléité d'indépendance des négociants et maintient l'influence de la France à Constantinople alors que la République se trouve en guerre avec le reste de l'Europe.

Au total, on peut affirmer que les dispositions prises par le nouveau pouvoir en France sont assez bien relayées par ses représentants dans l'Empire ottoman. Par contre, les sources manuscrites parcellaires dont nous disposons pour les années 1792-1795 (époque où sont réorganisés les bureaux de la Marine et de la Chambre de commerce de Marseille) ne nous permettent pas toujours de suivre avec précision le déroulement des manifestations patriotiques et les dissensions qui semblent être apparues au sein des communautés françaises. Cette lacune mériterait d'être comblée.

---

[1] MAE, CCC, Alexandrie, tome 16. Dans sa lettre du 5 avril 1796 adressée au ministre Delacroix, Reboul sollicite le remboursement des 9 795 piastres qu'il a avancées pour le service de l'Échelle.

CHAPITRE 4

Administration et commerce : les hésitations du pouvoir révolutionnaire

LES DÉCRETS SUR LE COMMERCE

Les décrets de juillet et septembre 1791

Alors que les Constituants bouleversent les structures sociales et fondent les bases d'un État moderne, ils restent assez prudents en matière de politique économique et de commerce extérieur. Ils proclament solennellement la liberté du commerce mais laissent subsister le monopole de Marseille, qui fait de l'ancienne cité phocéenne l'unique entrepôt des marchandises orientales en France.

Tel est le sens du décret de l'Assemblée constituante du 21 juillet 1791 qui déclare dans son article premier le commerce des Échelles « libre à tous les Français ». Chacun peut envoyer « de tous les ports du royaume » des navires et des marchandises dans les Échelles et y faire des retours aussi librement, mais seulement « après avoir fait quarantaine à Marseille et en avoir acquitté les droits imposés par l'administration du Levant », précise l'article 5, ce qui restreint finalement cette liberté. En réalité, il n'y a aucun changement et la nouvelle loi ne fait qu'entériner une situation qui dure depuis le XVIIe siècle. L'exportation des produits français vers les Échelles a toujours été libre et les retours ont toujours dû passer préalablement par Marseille. Nous avons vu que les deux raisons invoquées sont, d'une part, la nécessité de la quarantaine que les navires de commerce ne peuvent faire nulle part ailleurs en France (le port de Marseille est bien équipé du point de vue sanitaire) et de l'autre, l'imposition du « droit de consulat » destiné à financer l'administration des Échelles, droit qu'il est préférable pour une question comptable de percevoir dans un seul port.

C'est cette interdiction des retours « en droiture » qui a créé les conditions d'un monopole et que désirent conserver la Chambre de commerce et ses représentants à l'Assemblée constituante malgré l'ardente campagne menée par les députés du Languedoc. Marseille conserve en outre sa franchise jusqu'à la fin de l'année 1794. Elle peut ainsi rivaliser avec les ports francs de Gênes et Livourne qui constituent aussi des pôles d'attraction du commerce levantin, en particulier pour les Anglais, Danois, Suédois et Hanséates qui envoient rarement des navires dans les Échelles et viennent plutôt échanger dans les ports de la Méditerranée occidentale leurs produits contre ceux du Levant.

Pas question non plus de toucher au droit de 20 % que l'on continue à percevoir sur les marchandises du Levant embarquées sur des navires étrangers ou sur des navires français ayant relâché à l'étranger pour y compléter leurs cargaisons. Cette mesure protectionniste favorise la navigation directe avec les Échelles et dissuade toute concurrence étrangère sur le sol français.

Enfin, le décret de l'Assemblée législative du 27 septembre 1791 qui supprime toutes les chambres de commerce ne modifie pas vraiment la situation au regard de la gestion financière des Échelles. La municipalité de Marseille doit organiser un bureau provisoire qui s'installe le 10 juillet 1792. Toutefois, les droits que percevait la Chambre sont « provisoirement conservés » et attribués aux conservateurs de la santé qui doivent verser tous les mois les recettes dans la caisse du receveur du district de Marseille, seul habilité à payer les dépenses des Échelles et les appointements des officiers des consulats.[1]

Les intérêts de la bourgeoise marseillaise sauvegardés

En somme, rien n'a vraiment changé en dépit du discours libéral des Constituants. Il est vrai que la Compagnie des Indes disparaît à la même époque, mais pour ce qui est du Levant la bourgeoisie portuaire marseillaise a su sauvegarder ses intérêts. Elle présente bien un « double visage », écrit Michel Vovelle : « hostilité aux privilèges d'autrui, défense ardente des siens ».[2] On comprend qu'elle soit satisfaite de l'œuvre accomplie par la Révolution qui conserve ses prérogatives et protège le marché national. Il y a bien sûr la création des assignats, mais l'inflation qui en découle n'est pas vraiment un obstacle pour les spéculateurs non détenteurs de revenus fixes, car la valeur des marchandises augmente en proportion. « Si pour l'année 1793 la plupart des négociants déplorent, soit des pertes, soit l'arrêt

---

[1] Loi du 6 septembre 1792 (articles 1, 5, 6 et 7).

[2] M. Vovelle, *Histoire de Marseille*, publié sous la direction de Édouard Baratier, Toulouse, éd. Privat, 1973, p. 269.

des affaires, on n'en observe jamais pour la période antérieure », rappelle Charles Carrière.[1]

L'activité de Marseille se maintient donc jusqu'à la fin de 1792. La confiance à l'égard du Levant reste grande : les négociants n'hésitent pas à y engager leurs capitaux au même rythme qu'autrefois. Preuve en est, la création de nouveaux établissements dans les Échelles. Nous en avons recensé douze entre juillet 1791 et octobre 1792. C'est à Salonique et à Chypre que l'augmentation est la plus forte puisque le nombre des maisons passe respectivement de 7 à 11 et de 2 à 5.

Cependant, toutes les Échelles ne bénéficient pas de ce mouvement. D'autre part, les négociants nouvellement installés sont, une fois de plus, des Marseillais et cela pour les mêmes raisons que nous avons évoquées précédemment. Enfin, l'obligation du cautionnement[2] et les certificats de résidence subsistent tant pour éviter une concurrence entre Français que par désir de ne pas y voir séjourner des gens sans profession, ou des pacotilleurs, brocanteurs, artisans, bateliers dont le séjour n'est pas strictement nécessaire au commerce. Lorsque la guerre sera déclarée, les réglementations seront encore plus sévères par crainte de voir se répandre en Orient des émigrés. L'article 355 de la Constitution de l'an III aura beau affirmer qu'il n'y a « point de délimitation à la liberté du commerce et à l'exercice de l'industrie et des arts de toute espèce », l'accès aux Échelles ne sera pas plus libre que sous l'Ancien Régime.

L'ÉVOLUTION DU SERVICE CONSULAIRE

Faut-il supprimer les consulats ?

Les principes de liberté proclamés par l'Assemblée constituante et les nouvelles lois promulguées, en matière judiciaire et économique notamment, risquent de remettre en cause non seulement le régime intérieur des Échelles mais aussi l'organisation du commerce du Levant fondée sur les privilèges de Marseille.

---

[1] C. Carrière, *Négociants marseillais au XVIIIe siècle. Contribution à l'étude des économies maritimes*, Marseille, Institut historique de Provence, 1973, tome I, p. 127.

[2] L'arrêté du 23 juin 1803 assouplira ses conditions d'obtention. Aucun versement de fonds ne sera exigé, mais la Chambre de commerce de Marseille veillera toujours à la solvabilité des négociants. Le cautionnement sera aboli par l'ordonnance du 18 avril 1835.

Faut-il faire table rase du passé ? Les Constituants, peu à l'aise pour légiférer sur cette question, préfèrent s'en remettre à l'avis de la Chambre de commerce de Marseille. Celle-ci suggère de faire un certain nombre de réformes dans l'administration du Levant sans toutefois remettre en cause ses prérogatives. La plus importante des réformes envisagées concerne les consulats. Dans un discours prononcé le 12 juin 1790 devant l'Assemblée générale du commerce de Marseille, Étienne Martin, le maire de la ville qui est aussi le chef de la Chambre de commerce, propose pour alléger les dépenses des Échelles de supprimer les consuls devenus, selon lui, « inutiles et trop coûteux » et de les remplacer par des négociants non appointés. Une vieille idée, déjà émise en 1726 par les députés de la Chambre de commerce. Un comité est chargé de recueillir les avis des administrateurs des établissements de Marseille et de leurs régisseurs dans les Échelles, qui sont d'ailleurs loin d'être unanimes sur ce projet.

À Smyrne, la majorité des négociants de l'échelle reconnaissent la nécessité d'avoir « un chef » pour protéger efficacement leur commerce et les soutenir auprès du gouverneur local et des consuls étrangers. Par contre, ceux de Saïdâ, appuyés par leurs majeurs*, sollicitent le rappel de Jean-Pierre Renaudot qu'ils n'estiment pas exempt de reproches dans les malheurs qu'ils ont éprouvés depuis l'arrivée de ce consul en 1784. Les Français d'Acre et de Saïdâ, expliquent-ils, ont vécu depuis cette époque dans la discorde, leurs affaires n'ont plus été aussi prospères et ils ont essuyé de nombreuses avanies de la part des Turcs jusqu'au moment où ils ont été forcés par Djazzâr Pacha d'abandonner leurs établissements pour venir se réfugier à Jaffa et à Tripoli de Syrie. Quelques-uns d'entre eux proposent qu'on laisse dorénavant les corps de marchands se gouverner eux-mêmes sans autres responsables que leurs députés.[1] Les négociants de Morée ne sont pas aussi catégoriques, mais on sait qu'ils ont eu l'intention, dès le mois de mars 1790, d'écrire un rapport contre Taitbout de Marigny soupçonné d'être anti-révolutionnaire.

Inquiet, le corps consulaire met en garde le gouvernement contre les risques d'une éventuelle suppression des consulats. S'il n'existe

---

[1] AN, AE B^I 981, Saint-Jean d'Acre, tome 4 : *Représentations des membres de la Chambre de commerce de Marseille au ministre de la Marine, faisant suite au Mémoire adressé par les Majeurs des établissements de Syrie*, Marseille, 7 janvier 1791. Voir aussi le Mémoire des négociants de Saïdâ du 10 décembre 1790. AN, AE B^I 1124, Tripoli de Syrie, tome 11.

plus d'officiers dans les Échelles, qui contraindra les ressortissants à respecter les lois et les traités ? Qui les empêchera de s'adonner au jeu et au libertinage qui, bien souvent, compromettent la nation et les fonds qui leur sont confiés par leurs maisons mères ? Qui donc jugera les contestations qui pourront s'élever entre les nationaux et à qui le négociant s'adressera-t-il lorsqu'il aura un différend avec les gens du pays ?

Les députés de la nation peuvent bien occuper les fonctions consulaires comme l'a suggéré Etienne Martin, mais il n'est pas sûr que les Turcs aient autant d'égards et de considération pour eux, car ils sont habitués à une certaine représentation de la part des agents du roi munis de *barats* et reconnus officiellement par les capitulations. Il serait fâcheux de revenir sur une pratique adoptée depuis deux siècles.

En outre, en cas de litige, ces députés ne sauraient être impartiaux pour la simple raison qu'ils sont eux-mêmes marchands et ont des intérêts dans les maisons de commerce. Il s'en suivrait fatalement des désordres et une perte de crédit dans le pays alors que les autorités locales s'adressent toujours aux consuls en cas de plainte. On attend d'eux justice et impartialité et c'est pourquoi les ordonnances leur ont défendu de prendre part au commerce sous peine de révocation.

« Les négociants établis en Turquie, rappelle Taitbout de Marigny, ne peuvent être ni inspectés, ni jugés, ni protégés par d'autres négociants qui sont leurs concurrents et qui ont à ménager leurs propres intérêts ; la suppression des consulats serait une bien petite économie qui donnerait aux Turcs une bien mauvaise idée de nos finances, elle serait préjudiciable au commerce, surtout si les puissances étrangères continuent à entretenir des consuls au Levant ».[1]

Le comité des consulats du Levant, chargé par l'Assemblée générale du commerce de Marseille de présenter un rapport détaillé sur les améliorations à faire dans l'organisation des Échelles, conclut ses travaux le 7 novembre 1790. Trois éléments essentiels ressortent de ce document qui est publié et adressé à l'Assemblée nationale pour vote :

---

[1] AN, AE B^I 473, Coron, tome 5 : *Réflexions sur ce qui regarde les consuls dans le discours que M. Martin a prononcé le 12 juin 1790 dans l'Assemblée générale du commerce de Marseille*, rapport adressé à la Chambre de commerce de Marseille le 23 juillet 1790.

1 – D'abord, on reconnaît la nécessité de conserver la majeure partie des consuls, ne serait-ce que pour faire observer par les nationaux les lois et les décrets du peuple français, et veiller à la bonne application des traités avec la Porte ottomane.

2 – Ensuite, on accorde un rôle prédominant à la Chambre de commerce dans la gestion administrative et financière des consulats. Marseille entend réaffirmer ses prérogatives et son indépendance face au pouvoir central et elle espère que la Révolution lui en donnera l'occasion. Ainsi, le comité propose que la nomination des consuls soit faite par la Chambre de commerce, assistée des majeurs* des établissements et de leurs régisseurs dans les Échelles. Ils seraient nommés pour une période de six ans, après laquelle ils pourraient être réélus par la Chambre s'ils ont donné satisfaction. Par ailleurs, ils ne dépendraient plus directement du ministre de la Marine et seraient « sous la surveillance immédiate » de la Chambre de commerce, laquelle serait tenue au courant de toutes les affaires commerciales et maritimes de leur circonscription. On sait qu'elle a déjà un droit de regard sur ces questions ; son influence se verrait accrue par le fait que les consuls recevraient directement d'elle leurs ordres.

3 – Il y a enfin les mesures d'économie. Le comité propose de supprimer tous les vice-consuls et les élèves vice-consuls (institués en 1779) et de les remplacer par de simples consuls honoraires faiblement rémunérés et par des négociants là où se trouvent des établissements français. Les consuls auraient de nouveau la charge d'entretenir les chanceliers et les drogmans (comme avant 1776), de les nourrir et de les loger à leurs frais sans aucune augmentation de traitement. Quelques agents, enfin, verraient leur salaire diminuer. Pour alléger encore les dépenses des Échelles jugées trop lourdes, le comité envisage aussi la possibilité de faire supporter par les consuls ou les négociants les dépenses occasionnées par les escales des bâtiments de guerre jusqu'alors acquittées par le Trésor.

Comme l'on pouvait s'y attendre, ce rapport suscite des réserves et des critiques dans le milieu consulaire. Au cours de l'année 1791, beaucoup d'agents adressent leurs observations sur les réformes projetées au Levant, réflexions qu'ils affirment être fondées sur une longue expérience.

S'ils se félicitent d'être maintenus, ils ne comprennent pas, en revanche, pourquoi ils seraient élus par la Chambre de commerce alors que leurs collègues d'Afrique du Nord resteraient nommés par le ministère. Pourquoi fait-on une telle distinction ? Les États barbaresques, bien que bénéficiant d'un statut particulier, font officiellement partie de l'Empire ottoman. Les fonctions et les prérogatives d'un consul à Tunis ne diffèrent pas de celles de son homologue à Salonique.

D'autre part, leur nomination par la Chambre de commerce (mandat de six ans renouvelable) les mettrait en quelque sorte sous la dépendance des corps de marchands et occasionnerait, tant à Marseille que dans les Échelles, des intrigues et des cabales. Les intérêts personnels des négociants qui viennent chercher fortune en Orient l'emporteraient sur le bien général. Quel officier, écrit Renaudot, ne ferait pas tous ses efforts « pour mériter les suffrages de ceux de qui il tiendrait son existence, de ceux de qui il serait dans une perpétuelle dépendance à cause de sa réélection ? Que ne ferait-il pas pour conserver sa place aux dépens de son devoir et de son honneur » ?[1]

Selon l'opinion générale, le consul doit être indépendant pour faire respecter les lois en vigueur et il ne peut l'être qu'en relevant directement du pouvoir central. Son élection serait contraire aux principes de la nouvelle constitution qui stipulent que tous les emplois publics sont à la nomination du roi.

Enfin, fait remarquer Mazière de Saint-Marcel, le consul n'est ni un maire, ni un homme politique. S'il manque à ses devoirs il ne faut pas attendre la sixième année pour le remplacer ; mais s'il les remplit avec exactitude il doit avoir la sûreté de son emploi comme tout fonctionnaire et ne pas être soumis au jugement des régisseurs de maisons de commerce.

Le point le plus vivement contesté du rapport concerne l'obligation de donner la table et le logement aux drogmans. Cette mesure est inadmissible pour les consuls qui rappellent volontiers que leurs revenus suffisent à peine pour vivre avec l'aisance qu'exige leur fonction, sans parler de la gêne qu'une telle mesure constituerait pour ceux qui souhaitent préserver l'intimité de leur famille. Mazière écrit encore au ministre de la Marine :

---

[1] AN, AE B^I 981, St Jean d'Acre, tome 4 : Renaudot, *Observations sur le régime actuel du Levant d'après ce qui a été proposé au commerce de Marseille pour son amélioration*, Jaffa, 21 juin 1791.

« En n'accordant au consul que le nécessaire le plus étroit, on le force à s'envelopper dans les liens d'une économie avare et mesquine : alors les consuls étrangers, étalant l'ostentation que leur permet leurs facultés, éclipseront le consul de France qui ne pourra se mettre à leur niveau ; et les Turcs qui donnaient aux Français les premières distinctions, feront une comparaison qui contribuera à l'affaiblissement de leurs droits, de leurs privilèges, et de leur considération ».[1]

En ce qui concerne la suppression des agents de grades inférieurs (vice-consuls et élèves vice-consuls), les réactions apparaissent plus nuancées et l'on admet généralement que cette réforme ne doit pas s'appliquer partout. Saïdâ, par exemple, ne saurait devenir une simple agence consulaire alors que l'échelle compte sept établissements français, explique Beaussier. Celui-ci craint par ailleurs que cette mesure budgétaire ne ferme tout espoir d'avancement dans la carrière pour ses confrères plus jeunes. Mazière de Saint-Marcel exprime la même inquiétude pour Devaulx, un élève vice-consul qui travaille assidûment à Alep depuis de longues années, tandis qu'Amoreux à Smyrne pense à l'avenir de ses fils en attente d'emploi dans les vice-consulats. Enfin, que faire de tous ceux qui sont déjà en poste ?

Finalement, la Constituante ne ratifie pas le projet qui lui a été soumis par le comité de Marseille en novembre 1790. Le gouvernement prend quelques mesures budgétaires (postes laissés sans titulaires, diminution des traitements, suppression des élèves vice-consuls), mais ne change rien sur le fond. L'organisation consulaire subsiste en l'état et les négociants marseillais conservent leurs privilèges commerciaux.

Le rattachement aux Affaires étrangères

Pendant les premières années de la Révolution, sous les Assemblées constituante et législative, les consuls continuent de relever du ministère de la Marine et des Colonies, malgré leurs fréquents rapports avec le département des Affaires étrangères. L'abolition de la royauté n'entraîne pas de changement immédiat dans ce domaine et c'est seulement au moment de la déclaration de guerre à l'Angleterre et à la Hollande que les députés songent à modifier le statut des consuls.

---

[1] AN, AE B^I 97 Alep, tome 22 : Mazière de Saint-Marcel, *Rapport sur les consulats du Levant*, Alep, 28 mars 1791.

Le décret de la Convention du 14 février 1793 rattache le bureau des Consulats au ministère des Affaires étrangères, regroupant ainsi au sein d'une même administration tous les fonctionnaires du service extérieur.[1] Quelques jours plus tard, une circulaire du 25 février invite les consuls à correspondre avec leur nouveau ministre. Mais ils gardent encore des liens avec la Marine et les Colonies pour toutes les affaires de comptabilité, d'administration et de législation maritime : dépenses consécutives à la relâche des bâtiments de guerre, frais occasionnés par le rapatriement des marins naufragés ou réfugiés, secours aux navires accidentés, contentieux relatifs aux prises.[2]

Le système met quelque temps à se mettre en place et des problèmes subsistent, en matière budgétaire notamment. Le ministre des Affaires étrangères a recours au payeur de la Marine à Toulon pour acquitter les traites relevant du département de la Marine, ce qui multiplie les correspondances et les comptes entre les deux administrations. Cette question est néanmoins résolue dès 1794 par la création d'une caisse spéciale chargée d'acquitter toutes les dépenses et confiée au nouveau bureau provisoire du Commerce de Marseille.[3] La même année intervient un changement de dénomination, le ministère des Affaires étrangères devenant commission des Relations extérieures, puis ministère des Relations extérieures dans l'automne 1795 (installation du Directoire), appellation conservée jusqu'à la fin de l'Empire.

---

[1] Le bureau des Consulats comprend à l'époque 9 employés, effectif réduit à 4 en juillet 1797. Frédéric Masson, *Le Département des Affaires étrangères pendant la Révolution 1787-1804*, Genève, Slatkine, 1977, p. 256 et 409. Voir aussi J. Baillou, *Histoire de l'administration française ...*, op. cit., tome 1, p. 342 et 349.

[2] Leurs attributions en matière de séquestre des navires ennemis sont élargies après octobre 1794, puisqu'ils peuvent juger de leur validité sans en référer préalablement au ministre de la Marine qui transmet habituellement les dossiers au Conseil des prises. Toutefois, il est assez rare que les corsaires français amènent dans les Échelles les produits de leurs captures. La guerre de course en Méditerranée orientale n'est pas très active au cours de la période révolutionnaire.

[3] AN, AE B[III] 195 : Rapport de la commission des Relations extérieures sur « le mode de payer les dépenses du service consulaire en Levant et Barbarie », 19 août 1793.

Ancienne et nouvelle législation

Cette réforme des consulats est importante parce qu'elle rationalise le dispositif extérieur de la France. Mais l'administration reste toujours aussi exigeante et formaliste. Les circulaires se multiplient à partir de 1794 : la correspondance est désormais réglementée, les postes doivent établir une liste complète des Français décédés dans leur circonscription « depuis l'époque la plus reculée », dresser un relevé analytique de tous les actes publics et privés passés en chancellerie depuis le 9 août 1792, procéder à l'inventaire général de tous les papiers, registres et dépôts faits à titre personnel ou par suite de procès, de décès, de naufrage ou de faillite. À ce titre, les pouvoirs publics semblent avoir été particulièrement soucieux de restituer aux particuliers les dépôts en numéraire appropriés illégalement par quelques consuls. Cette pratique autorisée officieusement en 1793 par l'envoyé extraordinaire de la République à Constantinople pour faire face aux nécessités du service avait quelque peu terni l'image de notre pays dans l'Empire ottoman. Car il ne s'agit pas seulement des nationaux ; les consulats français sont aussi dépositaires de l'argent des pachas et autres officiers de la Porte.[1]

D'une façon générale, ces instructions ne procèdent pas de la seule volonté de réorganiser les chancelleries laissées dans un certain désordre depuis le début de la Révolution. Elles s'expliquent aussi par le désir de mieux contrôler l'activité des ressortissants et les agissements des émigrés qui pourraient trouver asile dans les Échelles. Assurément, la tâche des consuls est devenue délicate. La guerre leur impose d'organiser le séquestre des marchandises exportées au Levant pour le compte de Français passés sous protection étrangère (on ne précise pas d'ailleurs si les articles doivent être confisqués au profit de l'État ou remis à une maison française pour vente). Dans le même temps, on leur demande de rétablir la confiance et

---

[1] Les responsables de l'administration turque ont souvent besoin de transférer à Constantinople des fonds importants, soit pour leur propre compte, soit pour remettre au Trésor impérial le produit des impôts locaux. Plutôt que d'expédier du numéraire par la voie maritime, ils préfèrent s'adresser à des négociants ou à des agents français à qui ils remettent en espèces la somme à transférer. Ils reçoivent en retour des lettres de change tirées sur des correspondants français à Constantinople qui, sur réception de ces lettres, se chargent de verser au Trésor ou à la personne désignée la somme convenue. Cette méthode est simple et relativement sûre. Cf. E. Eldem, « La circulation de la lettre de change entre la France et Constantinople au XVIIIe siècle », *op. cit.*, p. 88.

l'union entre les nationaux et d'extirper tout germe de division dans les Échelles.

Quant aux fonctions consulaires proprement dites, elles n'évoluent guère pendant la Révolution. On attend d'eux une meilleure connaissance de leur pays de résidence à des fins essentiellement stratégiques. Veiller aux approvisionnements des denrées et matières premières nécessaires à la République (blé, riz, bestiaux, cotons, laines, cuivres, huiles, savon) devient une priorité car il faut répondre aux besoins de l'industrie et des armées. Ils deviennent en quelque sorte des relais d'information pour le gouvernement qui souhaite promouvoir les intérêts économiques nationaux. C'est dans cette optique qu'ils doivent refuser de délivrer tout certificat aux navires neutres transportant des produits anglais vers la France (circulaire du 12 décembre 1796).

Ce souci d'une information rapide et précise concerne tous les domaines d'activité, des sciences à l'économie politique. La commission des Relations extérieures en a la responsabilité depuis l'arrêté du Comité de Salut public du 14 novembre 1794. Dorénavant, chaque chef de poste consulaire reçoit avant sa prise de fonction une lettre de mission contenant des instructions détaillées. Voici à titre d'exemple quelques passages de celle adressée à Louis-Auguste Félix, nommé à Salonique.

> « Les procédés des Turcs dans la tannerie sont très ingénieux. Le consul nous les communiquera. On sait qu'il existe au Levant un petit nombre de fabriques de soies et cotons qui rivalisent avec celles de l'Inde ; il examinera le parti que nous pourrions tirer des procédés mécaniques des Levantins, soit en faisant venir des soies et des cotons tout filés, soit en imitant les ouvriers du pays dans une pratique dont il nous ferait connaître parfaitement les détails [...] Tout ce qui peut faciliter les communications, les transports, abréger la longueur des voyages et en diminuer les frais, la topographie du pays, le cours des rivières, la position des lacs, la nature des divers bâtiments qui s'emploient, le consul nous communiquera ses observations sur tous ces objets. Enfin, il n'omettra rien de ce qu'il croira propre à étendre notre commerce en y joignant de nouvelles branches, et en lui procurant de nouveaux débouchés ».[1]

Les directives du Comité de Salut public du 30 août 1795 s'étendent aux observations météorologiques et à l'acquisition d'antiquités, de

---

[1] MAE, CCC, Salonique, tome 15 bis : *Mémoire pour servir d'instructions au citoyen Louis-Auguste Félix, consul de la République française à Salonique*, Paris, 11 décembre 1794.

médailles et de manuscrits destinés à enrichir les collections nationales et le Musée du Louvre.[1] Absorbés par d'autres priorités, les agents de la République ne répondent que de manière imparfaite à ces sollicitations.

Pour le reste, on s'en tient aux anciennes dispositions en vigueur avant 1792, en précisant toutefois certains points et surtout l'esprit dans lequel doivent désormais agir les agents de la République. Rien n'est supprimé, la nouvelle législation se superpose à l'ancienne non abrogée et la contredit parfois, ce qui complique la tâche des agents amenés trop souvent à interpréter le droit. Ainsi, l'ordonnance de la Marine du 3 mars 1781 et l'instruction du 6 mai de la même année qui l'accompagne doivent être observées dans la mesure où les articles sont compatibles avec les nouvelles lois, explique-t-on à Paris, car « il vaut mieux avoir un règlement défectueux que de n'en avoir point ».

En état civil, la seule innovation concerne les divorces, autorisés par la loi du 20 septembre 1792, pour lesquels les consuls sont compétents.

En matière judiciaire et de police, les choses sont plus compliquées car le dernier édit de juin 1778 a encore force de loi et doit être appliqué toutes les fois qu'il n'est pas « contraire aux principes régénérateurs des Français ».[2] Le tribunal consulaire n'est pas supprimé et reste la seule juridiction compétente dans les Échelles puisque les capitulations interdisent aux *cadis** de juger les différends entre Français. L'Assemblée constituante a institué le 25 septembre 1791 un nouveau code pénal, mais son application s'avère difficile dans les Échelles. « Il est dit, écrit Jean-Baptiste Martin, que le consul conciliera les procès et différends des Français, et les portera à la voie arbitrale. Or ceci est très insuffisant, car si les parties ne veulent pas user de cette voie, il faut bien que le consul devienne juge ».[3] Or, la plupart des affaires de commerce et de police et celles relatives à la

---

[1] À la demande de Grégoire, membre du Comité d'Instruction publique, le nouveau consul à Alep, Choderlos, est invité à se procurer un catalogue exact des ouvrages arabes, turcs et persans imprimés à Andoura par les religieux maronites*. Arrêté du Comité d'Instruction publique du 2 septembre 1795. AN, AE B^{III} 195.

[2] MAE, CCC, Smyrne, tome 30 : *Instructions pour le citoyen Cavallier, nommé au consulat général de Smyrne*, Paris, 25 novembre 1794.

[3] MAE, CCC, Dardanelles, tome 1, lettre au ministre Delacroix, Dardanelles, 21 octobre 1796.

justice de paix ne peuvent être mises en arbitrage. En matière criminelle, les Français de l'étranger peuvent-ils jouir des avantages de la nouvelle loi du 24 août 1790 (assistance d'un avocat, jury tiré au sort) ou sont-ils jugés selon les dispositions du règlement de 1778 ? Enfin, où l'appel doit-il être prononcé puisque les anciennes juridictions spécialisées comme le parlement d'Aix ont été supprimées ?

Autant de questions laissées en suspens qui expliquent en partie le désarroi des consuls et les difficultés qu'ils éprouvent pour maintenir leur autorité. « Le besoin d'un nouveau code civil pour le Levant se fait vivement sentir dans toutes les échelles », note Félix.[1] En décembre 1797, le gouvernement envisagera certaines réformes, mais le Conseil des Cinq-Cents, consulté sur ce sujet, ne soumettra aucun projet de loi.[2]

Une mentalité conservatrice

L'attitude des agents consulaires à l'égard de la vie privée de leurs compatriotes démontre, contrairement aux apparences, que les mentalités n'ont guère évolué. Le comportement vis-à-vis des femmes autochtones l'illustre parfaitement. Par une circulaire du ministre des Relations extérieures du 30 janvier 1796, les agents en poste sont invités à soumettre leurs opinions sur les « avantages ou les inconvénients de maintenir la défense du mariage des Français au Levant avec des femmes indigènes ». Les avis sont dans l'ensemble peu favorables à une réforme et cela conforte sans doute le Directoire dans sa décision de ne pas aller plus avant en rompant avec une tradition bien établie sous l'Ancien Régime. Par son arrêté du 3 mai 1797, il laisse finalement à l'administration le soin de décider seule de l'opportunité des mariages contractés dans les Échelles.

Les différents points de vue énoncés par les fonctionnaires de la République révèlent un esprit assez conservateur, et montrent combien les esprits à la fin du siècle des Lumières ne sont prêts, ni à la mixité des couples, ni à l'intégration d'étrangers dans la communauté française. Interdire les unions avec les autochtones permet aux nationaux de ne pas contracter « des alliances dégradantes, explique

---

[1] MAE, CCC, Salonique, tome 15 bis, lettre au ministre des Relations extérieures, Salonique, 1er décembre 1795.

[2] AN, AE B^{III} 197 : *Rapport du ministère des Relations extérieures, pour être soumis au Directoire exécutif et au Conseil des Cinq Cents*, frimaire an VI (décembre 1797).

sans ambages Henry Fourcade. Quelle honte pour un citoyen d'épouser la fille d'un esclave ! Quelle honte pour un républicain de voir, à chaque instant, ses plus proches parents sous le bâton du plus misérable des Turcs ».[1] Renaudot et Tronquet tiennent le même discours : les anciennes dispositions, écrit ce dernier, ont cet avantage qu'elles empêchent de « voir pulluler dans le Levant cette foule de Français équivoques, ces métis dégradés, à charge aux Échelles, à charge aux nationaux, à charge à la métropole ».[2]

Mais les préoccupations concernent surtout l'éducation des enfants issus de ces mariages et les conséquences d'une expatriation définitive comme perte humaine et financière pour l'État. Car en épousant des levantines, « naturellement plus prodigues que les européennes », les négociants français risquent de dissiper rapidement leur fortune au détriment de leurs commanditaires marseillais dont ils dépendent. Elles les retiennent souvent dans le pays et ils ne rapatrient plus leurs capitaux. Ces arguments, non dénués de préjugés, restent marqués par la philosophie mercantiliste de l'Ancien Régime qui évalue la richesse d'une nation au nombre de ses sujets. La « mère patrie » ne doit pas se priver d'une partie de ses citoyens « aisés et utiles » même si la Constitution de l'An III (22 août 1795) a posé la liberté comme principe fondateur.

Bermond est plus nuancé :

« Je ne crois pas, écrit-il, qu'on puisse gêner des actes aussi naturels et aussi conformes aux bonnes mœurs. La sollicitude du gouvernement doit je crois se borner à exiger que les enfants provenant des mariages des Français dans l'étranger, reçoivent leur éducation en France parce que c'est elle qui les rend réellement français ».[3]

Cette question est également soulevée par Gaspary :

« Le père venant à manquer laisse souvent des enfants sans ressource, et c'est autant de sujets perdus pour l'État. Le citoyen Antoine Masson, chirurgien mort depuis environ cinq ans à Athènes en est un exemple. Il y a laissé deux garçons [...]. Ces enfants sont privés de toute éducation

---

[1] MAE, CCC, La Canée, tome 20, lettre au ministre des Relations extérieures, Candie, 1er mai 1798.

[2] MAE, CCC, La Canée, tome 20, Tronquet au ministre des Relations extérieures, La Canée, 19 juillet 1796.

[3] MAE, CCC, Coron, tome 6, lettre à Delacroix, ministre des Relations extérieures, Coron, 19 juin 1796.

dans ce pays-ci et n'ont pas de moyens suffisants pour être envoyés en France ; ils n'y ont d'ailleurs aucun parent pour les réclamer ».[1]

Il serait intéressant de suivre la trace de ces ressortissants issus d'unions mixtes et qui font souche en Orient.

Un faible renouvellement du personnel

Le réseau consulaire dans les Échelles ne subit pas de modification majeure au cours de la Révolution. Les seuls changements concernent la réouverture du consulat général du Caire, fermé depuis 1777, la suppression du vice-consulat de Rosette (janvier 1796) et le transfert à Bagdad (mai 1795) du consulat général précédemment établi à Bassora, suite aux conseils de Rousseau qui a toujours résidé auprès du pacha. Partout ailleurs, on maintient l'ancien dispositif et on s'efforce même à partir de 1795 de l'étendre aux provinces situées au-delà du Danube et du golfe arabo-persique avec la création de trois consulats à Bucarest, Jassy et Mascate, point stratégique sur la route des Indes.

Plusieurs postes sont laissés sans titulaires et gérés par de simples drogmans ou par des négociants, si bien que le nombre des agents consulaires au Levant (avant 1796 en tout cas) varie peu par rapport aux dernières années de l'Ancien Régime, entre 20 et 25 consuls. Avec leurs interprètes et chanceliers, cela fait une soixantaine de fonctionnaires employés dans les Échelles.

Le renouvellement du personnel est assez limité. L'apport d'agents nouveaux à partir des années 1793-1794, qui a pu faire penser à une reprise en mains du Comité de Salut public sur les Affaires étrangères – mouvement qui s'accentue après le 9 thermidor et se poursuit sous le Directoire – résulte davantage de la nécessité de compléter les effectifs, déjà insuffisants avant 1789, que d'une politique d'épuration. Le décret de la Convention du 29 juillet 1793, entériné par l'arrêté du Comité de Salut public du 17 septembre ordonnant le remplacement de tous les fonctionnaires publics issus de la noblesse, n'est pas suivi d'effet.[2] Car si l'aristocratie est assez bien représentée dans le personnel diplomatique, elle l'est beaucoup moins dans le corps consulaire, d'origine essentiellement bourgeoise. Les quelques agents

---

[1] MAE, CCC, Athènes, tome 3, lettre du 20 juin 1796.

[2] MAE, Personnel, Organisation du ministère, vol. 50. Le ministère des Affaires étrangères avertit ses agents à l'étranger par une circulaire du 17 novembre 1793.

au Levant concernés par cette mesure enlèvent d'ailleurs leur particule ou raccourcissent leur nom. À Paris, on ferme les yeux.

Le gouvernement ne peut en effet se priver des compétences disponibles à un moment où nos intérêts commerciaux au Levant sont mis à mal. Il lui faut des hommes d'expérience connaissant les langues orientales et les usages du pays et qui ont surtout la confiance et l'estime des autorités locales. Aussi n'est-il pas étonnant si plus d'un tiers des consuls, des chanceliers et drogmans nommés sous Louis XVI restent en place après 1792. Nous ne retrouvons pas la même stabilité en Europe.

Cinq consuls conservent leur poste : Gaspary à Athènes, Roussel à Nauplie, Beaussier à Saïdâ, Vattier de Bourville à Lattaquié et Rousseau à Bagdad. Deux autres sont maintenus mais changent d'affectation : Mure d'Azir est muté à Chypre et Bermond en Morée. Il y a bien sûr les mises à la retraite (Astier) et les décès (Renaudot, Digeon). Quelques révocations sont prononcées à l'encontre de ceux qui ne prêtent pas le serment de fidélité à la République ou émigrent (Butet, Taitbout de Marigny, Guy de Villeneuve, Amoreux). Enfin, si quelques-uns donnent leur démission pour raison politique, d'autres sont provisoirement suspendus sur simple soupçon d'incivisme ou de complicité avec l'ambassadeur Choiseul-Gouffier qui a émigré en Russie.

Les responsables parisiens s'étonnent du silence de nombreux agents dont ils soupçonnent, souvent à tort, l'émigration ou l'opposition au nouveau régime. Cette situation s'explique naturellement par la difficulté des communications maritimes. Les consuls écrivent aussi moins fréquemment depuis 1792, correspondent davantage avec l'ambassade et leurs dépêches, plus courtes, se bornent souvent à accuser réception des circulaires du ministre. Ce relâchement ne saurait pourtant signifier une hostilité à la Révolution et le pouvoir le reconnaît bien en réintégrant, par exemple, Renaudot et Laidet en novembre 1795.[1]

Au total, le ministère des Relations extérieures ne semble pas avoir eu de politique d'affectation bien définie. Plusieurs agents sont rappelés avant même de gagner leur poste ou peu après leur prise de fonction (Cavallier, Fourcade). Les changements fréquents de gouvernement et

---

[1] AN, AE B^{III} 196. Le rapport de la commission des Relations extérieures du 19 novembre 1795 disculpe totalement ces agents après la réception tardive de leur correspondance et des avis satisfaisants de l'envoyé de la République à Constantinople.

la mainmise du pouvoir politique sur les différentes administrations ont certainement favorisé cette indécision.[1]

Les modalités de recrutement sont un peu plus souples et surtout moins endogènes. Cependant, on ne bouscule pas le principe hiérarchique et certaines conditions de naissance ou d'instruction sont toujours requises pour faire carrière, outre les convictions politiques. L'aspect physique compte également pour les révolutionnaires qui exaltent les héros antiques. Lorsqu'en 1795 le gouvernement recherche un postulant pour Bagdad, résidence éloignée et peu sûre, la commission des Relations extérieures donne comme instruction : « Il doit avoir un caractère à la fois ferme et conciliant, avoir un air imposant et plein de dignité, enfin être grand. Les Turcs seraient bien surpris de trouver des Lilliputiens dans les agents d'une nation qui étonne le monde par ses victoires et ses triomphes ».[2]

On ne peut nier que les faveurs jouent encore un rôle dans l'attribution des postes. On entre fréquemment aux Affaires étrangères par tradition familiale parce qu'on y a un proche parent auprès duquel on apprend le métier et parce qu'il n'y a pas encore de formation spécifique. On apprend tout sur le terrain.[3] Pour ne pas perpétuer une hérédité des charges qui aurait tendance à subsister dans la pratique, le Comité de Salut public puis le Directoire exécutif font appel à des compétences extérieures ; des députés (Gay-Vernon, Duval), des juges (Tronquet), des membres de la commission des Revenus nationaux (Laumond, Bodard) ou de la commission d'Instruction publique (Fourcade aîné), des commerçants également (Magallon, Coste), plus rarement des professeurs (Gallois). Enfin, on favorise la mobilité interne, pratique jusque-là peu courante : plusieurs diplomates et agents consulaires employés en Europe occidentale (Cavallier, Chépy, Choderlos, Sicard) ou des agents de l'administration centrale (Fourcade jeune) sont appelés à servir dans les Échelles.

---

[1] La partie politique de la commission des Relations extérieures est ainsi réunie aux attributions du Comité de Salut public par décret de la Convention du 24 août 1794.

[2] MAE, CCC, Bagdad, tome 4. Note sur le vice-consulat de Bagdad, prairial an III (juin 1795).

[3] Joseph et Lazare Magallon venus résider en Égypte auprès de leur oncle, consul général au Caire, nous en donnent un bon exemple. Tous les deux obtiennent un poste dans les Échelles avant brumaire an VIII (1800).

Ces nouveaux venus ont quelque difficulté à s'acclimater en Turquie. Ils donnent souvent l'impression de se sacrifier pour le service public et semblent peu préparés psychologiquement pour faire face aux conditions de vie parfois difficiles. Celles-ci sont aggravées par la peste qui sévit pendant une grande partie de la dernière décennie du siècle. Fourcade, qui demande sa mutation en décembre 1797, raconte ainsi son arrivée à La Canée :

« Parti de Venise dans la saison la plus rigoureuse, promené dans le golfe Adriatique pendant plus de trois mois, au milieu des Anglais et des forbans, conduit par des marins grecs, j'arrivais à mon poste. Nous y trouvâmes la peste. Tout le monde avait déserté la ville. Ce fut très difficilement que dans cette bourgade mal saine, on voulut m'accorder un asile. Au bout de quinze jours, un de mes domestiques mourut. Le second fut à l'agonie. Mon frère et mon enfant tombèrent dangereusement malades ; ma femme et moi nous nous débattîmes avec des fièvres d'accès dont je ne suis pas tout à fait délivré. Tant de maux ont fini par procurer une fausse couche à mon épouse qui ne doit la vie qu'à son courage et à sa forte constitution. Jugez de notre existence dans ce pays, un des plus beaux de l'univers, mais que ravage la peste, qu'habitent les plus féroces des Turcs et dont les maux que j'ai souffert me rendent le séjour insupportable ».[1]

Son collègue Chépy à Rhodes, qui a connu également pendant de longs mois les affres de la peste, sollicite un changement de résidence et fait jouer toutes ses relations au Directoire :

« Je me perds sans fruit pour la chose publique », écrit-il à Merlin ; et dans une autre lettre adressée à Reubell : « Je désirerais, s'il était possible, servir en chrétienté et sous un ciel plus froid ». Un autre jour à Talleyrand : « Encore un an de résidence et je serai absolument perdu au moral et au physique. Un climat plus tempéré est absolument nécessaire pour rendre à ma constitution sa vigueur primitive, et à mon âme flétrie son ton et son ressort ».[2]

Plus grave est le cas de Tronquet qui frise la dépression. Plus d'une fois, il tente de se précipiter de la terrasse de sa maison de Candie

---

[1] MAE, CCC, La Canée, tome 20, lettre à Merlin, membre du Directoire exécutif, La Canée, 24 décembre 1797. La peste a d'abord ravagé la côte syrienne et l'Égypte dans les années 1791-1792 avant de se propager dans les îles (Chypre, Rhodes, Crète) en 1796-1797.

[2] MAE, CCC, Rhodes, tome 6. Les lettres à Reubell et Merlin datent du 16 janvier 1798, celle à Talleyrand du 21 mars 1798.

et on doit l'enfermer chez lui sous la garde de deux personnes. Il est rapatrié en juillet 1797.

Quant à l'avancement, il demeure lent et les promotions sont plutôt rares. Plusieurs agents n'hésitent pas à rappeler au ministre leur état de service, tel Beaussier à Saïdâ : « Vous serez justement surpris de me voir dans le grade subalterne de vice-consul après dix-neuf ans de service sans congés et sans interruption, et après avoir exercé ce poste durant quatorze ans et quatre mois ».[1] C'est après brumaire an VIII, entre 1800 et 1804, que les promotions seront les plus fortes.

Pour les drogmans, qui font aussi office d'avocat, de courtier et parfois de chancelier, les perspectives d'ascension sont encore plus difficiles bien qu'aucun règlement n'y fasse obstacle. Certes, Antoine Chayolle, brillant jeune de langue et chancelier drogman à Alexandrie, est bien promu vice-consul à Bagdad par brevet du 31 août 1783. À l'époque révolutionnaire, nous avons l'exemple de Pierre Deval appelé au consulat d'Alger (décembre 1791) et celui du drogman Adanson qui se voit proposer en l'an III le vice-consulat d'Alexandrie, après trente ans de carrière. Deux autres, Auguste Geoffroy et Antoine Fornetty, sont nommés respectivement aux consulats de Lattaquié (1802) et Jassy (1803). Ces cas demeurent néanmoins des exceptions et les relations politiques ne jouent pas toujours face à l'esprit de corps. Napollon de Chateauneuf, drogman chancelier à Rhodes, sollicite du ministre Lebrun le poste de consul à Salonique où il a déjà exercé et qui se trouve vacant par la suspension de Cousinéry. Soutenu par la Société populaire de Marseille dont il est membre et par Fréron, le représentant du peuple près l'armée d'Italie, sa demande n'en est pas moins rejetée par le Comité de Salut public. La pénurie d'interprètes qualifiés explique aussi le fait que le ministère hésite à confier des postes de responsabilité à des drogmans compétents qu'il ne pourrait pas remplacer facilement.

---

[1] MAE, CCC, Tripoli de Syrie, tome 12, lettre au ministre de la Marine Monge, Saïdâ, 30 avril 1793.

Formation et recrutement des interprètes

S'agissant du personnel chargé de l'interprétariat, un domaine essentiel pour les relations diplomatiques et commerciales avec la Turquie, la Révolution hérite d'une situation difficile. Des réformes s'imposent pour faire face à la pénurie de drogmans et améliorer une formation qui ne donne pas satisfaction.

Un enseignement mal adapté

Le nombre d'interprètes dans les Échelles est très insuffisant et ils ne sont pas toujours bien répartis. Plusieurs sont passés sous la protection autrichienne ou ont été démis de leurs fonctions pour comportement suspect. Or, la vieille École des jeunes de langue qui assure une double formation à Paris et à Constantinople ne peut assurer la relève. Crise des vocations ?

Ce fait est sans doute à mettre en relation avec la situation déplorable des études orientales en France. Auguste Carrière rappelle que, de 1696 à 1779, il ne fut pas imprimé dans notre pays une seule ligne en caractères arabes.[1] En 1793, le collège Louis-le-Grand devenu collège de l'Égalité ne compte plus que trois élèves tenus de suivre les cours d'arabe et de turc au Collège de France. En juillet 1796, ils ne sont plus que deux. Chayolle, chargé avec Venture de Paradis de veiller à l'entretien et à l'éducation de ces élèves, fait remarquer qu'il devient onéreux pour l'État de conserver un établissement auquel sont attachés quatre professeurs salariés et un garçon de chambre.[2]

Pour renforcer les effectifs, il faudrait ouvrir largement les portes de cette institution, démocratiser le recrutement qui favorise les réseaux familiaux et autoriser l'administrateur de l'école de Constantinople à prendre des jeunes qui ne sont pas uniquement issus de la filière parisienne et qui sont aptes à recevoir le complément d'instruction dans la capitale turque avant de passer dans les Échelles. Bien qu'une ouverture s'esquisse dans ce sens (on procède en février 1797 à sept nouvelles nominations[3]), l'institution des jeunes de langue n'est pas

---

[1] Auguste Carrière, *Notice historique sur l'École des Langues orientales vivantes*, Paris, 1883, p. 4.

[2] AN, AE B^{III} 196, rapport au ministre des Relations extérieures, 14 juillet 1796.

[3] Parmi eux, trois fils de députés, deux fils d'un ancien agent de renseignement du ministère, le fils d'un ancien ministre et le petit-fils d'un interprète connu.

prête à former la « pépinière » de drogmans dont la République a besoin.

L'enseignement est, en outre, mal adapté aux nécessités du service. Les maîtres continuent de donner des cours de latin alors qu'une initiation au droit et au commerce serait bien plus utile. Les élèves n'acquièrent aucune connaissance pratique, pas même des notions profondes sur les langues qui sont pourtant leur vocation. Le ministre de l'Intérieur, Benezech, estime que les élèves sont « mal instruits pour l'objet même de leur institution » et que cet établissement participe aux « vices » de l'Ancien Régime.[1]

Les projets des orientalistes

La pédagogie des langues retient particulièrement l'attention des orientalistes sous la Révolution : ainsi Volney, Venture de Paradis, Ruphy (auteur du premier dictionnaire abrégé français-arabe publié en 1802) critiquent les préjugés sur la prétendue difficulté des langues orientales et dénoncent l'obstacle linguistique qui entrave les relations entre la France et le monde arabo-musulman. Écoutons Volney s'exprimer à ce sujet dans un essai d'une centaine de pages publié en 1795 sous le titre *Simplification des langues orientales* :

> « Nous ne sommes éloignés d'Alger et de Tunisie que de soixante heures de navigation ; quatorze jours seulement nous mènent en Égypte, en Syrie ; dix-huit à Constantinople, et cependant l'on dirait que ces peuples habitent une autre planète ; que, contemporains, nous vivons distants de plusieurs siècles [...] Le vulgaire se contente de voir pour raison de ces contrastes la différence des religions, des mœurs, des usages ; mais cette différence elle-même a ses causes [...] C'est parce que nous n'entendons pas les langues de l'Asie que, depuis dix siècles, nous fréquentons cette partie du monde sans la connaître, c'est parce que nos ambassadeurs et nos consuls n'y parlent que par interprètes qu'ils y vivent toujours étrangers et n'y peuvent étendre nos relations ni protéger nos intérêts [...] C'est parce que nos officiers envoyés à la Porte ne savaient pas le turc, qu'ils n'ont pu opérer dans les armées les réformes que désirait le *divan** même : c'est parce que nos facteurs ne savent pas la langue de leurs échelles qu'ils y vivent comme prisonniers, de manière que toute la masse de notre commerce est obligée de passer par l'étroite filière de quelques Censals [courtiers] et de quelques Drogmans. Supposons tout à coup la facilité de

---

[1] Cité par Frédéric Masson, *Le Département des Affaires étrangères pendant la Révolution 1787-1804*, Genève, 1977, p. 411-412.

communiquer établie ; supposons l'usage familier et commun des langues, et tout le commerce change de face ».[1]

Les travaux de ces intellectuels ne sont pas vains puisqu'ils préparent les esprits à la création d'un nouvel établissement public consacré à l'enseignement des langues. Un décret de la Convention du 30 mars 1795 fonde l'École spéciale des langues orientales avec trois chaires d'arabe, de turc, et de persan confiées respectivement à Silvestre de Sacy, Venture de Paradis et Langlès. Mais la nouvelle institution ne prépare pas vraiment à l'interprétariat et les jeunes inscrits ne sont pas en mesure de remplir leur fonction car il faut plusieurs années de résidence à l'étranger pour se familiariser avec les dialectes locaux. En attendant, il faut bien pourvoir aux postes vacants et c'est pourquoi nos consuls continuent d'employer des Grecs, des Juifs et des Arméniens, généralement liés au monde du négoce, au fait des pratiques judiciaires du pays et connaissant toujours assez d'italien ou de français pour communiquer avec eux.

De plus, le système n'est pas unifié ; la nouvelle École située dans l'enceinte de la Bibliothèque nationale relève du ministère de l'Intérieur, tandis que l'ancienne institution des jeunes de langue qui est rattachée en l'an V (1797) au ministère des Relations extérieures continue de pourvoir à tous les postes de drogmans.[2] Aussi, Volney suggère-t-il dans ses *Vues nouvelles sur l'enseignement des langues orientales* de réorganiser les établissements existants, en formant ce qu'il appelle un « Lycée asiatique » partagé en deux sections ou « collèges » : le collège des drogmans placé à Marseille qui serait destiné au commerce et le collège des traducteurs spécialisé dans la recherche et situé à Paris. Un projet, hélas, trop vite enterré.[3]

---

[1] C.-F. Volney, *Simplification des langues orientales, ou Méthode nouvelle et facile d'apprendre les langues Arabe, Persane, et Turque, avec des caractères européens*, Paris, Imprimerie de la République, An III (1795), p. 1-2.

[2] On repousse en l'an IV une proposition pour la supprimer ; elle sera maintenue jusqu'en 1873. Voir Frédéric Masson, *Le Département des Affaires étrangères ...*, op. cit. p. 412.

[3] C.-F. Volney, « Vues nouvelles sur l'enseignement des langues orientales », *Œuvres complètes* de C.-F. Volney, Paris, Bossange frères, 1821, tome VIII, p. 527 à 536.

Les drogmans doivent-ils gérer les chancelleries ?

La Révolution n'apporte aucune modification sur le statut de ces fonctionnaires et ne semble pas avoir eu de position bien définie en la matière. Le ministère des Relations extérieures songe un moment à limiter leurs attributions ; la question est de savoir si les drogmans doivent continuer à gérer les chancelleries dont ils ont la responsabilité depuis 1776 ou s'il faut revenir à la situation antérieure. Consulté sur ce sujet (circulaire du 30 janvier 1796), le corps consulaire dans son ensemble penche pour la seconde solution.

La plupart, en effet, estiment qu'on ne peut bien exercer deux fonctions à la fois, qui requièrent des connaissances particulières et une longue expérience. Les deux métiers d'interprète et de chancelier doivent être distincts, surtout dans les échelles où le commerce est très actif comme à Smyrne, Salonique ou Alexandrie. En outre, écrit Rousseau, les chanceliers sont les dépositaires de tous les actes publics et « ce serait avilir le crédit d'une chancellerie en la faisant occuper par les drogmans avec lesquels les gens du pays sont trop familiers ».[1] Chépy met plutôt l'accent sur la fidélité et la subordination dont ils doivent faire preuve :

> « Jadis les drogmans étaient chanceliers, interprètes, arbitres et entremetteurs de toutes les affaires, même celles des gens du pays. Aujourd'hui ils doivent se borner à être la parole de la République, comme les agents consulaires en sont la pensée ».[2]

Félix est l'un des rares à penser que le cumul des fonctions de chancelier et de drogman offre plus d'avantages que d'inconvénients pour le commerce et la diplomatie, mais il reconnaît aussi qu'il faut revoir leur formation initiale.[3]

Ce projet n'est pas suivi d'effet, probablement pour des raisons budgétaires car il aurait fallu créer des postes. À l'exception de Salonique, Smyrne et Alep, les chancelleries consulaires continuent

---

[1] MAE, CCC, Bagdad, tome 4, lettre au ministre des Relations extérieures du 12 décembre 1797. Voir aussi : Bermond, *Observations sur l'ordonnance de 1781*, Coron, juin 1796, MAE, CCC, Coron, tome 6 ; Tronquet, rapport du 19 juillet 1796. MAE, CCC, La Canée, tome 20.

[2] MAE, CCC, Rhodes, tome 3 : Chépy, *Note supplétive sur le drogmanat, faisant suite aux aperçus sur l'organisation générale du Levant*, messidor an V (juin 1797).

[3] MAE, CCC, Salonique, tome 15 bis, rapport au ministre des Relations extérieures, Salonique, 3 mai 1796.

donc d'être gérées par les drogmans, jusqu'au décret du 21 avril 1806 qui rétablit des chanceliers titulaires. Enfin, leur recrutement ne change pas puisqu'ils restent désignés par les consuls jusqu'à l'ordonnance du 22 juillet 1821. La situation au Levant contraste singulièrement avec celle qui prévaut dans les régences barbaresques où l'on recrute toujours des chanceliers.

LES QUESTIONS RELIGIEUSES

La confiscation des biens ecclésiastiques

La loi du 2 novembre 1789 a mis les biens du clergé à la disposition de la nation et le décret du 13 février 1790 a supprimé les ordres réguliers en France. Mais les responsables de l'administration ne savent pas vraiment si ces mesures doivent s'appliquer aux établissements religieux tenus par les missionnaires dans les Échelles et si elles sont compatibles avec les dispositions de nos traités avec la Turquie. Le personnel consulaire et diplomatique est laissé sans instructions précises, ce qui explique probablement que l'exécution de ces lois ait longtemps été différée.

Au début de l'année 1793 le Comité d'aliénation de la Commission nationale interroge le ministre des Affaires étrangères Lebrun sur l'opportunité de vendre les maisons religieuses situées au Levant dont un certain nombre sont désaffectées depuis le début de la Révolution. La question est de savoir si la République française a tous les droits sur la propriété foncière et la gestion des églises, couvents et hospices établis dans l'Empire ottoman. Et en cas de cession, peut-on procéder comme en France, c'est-à-dire pratiquer les enchères ? Lebrun lui-même met en doute l'efficacité d'une telle décision qui pourrait remettre en cause le protectorat religieux de la France sur les chrétiens latins, situation dont profiteraient des puissances comme l'Espagne ou l'Autriche. Le 28 mai 1793, il répond à Delacroix, vice-président du Comité d'aliénation :

« Les Turcs méprisent ceux qui ne professent aucune religion. Le peuple ottoman montre une antipathie frénétique contre les personnes qu'il soupçonne d'athéisme. Ne serait-il pas à craindre que la vente des maisons religieuses ne fût à ses yeux une preuve de la vérité des inculpations que nos ennemis nous font de n'avoir plus de religion, et si cette opinion se répandait chez le peuple turc, la Porte ottomane elle-même ne serait plus la maîtresse de rester notre alliée. Il me paraît qu'au lieu de vendre les maisons religieuses fixées dans les Échelles du Levant et de Barbarie, il vaudrait infiniment mieux séculariser les religieux et y placer des prêtres constitutionnels des sentiments desquels nous puissions être sûrs. Nous pourrions en même temps loger nos agents consulaires dans les maisons religieuses des Échelles où nos agents n'ont pas de logements appartenant à la Nation ».[1]

Si l'ambassade à Constantinople est plutôt réservée sur le sujet, plusieurs consuls voient là l'occasion d'opérer des aménagements immobiliers intéressants. À Chio, par exemple, Vial propose de transférer la chancellerie dans le couvent des capucins et de vendre les champs et une partie des jardins qui sont contigus pour subvenir aux réparations de sa maison très dégradée. À Smyrne, Amoreux suggère d'acquérir la belle maison en pierre qu'ont fait construire les lazaristes près du port. Elle servirait à loger les officiers du consulat qui, depuis 1763, habitent dans un okelle éloigné du quartier franc et du centre des affaires. Le pavillon national y serait arboré, faveur qui n'est accordée qu'aux consuls dont les maisons sont situées sur la rade.

Quelques ventes ont lieu. Ainsi, le couvent des capucins à Nicosie, tombé en ruine depuis la fin des années 1780, est cédé aux Turcs pour 3 000 piastres en 1795 malgré les vives réclamations de l'archevêque de Constantinople. La même année, une partie des effets de l'hospice de Larnaca sont vendus pour subvenir aux frais d'entretien de l'échelle.

Les choses se déroulent plus difficilement à Candie. L'établissement des capucins, déserté depuis 1790 et sous protection française, ne peut être qualifié de bien national. Il « appartient aux mosquées mahométanes, explique Fourcade. Deux capucins français qui l'avaient acheté en 1697, afin de s'en rendre la jouissance plus sûre et plus tranquille, prirent le parti de le mettre sous la protection d'une mosquée. Ils le cédèrent en conséquence pour une modique somme à la mosquée d'Ahmed Pacha, et conservèrent, d'après les règlements des biens « wakoufs » [waqf], pour eux et leurs héritiers, la jouissance entière et paisible de cette propriété moyennant une redevance annuelle très modique. […] La vente de cette propriété est impossible. Du moment qu'on en a fait la cession à une mosquée, c'est un bien sacré, inaliénable ». L'agent français ne pousse pas plus loin ses investigations pour ne pas contrarier les autorités locales.[2]

---

[1] MAE, Mémoires et Documents, Turquie, vol. 136.

[2] MAE, CCC, La Canée, tome 20, Henry Fourcade à Talleyrand, Candie, 28 février 1798.

À Alexandrie, le négociant Pierre-Joseph Reboul, qui gère par intérim les affaires du consulat depuis août 1793, ne parvient pas à prendre possession de l'hospice des Pères de Terre sainte où réside le consul autrichien sous la garde des soldats de Mourad Bey. Ses moyens d'action sont limités. Tout au plus fait-il l'inventaire de tous les objets et ornements de la chapelle consulaire située dans l'okelle où loge la nation française, qui est restée fermée depuis juin 1794, sans toutefois envisager sa cession.[1]

À Constantinople, par contre, le couvent des lazaristes de Galata, qui est passé sous la protection autrichienne au début de la Révolution, redevient une propriété française en 1793 grâce à la pression exercée par le *Raïs Efendi** sur le supérieur de l'établissement.[2]

Dans l'ensemble, les résultats de cette politique sont plutôt décevants et témoignent des contradictions de la politique française, prise entre le désir d'abandonner des établissements désertés et devenus inutiles au commerce et à la navigation, et la nécessité de conserver ces biens sous la protection de la République afin de préserver l'influence et la place de la France au Levant. Ainsi agit Aubert Du Bayet, soucieux de maintenir le statu quo, lorsqu'il désigne le 29 octobre 1796 trois « commissaires » parmi les députés du commerce[3], avec pour mission de recevoir des supérieurs des églises latines de Constantinople et des autres échelles la reconnaissance explicite de l'ambassadeur de France comme protecteur du culte catholique.

Le protectorat de la France attaqué

Le droit qu'a traditionnellement la France de protéger les établissements religieux dans l'Empire ottoman se trouve remis en cause sous la Révolution par d'autres puissances qui souhaitent profiter de la désorganisation des missions pour renforcer leur influence politique dans la région. En fait, les événements révolutionnaires ne font qu'accentuer une tendance perceptible depuis les années 1780. Les honneurs et la préséance que les consuls français reçoivent dans les cérémonies religieuses officielles choquent de plus en plus leurs

---

[1] MAE, CCC, Alexandrie, tome 16, Reboul au ministre Delacroix, Alexandrie, 5 avril 1796.

[2] MAE, Mémoires et Documents, Turquie, vol. 136 : Descorches, *Rapport sur l'affaire des Lazaristes de Galata*, Constantinople, 9 août 1793.

[3] Pierre Ruffin, et les frères Louis Antoine et Jacques Allcon.

homologues européens qui estiment avoir autant de droit à veiller au sort des communautés chrétiennes de l'empire.

Dès 1790, les agents consulaires autrichiens s'empressent d'accorder leur protection à tous les religieux français hostiles à la Révolution qui viennent chercher asile dans leurs chancelleries. La cour de Vienne a obtenu aux traités de Karlowitz (26 janvier 1699) et de Passarowitz (21 juillet 1718) des privilèges étendus en matière religieuse qui légitiment ses prétentions. Les Turcs lui ont en effet accordé un droit de regard sur les populations catholiques des Balkans et, plus généralement, sur tous les religieux dépendant du Saint-Siège.[1] Jusqu'alors la Porte n'avait reconnu à aucun pays une quelconque ingérence sur la condition de ses sujets catholiques. La France, en dépit de sa longue alliance avec la Turquie, n'avait pu obtenir un privilège aussi explicite que Vienne avait imposé par la force des armes. Il n'est pas étonnant que pendant les premières années de la Révolution on assiste à une lutte d'influence entre Français et Autrichiens pour le contrôle de quelques hospices.

La Porte a pris un engagement similaire envers la Russie au traité de Kütchük-Kaynardji (21 juillet 1774), non seulement à l'égard des orthodoxes mais de tous les chrétiens (article 7 du traité). Catherine II entend s'assurer le concours des Grecs dans les Balkans afin de servir ses desseins hégémoniques en Orient. En 1785, plusieurs de ses agents d'origine hellénique sont placés dans les Échelles. Leur arrivée à Rhodes et à Chypre, par exemple, fait sensation parmi les populations grecques mais provoque aussi des troubles dans la communauté turque dans un contexte régional tendu, trois ans avant le conflit russo-turc. Leur apparition est longuement relatée par nos consuls qui s'inquiètent de voir les représentants consulaires russes courtisés par les religieux italiens sous notre protection.[2]

---

[1] Article 13 du traité de Karlowitz, signé entre Léopold Ier et Mustafa II, et article 11 du traité de Passarowitz, conclu entre Charles VI et Ahmet III. C'est à la suite de ce dernier traité que sont rétablies les églises latines à Chio (détruites en 1698 lors de la reprise par les Turcs de cette possession vénitienne), et que plusieurs églises du Levant, dont l'archevêché de Naxos, se mettent sous la protection de cette puissance. Sur ce sujet, on peut lire avec profit le mémoire de Gérard de Rouilly, *Des catholiques sujets de la Porte et du genre de protection qui leur était accordée par la France et par les autres puissances européennes*, 1827. MAE, Mémoires et Documents, Turquie, vol. 35.

[2] Témoignages de Mille, Rhodes, 9 juillet 1785 et 27 février 1786 (AN AE B[I] 953 Rhodes, tome 2), et Astier, Larnaca, 28 juillet 1785 (AN AE B[I] 642 Larnaca, tome 13).

La Russie orthodoxe et l'Autriche catholique ne sont pas les seules nations à porter ombrage aux prérogatives de la France. Une autre puissance européenne lui dispute ce rôle depuis 1796. Après le traité de Bâle (22 juillet 1795) qui met fin aux hostilités franco-espagnoles, Madrid sollicite à son tour le droit de protection sur les établissements latins dont jouit la République française au Levant.[1] Déjà, un couvent de Larnaca desservi par des moines espagnols de la Propagande est passé sous la protection de l'Espagne.

La requête du premier ministre Godoy, le « Prince de la Paix », est perçue à Paris comme une prétention inadmissible ; à peine fait-on quelques recherches aux archives pour vérifier les fondements du droit de propriété de la France sur les maisons religieuses en Terre sainte.[2] Le Directoire oppose à la cour de Madrid une fin de non-recevoir. Le roi Charles IV réitère sa demande quelques mois après le traité d'alliance de Saint-Ildefonse. Dans sa note du 25 janvier 1797 adressée au Directoire, Godoy exprime son étonnement de n'avoir pas déjà reçu une réponse positive. Mais le ministère des Relations extérieures y est fermement opposé, essentiellement parce que la transmission de ce droit à l'Espagne influerait sur nos relations politiques avec la Porte et accréditerait dans l'opinion l'idée d'une haine des Français pour le culte catholique. Le roi Charles IV serait alors proclamé protecteur des chrétiens du Levant, abandonnés par la République française, et en recueillerait tous les avantages politiques et commerciaux.

« Plusieurs circonstances font présumer que les Espagnols ont formé le projet de nous enlever, au moins de partager avec nous, les fruits du commerce en Levant. Déjà ils ont un établissement à Smyrne ; on sait par la correspondance consulaire qu'ils se proposent d'en former de nouveaux dans les Échelles et d'y envoyer des consuls de leur nation. Il n'y a pas lieu de douter qu'ils ne regardent la protection sur les établissements religieux comme un moyen de faire réussir leurs entreprises commerciales ».[3]

---

[1] Lettre de Godoy au Directoire du 28 avril 1796.

[2] MAE, Mémoires et Documents, Turquie, vol. 42, lettre de Derche, chef de la 3e division politique au ministère des Relations extérieures, à Reinier, chef du bureau des Archives au même ministère, 23 mai 1796.

[3] MAE, Mémoires et Documents, Turquie, vol. 136 : Ministère des Relations extérieures, *Rapport sur la demande que forme le roi d'Espagne d'être reconnu protecteur des établissements chrétiens en Levant à la place de la République française*, ventôse an V (1797).

Fort de ces arguments, le Directoire exécutif fait répondre à Godoy par la voix de son ambassadeur à Madrid que ses instances pressantes ne sont pas fondées, et qu'une telle cession – si elle avait lieu – ne se ferait qu'en compensation d'autres droits exigés par la République française de l'Espagne. Les choses vont en rester là ; mais pendant l'expédition d'Égypte, la conduite brusque des militaires, et surtout la politique du général Menou à l'égard des minorités chrétiennes lourdement taxées, donneront encore à l'Espagne bien des prétextes pour contester la prééminence de la France dans le domaine religieux.

Les problèmes financiers

La situation jusqu'en 1794

La Constituante n'a pas modifié la gestion financière des Échelles : tandis que les appointements des agents et les autres frais d'administration sont fixés par l'État, la Chambre de commerce de Marseille garde la charge de les acquitter grâce aux taxes perçues sur le commerce et la navigation. La suppression de la Chambre en 1791 n'a pas eu d'incidence majeure puisque les pouvoirs publics ont maintenu tous les droits de douane, source principale des recettes. Et pourtant, à partir de la fin 1793 la plupart des agents en poste se plaignent de n'être plus payés régulièrement et le receveur du district de Marseille, habilité à régler toutes les dépenses des Échelles, affirme ne plus savoir où prendre les fonds nécessaires pour acquitter les traites qu'on lui présente journellement. Comment expliquer cette dégradation de la situation financière à laquelle se trouve subitement confronté le Comité de Salut public ?

Le droit de consulat perçu à Marseille sur les marchandises françaises en provenance du Levant et de Barbarie a certes été réduit à 2 % le 1er juillet 1790, ce qui représente une perte annuelle d'environ 300 000 livres sur les recettes. Mais celle-ci est compensée par les ressources provenant de l'imposition sur les huiles d'Italie (environ 100 000 livres par an), le remboursement des avances faites jadis par la Chambre pour le compte du gouvernement (250 000 livres en 1792) et l'augmentation à Marseille du prix des marchandises du Levant, consécutive à la perte de valeur des assignats. Si bien que le budget de la Chambre puis du bureau provisoire garde jusqu'en 1793 un solde positif.

Le droit de 20 % imposé sur les marchandises du Levant et de Barbarie qui sont introduites en France par des navires étrangers, ou par des navires français qui ne proviennent pas directement des Échelles, est supprimé vers la fin de 1792 contre l'avis des négociants marseillais. Si cette mesure a des répercussions sur le plan commercial, elle a peu de conséquence sur le budget puisque cette taxe ne rapporte plus que 10 000 livres par an (elle en donnait le double avant 1789), soit 1 à 2 % de l'ensemble des recettes perçues par la Chambre de commerce.[1]

En réalité, c'est l'interruption des communications maritimes à partir du printemps 1793 qui remet tout en question. Le 23 novembre 1793, les administrateurs du district de Marseille avertissent le nouveau ministre des Affaires étrangères Deforgues que la perception des droits de consulat et de « dix sous par millerole* » sur les huiles importées d'Italie « a totalement cessé par l'effet de la guerre » et qu'il devient urgent d'alimenter la caisse du receveur du district sur laquelle sont désormais affectées les dépenses des Échelles. La guerre avec l'Angleterre entraîne en effet une baisse drastique des revenus provenant du trafic maritime.

S'ajoute un problème d'organisation budgétaire. L'Assemblée Législative a supprimé la Chambre de commerce de Marseille, mais, par sa loi du 6 septembre 1792, elle a confié la comptabilité du nouveau bureau provisoire à deux administrations différentes :

– le bureau des Conservateurs de la santé, spécialement chargé de la perception des droits sur le commerce et la navigation,

– et le receveur du district qui doit payer les salaires, pensions, retraites et toutes les dépenses des Échelles.

Ces deux fonctions distinctes étaient jadis attribuées à la Chambre qui n'avait qu'une seule caisse. Avec ce nouveau système, il y a désormais deux caisses, une pour les recettes et une pour les dépenses, ce qui multiplie les correspondances et complique la gestion comptable.

L'impossible équilibre budgétaire

Malgré ces difficultés, la situation jusqu'en 1794 n'est pas trop grave parce que les dépenses des consulats n'ont pas augmenté. Dans les années 1792 et 1793, elles ont même eu tendance à diminuer légè-

---

[1] AN, AE B^{III} 299. Recettes de la Chambre. 1788 : 989 875 livres. 1790 : 679 209 livres. 1792 : 917 086 livres.

rement, à la suite de la réduction des traitements et de la défection de plusieurs agents qui ne sont pas remplacés. Mais la réorganisation du réseau consulaire à partir de novembre 1794 (réaction thermidorienne) et l'augmentation des frais d'établissement et de voyage accordés aux personnels alourdissent subitement les prévisions budgétaires.

Fin 1795, le ministère des Relations extérieures évalue le montant des dépenses dans l'Empire ottoman (Levant et Barbarie) à 478 000 livres par an alors qu'elles dépassaient à peine 350 000 livres à la veille de la Révolution. Comparativement, les charges des consulats en Europe et en Amérique, numériquement plus importants, ne s'élèvent qu'à 308 000 livres environ.

Ce qui est particulièrement inquiétant, c'est l'augmentation croissante des dépenses extraordinaires des Échelles. Alors qu'elles ne représentaient pas le quart du budget de l'administration consulaire au début de la Révolution (23,9 % en 1790), elles comptent dès 1793 pour la moitié (49,6 %) et pèsent finalement aussi lourd que les traitements des agents. La hausse du prix des denrées et des loyers en Turquie et surtout les extorsions des responsables turcs à l'encontre des ressortissants français y sont certainement pour quelque chose.

Or, la perception du droit de consulat (au profit du Trésor après la suppression du Bureau provisoire de Marseille en fin 1793) ne donne que de faibles recettes à cause de la baisse d'activité de notre commerce. Par ailleurs, les mesures d'économie ne suffisent pas pour répondre aux besoins des Échelles et combler les énormes arriérés (environ 300 000 livres) qui subsistent dans cette partie de l'administration. L'abandon où sont laissées les chancelleries consulaires témoigne de ce manque patent de moyens. À Alexandrie, par exemple, l'aile du bâtiment occupé par les officiers du consulat est endommagée par la mer qui empiète tous les jours sur son terrain. Le « Palais de France » aux Dardanelles où loge le vice-consul Martin et qui n'a presque jamais été habité depuis le séjour du baron de Tott (1777) est pratiquement en ruine : « Le vent, la pluie, la poussière pénètrent de toutes parts. Les rats et les souris s'en sont emparés à un point tel que les papiers de la chancellerie et la correspondance sont rongés aux trois quarts. La terrasse pour aller au mât du pavillon est devenue impraticable ».[1] Les représentations consulaires à Coron et Nauplie

---

[1] MAE, CCC, Dardanelles, tome 1, Martin au ministre Delacroix, 31 juillet 1796.

sont également dans un mauvais état et aucune réhabilitation n'est envisageable faute d'argent.

Alors comment équilibrer le budget ? L'idée lancée jadis par le maire de Marseille (1790) de confier les fonctions consulaires à des négociants non rémunérés, envisagée à nouveau par le Directoire lors de son installation au palais du Luxembourg (octobre 1795), est très vite écartée suite aux fortes réserves du ministre des Relations extérieures Delacroix et aux avis négatifs de plusieurs conseillers gouvernementaux. Puisqu'on ne peut réduire le budget des consulats, Delacroix suggère au ministre des Finances la création d'une nouvelle taxe sur la navigation et le commerce qui viendrait s'ajouter à celles déjà existantes et serait perçue dans tous les ports de la République et sur tous les produits d'importation et d'exportation.[1] Dans un autre rapport au Directoire exécutif, il propose que ce droit – sorte de TVA avant la lettre – soit supporté par tous les nationaux et pas seulement par les Marseillais.

> « Lorsque Marseille faisait seule les frais des consulats du Levant, elle seule aussi en faisait le commerce ; son port était franc et n'était soumis à aucun exercice des douanes : elle seule jouissait des avantages de ce commerce ; elle seule devait donc en supporter les charges. Cet ordre de choses a été changé, et cet exclusif n'a plus lieu : on ne pourrait donc raisonnablement soumettre aujourd'hui les négociants de cette ville au double paiement, et des droits de douane et d'un droit particulier affecté aux dépenses consulaires du Levant. Ce serait d'ailleurs les mettre dans l'impossibilité de soutenir la concurrence des ports francs de Gênes et de Livourne ».[2]

Mais le gouvernement ne donne aucune suite à ce projet qui a au moins le mérite d'apporter une solution concrète et novatrice. On préférera toujours supprimer quelques postes ou alléger les traitements des fonctionnaires plutôt que d'augmenter les droits de douane, mesure fiscale impopulaire pour la bourgeoisie négociante largement représentée dans les cercles du pouvoir.

---

[1] AN, AE B^{III} 196, Delacroix au ministre des Finances, Mémoire de pluviôse an IV (janvier 1796).

[2] AN, AE B^{III} 196 : Delacroix au Directoire exécutif, *Rapport sur les consulats du Levant et de Barbarie et sur les dépenses qu'ils occasionnent*, 7 mai 1797. Marseille perd son statut de port franc par la loi du 31 décembre 1794.

Les effets désastreux des assignats

Nous savons que la lettre de change est le principal mode de paiement utilisé par les ressortissants français au Levant. Chaque trimestre, sur présentation de leurs mandats délivrés par le ministère, les officiers des consulats retirent en espèces auprès des députés du commerce une partie de leurs appointements annuels. Ces derniers se font rembourser sur place la somme équivalente sous forme de traites ou de lettres de change qu'ils peuvent tirer sur la Chambre de commerce de Marseille. Les autres dépenses de service (janissaires*, chapelains consulaires, entretien des pavillons nationaux, approvisionnement des bâtiments du roi, etc.) sont réglés de la même façon. Ce système a l'avantage d'éviter tout transfert de fonds en espèces et c'est pourquoi les négociants l'utilisent pour leurs propres affaires.

Les premières difficultés apparaissent au printemps 1790 lorsque la Chambre de commerce se met à régler toutes les dépenses des Échelles en assignats, papier-monnaie émis dans le royaume à partir du mois d'avril et qui perd très vite de sa valeur. Dès la fin de janvier 1792, 100 livres assignats ne valent plus que 63 livres écus.[1] À cette dépréciation de la monnaie s'ajoute un change extérieur très défavorable pour la livre française. Au moment de la déclaration de guerre à l'Autriche-Hongrie, la piastre turque se change à Marseille pour 6 livres tournois au lieu de 2,4 livres en 1789.

Les conséquences sont dramatiques pour les agents français car leurs achats en Turquie se font en argent comptant et ils ne peuvent pas, à la différence des négociants, combler la réduction de leur traitement par des revenus commerciaux puisque ce type d'activité leur est interdit. Cette question est un véritable sujet de préoccupation pour eux, comme l'exprime le vice-consul Butet.

« Les pertes successives de 30, 38, 46 % sur mes appointements, et les charges que je supporte malgré cette réduction effrayante de mon revenu, constateront à vos yeux l'état de gêne dans lequel je me trouve. Il est tel que je n'ai pu subvenir à ma subsistance et aux dépenses de ma maison, qu'en m'écrasant par des emprunts, et que je n'ai pas même la certitude de compter sur cette unique ressource si la perte du papier monnaie continue

---

[1] Le décret du 17 avril 1790 autorise la circulation des assignats comme papier-monnaie et leur échange contre du numéraire. Sur cette question voir les synthèses de Michel Vovelle, *La chute de la Monarchie (1787-1792)*, Paris, éd. du Seuil, 1972, p. 151 ; Albert Soboul, *Précis d'histoire de la Révolution française*, Paris, éd. Sociales, 1975, p. 169 ; François Furet et Denis Richet, *La Révolution française*, Paris, Fayard, 1973, p. 131, 516-517.

à accroître. J'ose vous supplier d'observer que tous les assignats de notre Monarchie ne m'achèteraient pas une livre de pain à Alexandrie, et que si cette monnaie circule en France, elle ne devrait pas être appliquée au payement des officiers qui vivent dans le Levant ».[1]

Les consuls ne peuvent bientôt plus retirer leurs salaires parce que dans les Échelles aucun négociant ne veut se charger de leurs traites sur la Chambre de commerce qui rembourse en assignats. Pour survivre, ils se voient dans l'obligation d'emprunter aux gens du pays à des taux élevés (10 à 15 % selon les régions). Les députés du commerce eux-mêmes ne veulent plus tirer de lettres de change sur la Chambre en attendant l'envoi de fonds en espèces.

Le payeur à Gênes

La situation devient critique à la fin de l'année 1792 et menace la position de la France au Levant. Deux mesures sont bientôt prises. À la suite d'un rapport du comité des Finances, la Convention décrète le 22 août 1793 que les appointements des agents commerciaux en pays étrangers seront désormais réglés en espèces et non plus en assignats, privilège accordé dès la fin de 1791 aux diplomates.[2] C'est ainsi qu'à partir de 1794, les consuls stipulent dans leurs traites une valeur métallique.

D'autre part, pour éviter les arriérés subis par les personnels à l'étranger et qui donnent lieu à des réclamations incessantes, les Comités de Salut public et des Finances décident, le 27 novembre 1794, de ne plus autoriser les agents à tirer des lettres de change sur la commission des Relations extérieures mais sur des « payeurs » établis à Hambourg (pour les agents en poste dans les pays du Nord et aux États-Unis), à Bâle (pour ceux en Suisse, en Allemagne et à Genève) et à Gênes (pour le sud de l'Europe et les échelles du Levant et de Barbarie).

Ces « payeurs » sont des grosses maisons de commerce ou des banques auprès desquelles sont transférés les fonds destinés au paiement des fonctionnaires. Le Trésor public transmet à la commission des Relations extérieures la liste de ces établissements, qui est

---

[1] MAE, CCC Alexandrie, tome 16, lettre au ministre de la Marine, 20 mars 1792.

[2] Le 11 octobre 1793, le ministre de la Marine rappelle au Bureau provisoire du commerce de Marseille la nécessité de régler les agents en numéraire.

communiquée aux ambassades et consulats.[1] Les agents qui reçoivent de Paris leurs mandats peuvent, à partir du mois d'avril 1795, les tirer directement sur ces maisons.

Ce mode de paiement déconcentré ne semble pas avoir donné satisfaction au Levant, d'abord parce que la plupart des dépêches portant les mandats sont interceptées par les croisières anglaises et parfois par les gouverneurs turcs lorsqu'elles prennent la voie de terre par Venise et les Balkans[2] ; ensuite parce que les agents français doivent s'adresser à des commerçants qui ont des liens d'affaires avec les établissements génois, ce qui n'est pas le cas partout. À Rhodes, Chypre, Alep et Bagdad où n'existe aucune relation de commerce avec Gênes, on ne peut négocier les mandats, et dans beaucoup d'autres échelles les tractations avec les marchands sont difficiles et onéreuses à cause du discrédit dans lequel est tombée la France sur le plan des finances. Les négociants souhaitent toujours être remboursés en numéraire. Or, les réserves monétaires du Trésor s'épuisent et il n'est même plus envisageable de recourir aux assignats beaucoup trop dépréciés (en juillet 1795, 100 livres assignats ne valent plus que 8 livres en monnaie).

En fait, ce système ne profite qu'aux maisons génoises, puisque la plupart du temps les mandats sont acquittés aux porteurs dix à quinze mois après leur délivrance par le ministre, ce qui leur permet de placer l'argent reçu de Paris et d'en tirer de confortables bénéfices.

Pour de nombreux agents, l'établissement d'un crédit à Gênes ne change rien à leur situation. Elle se trouve même aggravée après avril 1797 par le fait qu'ils ne peuvent plus tirer de traites sur l'ambassade à Constantinople.

«Je suis réduit à ne pouvoir plus fournir ni aux besoins de ma famille, ni aux avances que je dois faire pour le service», écrit Fourcade à La Canée.[3] Son collègue Chépy, en poste à Rhodes, lance : « Nous sommes ici dans la Sibérie : depuis onze mois pas une gazette, depuis huit pas une lettre de France, depuis vingt-six

---

[1] MAE, Personnel, Organisation du ministère, vol. 50 : Rapport du commissaire des Relations extérieures Colchen sur les mesures prises par les Comités de Salut public et des Finances, Paris, 1er avril 1795.

[2] MAE, CCC Dardanelles, tome 1. Martin, en poste aux Dardanelles, prétend que ses mandats ont été retenus par le gouverneur de la région. Lettre à Delacroix, 31 juillet 1796.

[3] MAE, CCC La Canée, tome 20, lettre au ministre des Relations extérieures, 19 mai 1797.

pas un mandat. Misère, abandon de ses pairs, voilà notre partage : l'amour de la patrie et le dévouement à son service sont seuls capables de faire supporter tant et de si cruelles privations ».[1] Luc Fonton, premier drogman à Alep, reçoit en juin 1797 deux mandats d'une valeur de 2 700 livres représentant une partie de ses arriérés impayés depuis le 1er juin 1793. Son fils Louis, jeune de langue exerçant à ses côtés, obtient à la même date un mandat de 600 livres représentant la moitié de son traitement annuel qu'il n'a pas perçu depuis octobre 1793. Gaspard Fonton, un autre membre de la famille, qui occupe en 1797 le poste de chancelier interprète du consulat de La Canée, survit grâce aux subsides des commerçants français alors que la République lui doit quatre années de salaire.

Des propositions sont formulées pour améliorer le dispositif. Bermond et Martin suggèrent ainsi d'ouvrir une caisse dans les grandes échelles où les agents des consulats se pourvoiraient. Cette mesure aurait « l'avantage de la célérité et de la sûreté » et déchargerait le Trésor public de payer des frais de commission aux établissements génois. Solution écartée par Paris.

Le Directoire revient cependant à l'ancien système après un rapport de la division des Fonds du ministère des Relations extérieures préconisant la suppression du « payeur » à Gênes. La circulaire du 2 novembre 1797 autorise à nouveau les consuls à fournir des traites sur le ministère pour le montant de leurs appointements et les dépenses de service des Échelles. On a l'impression que la Révolution a procédé par tâtonnement, les circonstances politiques et militaires n'ayant pas permis une refonte des institutions financières dont aurait profité le commerce extérieur. Cette question des revenus a certainement entamé le moral des expatriés français, alimentant leur amertume et leur désespoir.

---

[1] MAE, CCC Rhodes, tome 3, lettre du 4 mai 1797.

Marie Gabriel Auguste Laurent, comte de Choiseul-Gouffier (1752-1817), ambassadeur du roi à Constantinople, gravure, Boilly *pinx.*, Boutrois *sculp.*, s.d. Archives du ministère des Affaires étrangères, Ba 5. Cliché Ministère des Affaires étrangères, direction des Archives, droits réservés.

Jean-Baptiste Annibal Aubert-Dubayet (1757-1797), général, ambassadeur de la République française à Constantinople, gravure, F. Bonnevills *del. et sculp.*, s.d. Archives du ministère des Affaires étrangères, Ba 39. Cliché Ministère des Affaires étrangères, direction des Archives, droits réservés.

Carte du réseau consulaire au Levant (1784-1798)

Vue de Constantinople prise des jardins du Palais de France, dans CHOISEUL-GOUFFIER, Marie Gabriel, comte de, *Voyage pittoresque de la Grèce*, Paris : Tilliard, de Bure, Blaise, 1782-1822, Tome II (vol. III). Pl. 76bis double après p. 482. Bibliothèque nationale de France, RES-J-1056. Cliché Bibliothèque nationale de France, Paris.

Caravansérail à Borgas, dans MAYER, Luigi (1755-1803), *Views in the Ottoman Dominions, in Europe, in Asia, and some of the Mediterranean islands, from the original drawings taken for Sir Robert Ainslie* (1810), London, T. Bensley, 1810, pl. 13. Bibliothèque nationale de France, J-46. Cliché Bibliothèque nationale de France, Paris.

Vue de la lanterne de Démosthène, couvent des capucins à Athènes, dans LE ROY, David-Julien (1724-1803), *Les ruines des plus beaux monuments de la Grèce considérées du côté de l'histoire et du côté de l'architecture*, Paris, Musier Fils, 1770, Tome I. Pl. X en reg. p. 20. Bibliothèque nationale de France, J-18/Microfilm R 122092. Cliché Bibliothèque nationale de France, Paris.

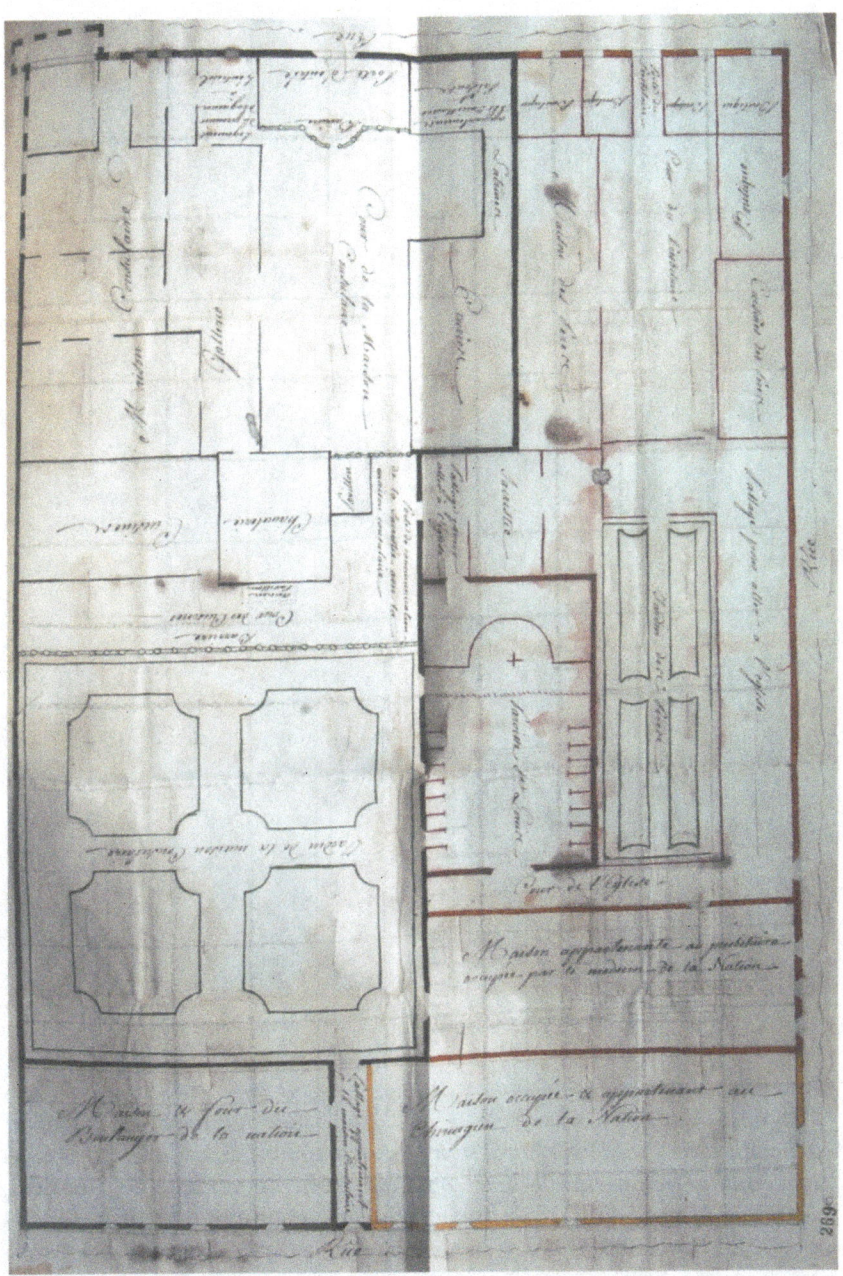

Plan de la maison du consul de France à Salonique (1790). Archives nationales, AE B¹ 1004. Cliché Ministère des Affaires étrangères, direction des Archives, droits réservés.

Dîner d'un ministre européen avec le grand vezir dans la salle du divan, dans OHSSON, Ignace Mouradja d' (1740-1824), *Tableau général de l'Empire othoman, divisé en deux parties, dont l'un comprend la législation mahométane, l'autre l'histoire de l'Empire othoman*, Paris, imprimerie de Monsieur, puis Firmin-Didot, 1787-1820. Bibliothèque du ministère des Affaires étrangères, 3 F 22. Cliché Ministère des Affaires étrangères, direction des Archives, droits réservés.

CHAPITRE 5

Vers la rupture avec la Porte ottomane

La ruine du commerce français en Méditerranée orientale

Les conséquences de la guerre maritime

Entre 1794 et 1796 la France perd une partie des plus riches établissements de commerce qu'elle possède dans les échelles du Levant : leur nombre passe de 84 à 50. Ces faillites sont occasionnées essentiellement par la défection des régisseurs qui abandonnent la protection de la République française pour se placer sous celle des puissances étrangères (Prusse, Autriche, Naples, Suède). Ces hommes ne renoncent pas pour autant à leurs affaires et gardent des liens avec leurs maisons mères à Marseille. Prolongeant leur séjour en territoire ottoman, leur comportement engendre naturellement des tensions avec les autres Français, d'autant plus que certains de ces négociants sont devenus les agents des puissances ennemies.

Il est difficile d'avancer des raisons purement politiques pour expliquer ce phénomène. La loi du 16 octobre 1794 ne les assimile pas à des « émigrés » puisqu'ils résident en pays neutre. Elle leur interdit simplement de rentrer en France et de disposer de leurs biens le temps des hostilités. Le gouvernement n'a d'ailleurs jamais statué sur leur sort.

Paradoxalement, ces négociants paraissent dans l'ensemble adhérer à la République. On les voit, par exemple, participer à une souscription pour subvenir aux besoins de l'hôpital de Smyrne et à la relâche des bâtiments français dans les Échelles comme les y invite le ministre de la Marine dans sa circulaire du 30 septembre 1793. Certains donneront encore des preuves de leur civisme en secourant les ressortissants français détenus à la suite de la campagne d'Égypte. Il faut sans doute chercher ailleurs les causes de cette défection. Louis Auguste Félix pense que leur conduite tient davantage à « un vice d'éducation qu'à une haine prononcée contre la Révolution française ». Pour lui, leur principal motif en émigrant était de « garder l'argent de leurs amis »[1].

---

[1] MAE, CCC, Salonique, tome 15 bis, lettre au ministre des Relations extérieures, Salonique, 1er décembre 1795.

Comment oublier, en effet, qu'un marchand est d'abord attaché à ses intérêts financiers ?

La cassure ne semble donc pas être venue d'un changement de régime politique, mais des effets néfastes de la guerre sur le commerce maritime. Et nous rejoignons ici les explications de Charles Carrière pour qui la chute du commerce marseillais est davantage due à l'interruption des liaisons maritimes qu'à la Terreur et à ses conséquences. La cité phocéenne a connu des crises graves au cours du siècle : en 1720 lorsque la peste provoque la fermeture du port pendant trois ans ; à nouveau en 1774 où on enregistre 154 faillites en quelques mois.[1] Celle de 1793 est plus grave car elle s'installe dans la durée, comme en témoigne la baisse du trafic portuaire. À la veille de la Révolution il arrivait à Marseille, moyenne annuelle, environ 200 bâtiments français en provenance du Levant, chiffre réduit à 51 en 1793, puis à 4 l'année suivante. La situation s'améliore sensiblement en 1796-1797 avec l'occupation de l'Italie du Nord, mais cette reprise ne dure pas : l'expédition d'Égypte porte un coup fatal à l'activité du port et ferme complètement aux négociants marseillais leur domaine du Levant.

Entrées des navires à Marseille en provenance du Levant et d'Italie :

	LEVANT	LIGURIE-TOSCANE
1789 :	209	490
1790 :	190	501
1791 :	195	561
1792 :	190	639
1793 :	51	350
1794 :	4	1 493
1795 :	38	1 287
1796 :	33	1 243
1797 :	43	1 172
1798 :	37	1 295
1799 :	10	902

(Charles Carrière, *Négociants marseillais au XVIIIe siècle*, tome II, p. 1043)

---

[1] C. Carrière, *Négociants marseillais au XVIIIe siècle ...*, op. cit., tome 1, p. 141.

C'est en 1794, au plus fort de la crise, que plusieurs régisseurs cherchent à prévenir la ruine de leurs établissements dans les Échelles en se plaçant sous la protection de la Prusse ou de l'Autriche. Ils peuvent ainsi confier leurs marchandises à des bâtiments neutres, qui les déchargent dans les ports de Gênes et Livourne d'où elles sont ensuite acheminées par mer jusqu'en France. Ce trafic est facilité par le fait que Marseille perd à cette époque son droit de 20 % qui grevait lourdement le commerce étranger. Nous constatons, en effet, à partir de 1794 une forte augmentation des entrées de navires en provenance d'Italie du Nord qui ont plus que doublé : 1 298 entrées en moyenne annuelle pour 1794-1798, contre 508 pour 1789-1793. Ces mouvements de la navigation montrent à l'évidence que le commerce levantin s'est poursuivi sous des formes détournées. Ils n'en révèlent pas moins un déclin irrémédiable du négoce français en Méditerranée orientale, que viendrait certainement corroborer une étude sur les chiffres d'affaires des maisons marseillaises.

Autre signe d'une prospérité révolue : le déclin de la caravane française, conséquence directe de la guerre dont profitent les Ottomans. Pendant les premières années de la Révolution les gens du pays donnent encore la préférence aux bâtiments français malgré leur fret plus élevé. La présence des frégates du roi dans les mers du Levant, en donnant une impression favorable aux Turcs, contribue certainement à maintenir l'activité de la caravane française. C'est la guerre maritime à partir du printemps 1793 qui remet tout en cause et porte un coup fatal à notre commerce de fret déjà languissant.

Dans les Échelles, les marchands étrangers rompent peu à peu leurs engagements avec les capitaines français. Notre caravane comparée à celle des autres nations offre à partir de 1794 une disproportion marquante. Les statistiques de la navigation dans les Échelles à la fin du siècle sont très incomplètes ; mais de leur étude partielle il ressort clairement que les Français ont perdu en l'espace de vingt ans la supériorité qu'ils avaient acquise. Par exemple, ils étaient 121 à avoir relâché à Rhodes dans l'année 1776 : ils ne sont plus que 8 en l'an IV (septembre 1795-août 1796). On en recensait 115 à Chio en 1776, chiffre réduit à moins de 30 en l'an II (septembre 1793-août 1794).

Nos principaux concurrents ne sont pas tant les Vénitiens et les Ragusains que les insulaires grecs, Hydriotes et Spetsiotes en particulier, qui naviguent sous pavillon ottoman ou russe. Les deux petites îles d'Hydra et de Spetses qui bordent l'extrémité de la presqu'île d'Argolide (golfe Saronique) ne sont peuplées que de pêcheurs. Trop nombreux pour vivre sur ces bouts de terre peu fertiles, beaucoup d'entre eux sont devenus corsaires. Ils se sont rapidement distingués des autres marins grecs par leur habileté et leur expérience en matière navale (la coupe de leurs petits bâtiments à voiles latines leur donne une marche supérieure aux autres navires). Les Français ne peuvent guère entrer en concurrence avec ces navigateurs parce qu'ils nolisent à meilleur prix et naviguent en toute saison.[1]

Nos marchands établis en Grèce encouragent eux-mêmes l'activité des Hydriotes et des Spetsiotes en les chargeant d'expédier des blés à Marseille via l'Italie. On les voit croiser sur nos côtes à partir de 1794. Grâce aux fonds de riches armateurs locaux, ils deviennent plus entreprenants et s'équipent de gros voiliers qui leur permettent de franchir le détroit de Gibraltar et de commercer à Lisbonne et jusqu'en Angleterre. Vers 1800, tout le trafic des blés et des huiles de Morée leur appartient, deux branches de commerce qui semblent désormais perdues pour les Français.

La supériorité de la navigation ottomane, dont les vaisseaux sont généralement pilotés par des Grecs, est manifeste dans toutes les mers du Levant. Dans le Dodécanèse, Chépy constate avec dépit : « Loin de s'améliorer, l'état des choses empire chaque jour pour la caravane européenne. Les Osmanlis et les Grecs se sont emparés de presque tous les bénéfices du fret ; dans plusieurs échelles il est défendu aux navires francs de charger des marchandises de Turquie en Turquie ».[2]

Les quelques chiffres que nous avons sur les entrées de navires à Rhodes et Candie pendant le premier trimestre de l'an VI (septembre-décembre 1797) confirment bien la cessation de toute activité pour les marins français.

---

[1] Selon Michel-Joseph Trullet, drogman chancelier à Nauplie et auteur d'un *Rapport sur le commerce des Idriotes et des Spetziotes* (25 mai 1803), la construction légère des bâtiments, la faiblesse de leurs armements et les bas salaires des équipages auraient ainsi permis aux insulaires grecs de réduire considérablement le coût du fret. MAE, CCC, Naples de Romanie.

[2] MAE, CCC, Rhodes, tome 3, lettre à Talleyrand, Rhodes, 21 décembre 1797.

	Rhodes	Candie
Turcs et Grecs :	59	22
Vénitiens :	20	5
Ragusains :	13	2
Français :	0	0

À la veille de l'expédition d'Égypte, presque tous les bâtiments français qui faisaient le cabotage en Méditerranée orientale sont vendus ou désarmés et les équipages rapatriés.

La concurrence locale

L'absence de communications régulières entre Marseille et les Échelles a naturellement favorisé la concurrence avec les Ottomans, mettant en danger notre commerce et notre navigation. Mais la guerre n'explique pas tout ; un gouverneur comme Djazzâr Pacha a provoqué bien avant 1793 la ruine de nos maisons d'Acre et de Saïdâ en établissant un monopole sur les articles d'exportation. On pourrait en dire autant des beys d'Égypte qui ne respectent plus les capitulations. Il est certain que les facteurs économiques locaux y sont pour quelque chose dans le marasme des affaires et les pertes de marchés subies par la France.

La politique économique du gouvernement turc se fait plus offensive en cette fin de siècle. Dans le domaine industriel, notamment. La création à Salonique, vers 1793, d'une manufacture de draps pour l'habillement de la milice de Constantinople en fournit un exemple concret. Cet établissement bénéficie de privilèges étendus qui lui permettent de prélever presque toutes les laines de Macédoine, de sorte que les Français doivent désormais traiter avec lui pour effectuer leurs retraits.[1] Il s'ensuit une baisse importante de nos achats en laines, principal article d'exportation avec les cotons, avec des répercussions pour les fabriques du Languedoc qui s'alimentent de ces matières premières.

Par ailleurs, la pression fiscale s'accentue. La nouvelle imposition *bedeât** perçue sur les marchandises de sortie est étendue à toutes les provinces de l'empire à partir de 1792. Ajoutée au droit de douane existant, elle frappe lourdement notre commerce d'exportation dans les Échelles. Les envoyés de la République à Constantinople

---

[1] MAE, CCC, Salonique, tome 15 bis : Louis Auguste Félix, *Mémoire sur le commerce de Salonique*, 1797.

ne peuvent en obtenir la suppression alors que les ambassadeurs d'Autriche et de Russie réussissent à en exempter leurs nationaux. Même si ce droit est finalement remplacé par un nouveau à la charge des autochtones, beaucoup de douaniers continuent de le percevoir sur les négociants étrangers.[1]

Les Turcs ne sont pas seuls en cause. Les pratiques commerciales des Français deviennent plus individualistes alors que le monde économique au Proche-Orient est encore largement dominé par le corporatisme. Nous avons vu comment, dans certaines échelles, ils sont amenés à se concerter pour effectuer leurs retraits afin de faire baisser les prix. Ce système des « ligues » ou des achats « en répartition » oppose parfois les marchands entre eux, mais il a de gros avantages. Or, cette pratique semble être abandonnée sous la Révolution en dépit des conseils formulés par quelques consuls inquiets de constater que les achats particuliers des Français ne peuvent plus soutenir les spéculations et les monopoles des gens du pays.[2]

Enfin, comment oublier le discrédit dans lequel sont tombées certaines de nos marchandises. Les mesures protectionnistes en France n'ont jamais empêché des colporteurs levantins peu scrupuleux d'utiliser des prête-noms marseillais pour vendre le rebut des productions orientales et apporter dans les Échelles des produits français de mauvaise qualité ou frelatés par les mesures et les dénominations. Ces malversations sont plus fréquentes sous la Révolution.[3] Elles seraient aussi le fait des fabricants français eux-mêmes ; plusieurs consuls sollicitent à cette époque l'intervention d'inspecteurs pour faire surveiller la confection des draps du Languedoc qui n'ont plus la même qualité qu'auparavant.

---

[1] On se réfère ici aux témoignages de Bermond (Coron, 5 août 1796), Félix (Salonique, 19 juin 1797), Astier (Larnaca, 14 décembre 1792) et Mure (La Canée, 8 juillet 1796).

[2] Question soulevée par L. A. Félix dans son *Mémoire sur les laines de la Grèce et de la Macédoine* (22 septembre 1797). MAE, CCC, Salonique, tome 15 bis.

[3] Problème évoqué par J.-B. Martin, *Mémoire sur le commerce et la navigation des Français dans le Levant* (Dardanelles, 4 mars 1797) et L. A. Félix, *Mémoire sur la liberté du commerce en Levant* (Salonique, 25 novembre 1796). Louis de Chénier, dans ses *Réflexions sur les inconvénients qu'il y aurait d'étendre jusqu'aux étrangers la liberté de notre commerce au Levant*, avait déjà abordé la question en 1766. MAE, Mémoires et Documents, Turquie, vol. 9.

Ces fraudes semblent en tout cas avoir altéré la confiance de certains acheteurs turcs qui désormais se tournent vers les Allemands et les Anglais. Ces derniers vendent au Levant beaucoup de draps d'excellente qualité, des métaux en lingots et des produits coloniaux : toileries de l'Inde, indigo du Bengale, cochenille, café de la Jamaïque et de la Grenade, sucre et épices. Ils ont peu d'établissements dans les Échelles et ce commerce se fait essentiellement par l'intermédiaire des Ragusains et des Vénitiens qui acheminent à Naples, Livourne, Gênes, Trieste et Venise les marchandises du Levant, vendues aux Anglais en échange de leurs draps et de leurs produits coloniaux.

Le commerce des Autrichiens et des Russes, déjà aux mains des Grecs, progresse également à la fin du XVIIIe siècle surtout dans les provinces de Macédoine et de Roumélie ainsi qu'à Constantinople.[1] La France révolutionnaire constate avec stupeur qu'elle ne détient plus la prééminence dans le commerce levantin et qu'il lui faut désormais compter avec les autres nations européennes et une bourgeoisie commerçante ottomane beaucoup plus entreprenante. Le repli de nos positions est perceptible dans toutes les Échelles.

La situation dans les provinces grecques de l'empire

Dans les provinces helléniques, les Français bénéficient au cours de la période révolutionnaire d'une situation politique relativement calme en dépit de la guerre russo-turque qui se prolonge jusqu'en janvier 1792 (traité de Jassy), de quelques troubles à Chypre liés à des affrontements intercommunautaires[2] et d'une navigation en mer Égée toujours aussi dangereuse en raison de la piraterie navale.

Dans le sud et l'ouest du Péloponnèse, les extractions de blé et d'huile d'olives se font sans trop de difficulté. La valeur des produits retirés des échelles de Coron et Nauplie reste supérieure à

---

[1] MAE, CCC, Salonique, tome 15 bis : L. A. Félix, *Mémoire sur le commerce des étrangers à Salonique et dans la Grèce*, 19 juin 1798.

[2] Le sultan perçoit un impôt à Chypre (*avâriz*) dont le montant est déterminé globalement pour toute l'île et non par tête d'habitant : les Turcs en payent un tiers, le reste étant partagé entre les Grecs qui représentent à peu près les deux tiers de la population. Le refus des Turcs des provinces de Carpas et de Messarée de régler leur quote-part au *mouhassil** en 1789 et 1790 aurait mis le feu aux poudres à l'occasion des perceptions. Sur cet impôt, voir les explications données par Gilles Veinstein, dans : *Histoire de l'Empire ottoman*, dirigé par Robert Mantran, Paris, Fayard, 1989, p. 329.

un million de livres au début de la Révolution. Avec la guerre les choses se gâtent. Vers 1794, une maison française doit cesser ses activités faute de débouchés, tandis que le négociant Félix Gravier, à la tête du plus important établissement, se place sous la protection autrichienne pour faciliter ses affaires. Notre commerce n'est cependant pas totalement interrompu. Les trois maisons qui subsistent à Coron et Nauplie parviennent de temps à autre à expédier sur des bâtiments grecs quelques chargements de blé et d'huile vers Marseille en passant par l'Italie. Mais cette voie détournée élève le coût des exportations, d'autant plus qu'il faut toujours « acheter » l'agrément des autorités turques pour la sortie des denrées prohibées. La rentrée des fonds en France s'opère avec lenteur et les opérations commerciales deviennent finalement onéreuses aux régisseurs. Pour soutenir leurs affaires, ils font quelques trafics sur le pays ou font des commissions pour des établissements étrangers : ainsi, par exemple, la maison Fauchier acquiert dans les années 1795-1797 des huiles pour le compte de négociants génois. Les bénéfices restent tout de même assez maigres.

En Attique et en Eubée, nos relations commerciales n'ont jamais été très développées et elles demeurent faibles durant la dernière décennie du siècle. Les frères Cayrac et leurs commis installés à Athènes touchent à la fin de leur carrière et l'autre négociant, Pierre Nicolas Roque, ne fait qu'acheter et revendre sur le pays. Le chiffre d'affaires de ces deux maisons ne dépasse pas 200 000 livres par an.[1]

La situation est plus difficile à Patras. Le seul établissement français dans l'échelle a suspendu toute commande. Son gérant, Etienne Fradet, qui travaillait beaucoup avant la Révolution, affirme être complètement ruiné à la fin de 1795. Les marchands grecs de Patras profitent des circonstances de la guerre et de notre effacement au

---

[1] MAE, CCC, Athènes, tome 3, Gaspary au ministre Delacroix, Athènes, 25 août 1794 et 20 juin 1796. Sur les Cayrac, nous avons le témoignage de Scrofani. De passage au Pirée vers 1794, il écrit : « La principale maison qu'on y trouve est celle de M. Cayrac, Français. Après avoir essuyé des malheurs, ce négociant a rassemblé les débris de sa fortune et a construit cette habitation au bord de la mer. Il y demeure avec sa fille et une amie. Ses livres, son jardin, la pêche, le voisinage d'Athènes, la salubrité de l'air et la paix de l'âme ne lui laissent rien à désirer. Il y mène la vie d'un sage ; il reçoit tous les étrangers qui passent ». Scrofani (Xavier), *Voyage en Grèce de Xavier Scrofani, Sicilien, fait en 1794 et 1795*, traduit de l'italien, Paris et Strasbourg, An IX (1801), Tome II, Lettre LVII, p. 139.

Levant pour s'emparer des marchés. Ils sont déjà présents à Livourne, Gênes et Messine où ils ont fondé de riches établissements.[1]

Plus au Nord, à Arta (Épire), il y a la maison Duprès qui expédie du bois de construction pour la marine. Elle reste assez active grâce à la protection et aux liens entretenus avec le puissant Ali Pacha de Jannina, relations que le consul français en Morée s'efforce de cimenter.

En Crète, les cinq établissements français de La Canée sont prospères au début de la Révolution. Les récoltes d'huile, principale production locale, ont été excellentes dans les années 1790 et 1791 et bien que la Porte ait envoyé comme elle le fait chaque année des *firmans** pour en interdire l'exportation vers l'Europe, les extractions se sont faites avec la complicité du gouverneur. Entre 1789 et 1791, période pour laquelle existent des informations précises, le montant des exportations françaises (vers Marseille) s'élève moyenne annuelle à 3,2 millions de livres, soit une augmentation d'environ 10 % par rapport aux années 1786-1788. À partir de 1792, nous suivons plus difficilement l'évolution du commerce français dans l'île. Deux négociants sur six à La Canée font défection avec leurs commis et leurs familles, réduisant la nation française à douze personnes. Ils ne quittent pas pour autant l'Échelle. Marc-Antoine Bertrand, régisseur de la maison Rolland de Marseille, et son associé Mazard, vont servir les intérêts autrichiens et russes, tandis que Pierre Baleste, l'autre « émigré » qui travaille pour le compte de la maison Mourgue de Marseille, est chargé du vice-consulat prussien.[2]

Cette perte profite avant tout aux Italiens et aux Autrichiens. Le commerce des produits vénitiens, livournais et surtout triestins augmente de jour en jour et met en difficulté les trois établissements français restants. Si l'on ajoute la peste qui ravage l'île presque sans interruption entre juin 1796 et avril 1798, et qui prive les Français de tout contact avec l'extérieur, nous avons finalement une situation assez désastreuse. Fourcade note en 1798 : « Jamais les communications ne furent plus difficiles. La cherté des huiles, l'interruption du

---

[1] MAE, Mémoires et Documents, Turquie, vol. 9 : Roussel, *Mémoire sur la Morée*, 11 juin 1802, p. 13.

[2] MAE, CCC, La Canée, tome 20 : Henry Mure, *État des Français et des protégés de la France résidents à La Canée*, An IV (1796).

commerce, la peste et les pirates nous privent absolument de toute relation directe avec Gênes et Marseille ».[1]

Dans les provinces de Macédoine et de Thrace, Salonique retient particulièrement l'attention. C'est dans cette échelle que l'émigration française est la plus forte. Entre mars et octobre 1794, dix négociants sur treize rompent leurs engagements avec leurs maisons mères de Marseille. Avec leur entourage immédiat et les officiers du consulat partis quelques mois plus tôt, cela fait vingt-neuf ressortissants que la République perd à Salonique en l'espace d'une année, entre novembre 1793 et octobre 1794.[2]

Les conséquences sont graves. En 1795, les établissements français sont réduits à trois alors que l'on en comptait onze à l'époque de la rupture des relations diplomatiques avec l'Angleterre. Cinq maisons (Fouquier, Routier, Foucou, Couil, Reboul) sont passées sous la protection de la Prusse, deux autres (Massol, Feraud) sous celle de l'Autriche, la dernière (Mallet) sous celle de Naples. Cette défection, écrit le député du commerce Tavernier en charge des affaires consulaires après le rappel de Cousinéry, a fait sensation sur les gens du pays qui n'ont pas su à quoi l'attribuer.

Lorsque le nouveau consul Félix prend ses fonctions en juin 1795, il est frappé par l'état de désorganisation du commerce français jadis si florissant et par le fait que « beaucoup de haines et de ressentiments » subsistent chez les nationaux. Comme à La Canée, la plupart des émigrés n'ont pas quitté la ville et l'un d'eux, Jean-Joseph Massol, gère les intérêts du vice-consulat autrichien.[3] Félix s'efforce d'apaiser les esprits et entame des négociations avec la légation prussienne pour récupérer les fonds déposés par les négociants émigrés. Grâce à sa conduite ferme, les maisons marseillaises parviennent ainsi à recouvrir plus d'un million de livres entre juin 1795 et janvier 1796.

Pour restaurer le commerce français à Salonique, très fortement concurrencé par les Turcs et les Autrichiens, il suggère à ses compatriotes de « simuler » leurs expéditions pour échapper aux croisières

---

[1] MAE, CCC, La Canée, tome 20, lettre au ministre des Relations extérieures, La Canée, 19 mai 1798.

[2] MAE, CCC, Salonique, tome 15 bis : Tavernier au commissaire des Relations extérieures, *Liste des Français passés sous la protection étrangère*, Salonique, 9 avril 1794.

[3] MAE, CCC, Salonique, tome 15 bis, Félix au commissaire des Relations extérieures, Salonique, 23 juin 1795.

anglaises et de les faire transiter par les places italiennes (Gênes, Livourne) qui servent d'entrepôts, même si le coût en est plus élevé. C'est ainsi que beaucoup de nos marchandises voyagent sous pavillon ottoman et sous le couvert d'armateurs grecs devenus des partenaires obligés. Notre chargé d'affaires à Constantinople parvient à faire légaliser cette pratique ; un firman enjoint au douanier de Salonique de n'exiger qu'un droit de 3 % sur les produits français arrivés sous un nom et un pavillon turc, au lieu des 7 % qu'il est d'usage de réclamer pour les sujets ottomans. Félix engage aussi les négociants à faire des envois directs de blé en France, comme le souhaite le Comité de Salut public.

« J'ai cherché à diriger les spéculations de nos négociants vers cet objet, explique-t-il, et mes invitations ne sont pas sans succès. Plusieurs cargaisons simulées pour Gênes ont passé directement à Marseille sur des vaisseaux grecs. Nos négociants pourront continuer leurs expéditions, car s'il y a quelques risques à courir, il y a aussi de gros bénéfices à faire ».[1]

Mais le commerce par Gênes et Livourne devient plus difficile à partir de 1796 à cause du blocus imposé par la marine britannique. En juin 1797, notre consul doit reconnaître avec amertume que le commerce français à Salonique est « tombé dans un état de langueur dont il ne pourra se relever qu'à la paix ».[2]

La région anatolienne

Si les Français font encore très bien leurs affaires à Smyrne au début de la Révolution (la valeur des exportations s'élève, moyenne annuelle, à plus de 12 millions de livres), cette situation n'est plus vraie dès 1793. Ce n'est que par l'intermédiaire des pays neutres et en simulant leurs envois que les Français peuvent effectuer quelques expéditions vers Marseille, encore ce trafic est-il très affaibli. Entre février 1793 et février 1798, 16 navires français seulement viennent mouiller dans le port de Smyrne alors qu'il en arrivait annuellement 40 à 50 avant la Révolution. D'après Laumond, cet effacement progressif de la France profiterait à Raguse qui bénéficie d'une douane réduite à 2 %.

---

[1] Lettre du 18 août 1795. Ces expéditions seraient loin d'être négligeables selon N.G. Svoronos, *Le commerce de Salonique au XVIIIe siècle*, Paris, PUF, 1956, p. 277.
[2] Lettre du 19 juin 1797.

> « Nos ennemis et les neutres, écrit-il, se sont emparés de nos dépouilles : Raguse surtout s'est enrichie depuis le commencement de la guerre, et ses bâtiments sont les seuls qui aient franchi impunément tous les obstacles qui ont entravé le commerce de la Méditerranée ; aussi ses négociants ont-ils abusé de leurs avantages : le fret dont ils fixent le prix sur la place de Smyrne est à un taux exorbitant. Le temps n'est pas éloigné où cette République, jadis imperceptible, reprendra le rang et la place qui lui conviennent ».[1]

La présence dans l'échelle de négociants « émigrés » passés sous la protection des puissances étrangères vient compliquer la situation. Ils sont moins nombreux qu'à Salonique, cinq ou six, et n'ont pas entièrement rompu avec la métropole. Jean Bon Saint-André explique comment ils procèdent pour poursuivre leurs activités commerciales :

> « Favorisés par des négociants de Marseille, qui peut-être partagent leurs opinions politiques, ou qui ont plus de confiance en leurs moyens, ils continuent par la fraude un commerce qu'ils ne peuvent pas faire autrement. Pour cet effet ils ont des commis français, vivant chez eux, payés par eux, soumis à tous leurs ordres, et dont la fonction spéciale est de donner leur signature à tous les actes ostensibles de leur commerce qui ont quelque point de contact avec nos lois prohibitives. Cette fraude est si journalière, si mal déguisée, que les enfants même en sont instruits, et en plaisantent [...] Ici le consul est entièrement impuissant ; car en sa qualité de magistrat, il ne doit connaître que la lettre de la loi, et là où il voit sur les papiers commerciaux des signatures françaises, il doit voir des propriétaires français, quelque conviction qu'il ait d'ailleurs de la fraude. Cependant le moyen d'en couper la racine serait bien simple ; ce serait d'ordonner au consul de faire passer en France les commis actuels de ces maisons émigrées, et de lui défendre de recevoir à l'avenir sur l'échelle des commis pour les remplacer, fussent-ils même munis de passeports qu'on aurait au reste le soin d'empêcher de leur délivrer ».[2]

Quand bien même les autorités françaises le souhaiteraient il n'est pas certain que les agents consulaires aient les moyens coercitifs de faire appliquer une telle mesure au moment où il faut préserver la neutralité de la Turquie.

---

[1] MAE, CCC, Smyrne, tome 31, Laumond à Talleyrand, Smyrne, 28 février 1798.

[2] MAE, CCC, Smyrne, tome 31, Lettre à Talleyrand, Smyrne, 16 juin 1798.

Nous manquons d'informations sur les échelles de Chio et Rhodes. Nos bâtiments caravaneurs y viennent encore en assez grand nombre au début de la Révolution (37 à Chio en 1792), mais le repli est net après 1794. À Rhodes, la communauté française, composée essentiellement d'artisans originaires de l'île, vit complètement repliée sur elle-même ; les rares navires français qui mouillent dans le port apportent avec eux les nouvelles des victoires des armées de la République, seuls liens qui semblent subsister avec la métropole.[1]

Nous sommes mieux renseignés sur Chypre. Les cinq maisons françaises supportent mal la concurrence locale et la nouvelle imposition sur les articles d'exportation (*bedeât**). Notre position est aussi précaire que dans les Cyclades et le Dodécanèse. Le négociant Rey, chargé provisoirement du consulat à Larnaca, s'en inquiète vivement et à juste titre. Car, entre octobre 1796 et mars 1797, quatre établissements sur cinq sont contraints de fermer leurs portes, faillites qu'il ne faut pas attribuer à un retrait des capitaux comme à Salonique mais à une perte des marchés.

Les provinces arabes

Les échelles de Syrie et de Palestine offrent à la France des débouchés importants pour ses produits manufacturés et des facilités pour l'exploitation des productions locales, en particulier les soies et les cotons filés dont Acre, Jaffa, Saïdâ, Beyrouth et Tripoli sont les principaux marchés.

Mais ce sont aussi des régions insécurisées, exposées aux incursions des Druzes, des Arabes et des corsaires, sous la domination de pachas qui songent davantage à leurs intérêts qu'à ceux de leurs populations et qui considèrent assez mal les entreprises commerciales des Occidentaux dans leurs provinces. Dès le commencement de la Révolution, ces gouverneurs profitent des difficultés politiques de la France et de son relatif effacement au Levant pour multiplier les provocations, d'autant plus facilement que le sultan se trouve alors en guerre contre les Austro-Russes.

C'est ainsi par exemple que le 5 juin 1790, Kütchük Ali Pacha, entré en rébellion contre la Porte, séquestre illégalement un navire de commerce français échoué à quatre lieues d'Alexandrette sur les côtes de Syrie septentrionale. Après avoir libéré le capitaine et son

---

[1] MAE, CCC, Rhodes, tome 3, Chépy à Delacroix, Rhodes, 19-25 juin 1796.

équipage, il fait vendre une partie du butin à son profit, en dépit des représentations des agents français qui tentent vainement de racheter les marchandises destinées à des négociants d'Alep.[1] Les tractations durent plusieurs mois et nécessitent l'intervention de Choiseul-Gouffier. Mais l'envoi de deux firmans ne font pas plier le pacha habitué à exercer impunément son autorité dans la province : ni le navire ni la cargaison ne seront restitués. D'ailleurs, le Grand Vizir* signifie à l'ambassadeur que le gouvernement turc ne saurait être responsable d'un délit commis par un de ses officiers qui, depuis plusieurs années, résiste ouvertement aux forces envoyées contre lui.

Ce qui se passe au même moment en Palestine est bien plus grave. Nos compatriotes doivent composer avec le gouverneur de Saint-Jean d'Acre, le terrible Ahmad Djazzâr Pacha dont les contemporains ont rapporté plusieurs traits de cruauté. Cet homme n'a pas hésité à trahir ses anciens amis pour parvenir au pouvoir et a établi au fil des ans un monopole sur les articles d'exportation qui rapportent le plus (blé, coton, galles).

Aussi, voit-il d'un mauvais œil l'établissement que les Français ont formé à Saïdâ pour l'achat des cotons filés « en répartition » et celui qu'ils ont créé à Acre, peu de temps après, pour les achats de coton brut. Pour contrecarrer leurs projets, il leur interdit d'acheter directement aux producteurs et oblige ces derniers à apporter leurs marchandises dans la seule ville d'Acre. Achetées au-dessous de leur valeur par le gouverneur, elles sont ensuite revendues aux étrangers à un prix excessif. Nous pouvons importer nos produits, note le consul Renaudot, « mais il n'y a point de retraits ».[2] Ce trafic rapporte à Djazzâr Pacha de gros bénéfices qui lui permettent de solder ses troupes, de payer le tribut annuel au sultan et de se poser, en définitive, comme le véritable maître du pays préfigurant ce que fera vingt ans plus tard Méhémet Ali en Égypte.

---

[1] Cette affaire est relatée par Mazière de Saint-Marcel. Lettres au secrétaire d'État de la Marine du 12 juillet 1790 et 3 février 1792. AN, AE B^I 97, Alep, tome 22 et MAE, CCC, Alep, tome 23.

[2] AN, AE B^I 981, Saint-Jean d'Acre, tome 4, lettre au secrétaire d'État de la Marine, Acre, 15 juillet 1790. Renaudot a écrit un *Mémoire sur le Département de Syrie et Palestine* (Jaffa, 1er septembre 1793) où il expose longuement la politique menée par Djazzâr Pacha. MAE, Mémoires et Documents, Turquie, vol. 136. À compléter par : Amnon Cohen, *Palestine in the 18th Century. Patterns of government and administration*, Jérusalem, The Magnes Press, 1973, p. 70-71.

Au printemps 1790, la position des Européens à Acre est devenue extrêmement précaire. Les Russes ont plié bagage et la seule maison autrichienne doit cesser ses activités en juillet. Quant aux Français, Djazzâr leur attribue toutes les démarches qui se trament contre lui à Constantinople. L'arrivée d'un firman lui intimant l'ordre de restituer les sommes extorquées à des religieux de Terre sainte, la fuite du négociant Levezy, dépositaire d'une partie de son argent, enfin la rébellion de Selim Pacha compromettent dangereusement le sort de la communauté française.[1] Las des vexations du gouverneur, celle-ci projette d'ailleurs de quitter le pays. Renaudot, qui a sollicité sa mutation, écrit au ministre de la Marine le 25 septembre 1790 :

> « Djezzar ne dissimule plus ses mauvaises intentions contre la Nation : il vient de répondre verbalement à une requête que les négociants de cette Échelle lui avaient présentée pour qu'il leur fut permis d'acheter du coton, qu'il ne permettrait pas que l'on en vendit une once aux Français résidants actuellement dans son département ; et le même jour il a défendu de leur vendre des galles sous peine de mort. Il a ensuite déclaré qu'il n'affréterait plus de bâtiments français ; nous voilà tous compris dans la proscription d'un barbare ! [...] Je crois que la Nation ne saurait mieux faire que d'abandonner l'Échelle d'Acre pour tout le temps que le monstre la gouvernera. Comme il est capable de tout, et qu'il peut tout impunément avec les trésors qu'il possède, un massacre ne lui coûterait que quelques bourses qu'il trouverait encore dans la dépouille de ses victimes ».[2]

En effet, le 17 octobre 1790, le secrétaire du pacha, Youssef Cardahe, intime l'ordre à tous les Français de quitter immédiatement Acre sous peine de mort. Sans même pouvoir mettre les scellés sur leurs maisons et magasins qu'ils doivent vider en toute hâte, ils quittent la ville le 27 octobre et gagnent Jaffa où s'est déjà réfugié depuis trois semaines le consul Renaudot. Pour témoigner leur indignation et leur solidarité, leurs collègues de Saïdâ décident d'abandonner leurs établissements (25-26 octobre) et se rendent avec Beaussier à Tripoli de Syrie.

---

[1] En 1789, Selim Pacha, ancien officier mamelouk* au service de Djazzâr, entre en rébellion dans les environs de Saïdâ avec les troupes que le gouverneur d'Acre vient de lui confier pour faire la guerre aux Druzes. Ce soulèvement échoue. Le vice-consul Beaussier aurait été indirectement impliqué dans cette affaire.

[2] AN, AE B¹ 981, Saint-Jean d'Acre, tome 4.

Les pertes sont évaluées à 684 000 piastres, soit plus d'un million et demi de livres, constituées essentiellement de créances sur le pacha.[1] La Porte décline toute responsabilité dans cette affaire et réaffirme à Choiseul-Gouffier son impuissance à réprimer la conduite de son gouverneur, qu'elle blâme ouvertement devant les diplomates étrangers mais dont elle reconnaît par ailleurs la loyauté et l'efficacité.

Craignant pour leur vie, les réfugiés français refusent d'embarquer sur les deux bâtiments de la marine royale chargés de les reconduire avec protection vers leurs anciens établissements (avril 1791).[2] Mais ils ne trouvent pas une situation meilleure à Jaffa où le douanier de la ville, lié d'intérêt avec Djazzâr, exige arbitrairement une taxe sur la sortie des cotons. À Tripoli de Syrie, Dervich Pacha ne cache pas non plus ses mauvaises dispositions en exigeant de l'argent pour faire saluer par les forteresses le pavillon tricolore et en faisant emprisonner un protégé, Antoine Chaptiny, beau-frère du premier drogman du consulat, afin d'obtenir un prêt de 10 000 piastres pour couvrir les frais de ravitaillement de la caravane de la Mecque. Les doléances des Français, qui sollicitent la destitution du pacha et l'exil de son *moutselim**, resteront lettres mortes.[3]

Pourtant, les quatre maisons françaises de Tripoli, qui n'ont aucun concurrent européen, gèrent assez bien la situation malgré une baisse des commandes. Les exportations de coton, de galles et de soie se poursuivent jusqu'en 1794, époque où plusieurs établissements ne rendent plus aucun compte de leur gestion et semblent avoir fait faillite.[4]

---

[1] F. Charles-Roux, « Les Échelles de Syrie et de Palestine au XVIIIe siècle (1715-1793) », *Revue d'histoire diplomatique*, avril 1907, p. 511-513.

[2] Cette mission est confiée à de Ligondès, sur instruction de l'ambassadeur Choiseul-Gouffier. Suite à un firman très ferme de la Porte, Djazzâr Pacha se dit prêt à trouver un arrangement, mais ne veut pas entendre parler du retour des mêmes Français. Pour témoigner de sa bonne foi, il accueille deux nouveaux négociants, Daling et Martin, et leur donne toutes les facilités pour s'établir dans ses États, ce qui provoque l'indignation de Choiseul-Gouffier. Sur ce sujet, lire la relation de Beaussier du 16 avril 1791. AN, AE B[I] 1124 Tripoli de Syrie, tome 11.

[3] AN, AE B[I] 1124 Tripoli de Syrie, tome 11 : Requête de la nation française à l'ambassadeur Choiseul-Gouffier, Tripoli de Syrie, 9 juillet 1791. Arrêté le 28 juin 1791, Chaptiny est libéré quelques semaines plus tard.

[4] Dès le début de la Révolution, Tripoli enregistre une baisse des exportations vers Marseille : leur valeur s'élève à 390 000 livres (moyenne annuelle 1789-1791) avec les commissions des négociants de Saïdâ, contre 460 000 livres

Sur Alep, nous avons peu d'informations hormis le fait que trois négociants français (sur dix) émigrent dans l'année 1794 et que l'un d'entre eux, Pons, occupe les fonctions de consul de Suède dans l'échelle.

Reste l'Égypte. Là, la France doit compter avec une forte influence anglaise, tant économique que politique. Les agents britanniques, et notamment Baldwing, un ancien de la Compagnie des Indes, ont reçu de l'ambassadeur Lord Ainslie des instructions claires pour empêcher les Français de tirer parti des conventions secrètes qu'ils ont conclues les 10 et 23 janvier 1785 avec Mourad Bey et le grand douanier d'Égypte Mouallem Joseph Cassab. Ces traités nous assurent le libre transit par Suez de nos marchandises des Indes, avec des tarifs douaniers préférentiels et une protection pour nos bâtiments dans la mer Rouge.[1]

Par ailleurs, les relations avec les beys mamelouks* s'avèrent difficiles. Lorsque ces derniers sont chassés du pouvoir en 1786, à la suite d'une expédition turque conduite par le *Capitan Pacha** Hassan qui rétablit l'autorité du sultan, nos négociants perdent une partie de leurs fortunes qui se trouve entre les mains des Beys proscrits. Or, les fournisseurs et les femmes de ces beys, restés au Caire, sont pratiquement insolvables puisque le Capitan Pacha a confisqué leurs biens. D'autre part, les grands marchands cairotes qui opèrent en Nubie et en Arabie (les *tujjârs*), également débiteurs des Français, sont gênés par la privation de leurs revenus depuis que les mamelouks* réfugiés en Haute Égypte interceptent tous les convois qui descendent le Nil.

En août 1787, le consul général Mure évalue à environ 1 200 000 livres la perte pour les créanciers français : les négociants de Marseille et les fabricants du Languedoc sont gravement touchés. Pour leur assurer des retours, leurs commissionnaires en Égypte vont emprunter à un taux onéreux et c'est ce maintien de l'activité des exportations françaises (2,8 millions de livres, moyenne annuelle pour la

pour les années 1786-1788 alors que l'échelle ne comptait que trois établissements français.

[1] Ces clauses, œuvre de Truguet et de Magallon, n'ont jamais été ratifiées par la Porte ; aussi, les quelques bâtiments français qui ont mouillé à Suez entre 1785 et 1792 n'ont pu débarquer leurs cargaisons que grâce à la complicité des autorités locales. AN, AE B^I 447 Constantinople, tome 72.

période 1788-1790) qui empêche les faillites des maisons marseillaises et languedociennes.

Pour dédommager les six établissements du Caire qui doivent contracter des dettes sur le pays pour leurs retraits, la Chambre de commerce de Marseille les autorise à percevoir temporairement un droit de 2 % sur toutes les marchandises venues de France et leur offre une indemnité de 200 000 livres.[1] Mais ces dédommagements semblent insuffisants puisqu'au mois d'avril 1791 les négociants du Caire envoient un des leurs à Paris, Charles Magallon, pour plaider leur cause et obtenir du gouvernement une indemnisation.[2]

La situation est aggravée par deux événements inattendus. Le *cheikh al-Balad** Ismaïl Bey, qui avait beaucoup favorisé nos intérêts et éloigné la concurrence étrangère après le départ du Capitan Pacha, est emporté par la peste qui ravage Le Caire (20 avril 1791), « une perte inappréciable » pour la nation française, au dire de Butet.[3] Peu après, Ismaïl Pacha, qui gouvernait l'Égypte conjointement avec ce dernier et dont l'estime nous était également acquise, est muté en Morée. La faiblesse du nouveau gouverneur ajoutée au manque de combativité des troupes albanaises permet aux Mamelouks* de reprendre le pouvoir.

Leur rentrée au Caire (23 juillet 1791) signifie pour les commerçants français le retour des vexations et des avanies, les fournitures forcées de draps pour les maisons des beys qui ne payent que rarement ou font de vagues promesses de remboursement sur les revenus de la douane. « Quel est le commerce qui pourrait supporter l'aggravation d'une quantité illimitée de marchandises fournies à des gens qu'on ne peut forcer à payer », écrivent-ils au vice-consul Butet le 8 février 1792. Leurs établissements, réduits à quatre en 1793, travaillent quasiment à perte.[4]

---

[1] AN, AE B^I 114, Alexandrie, tome 15 : Secrétariat d'État de la Marine, Rapport du bureau des Consulats, avril 1788.

[2] Dans un mémoire adressé le 18 août 1791 à l'Assemblée nationale, ces négociants précisent que le remboursement ne peut être obtenu qu'à Constantinople où ont été transférés les biens des Beys. Magallon lui-même affirme être presque ruiné et plaide sa propre cause dans une lettre au secrétaire d'État de la Marine du 12 septembre 1791.

[3] AN, AE B^I 114 Alexandrie, tome 15, lettre au secrétaire d'État de la Marine, 23 avril 1791.

[4] André Raymond décrit bien l'état de semi-anarchie dans lequel se trouve l'Égypte au tournant des années 1790. Les classes dirigeantes locales, divisées

En outre, les Français doivent constamment « acheter » par des présents la permission de vendre leurs produits au prix courant. Il leur faut convaincre les beys que la circulation des assignats et la rareté des laines ont fait renchérir les draps en France, que le coût de la main-d'œuvre n'est plus le même qu'il y a vingt ans, et qu'ils doivent par conséquent augmenter leurs prix pour avoir des marges bénéficiaires au risque de voir les maisons marseillaises suspendre leurs envois.[1]

Leur position devient vite intenable et ils sollicitent à nouveau la protection du gouvernement français (1er février 1793). La situation ne s'améliorant pas, plusieurs d'entre eux (Vidal, Daniel, Autran) quittent furtivement la capitale égyptienne avec leurs commis et se retirent à Alexandrie (août 1794) redevenue le centre des affaires pour la nation française. Mourad Bey les fait arrêter à Rosette et exige une caution de 18 000 livres pour leur libération qui intervient en février 1795 grâce à l'intervention de Descorches à Constantinople. En revanche, ni Magallon, ni Thainville (chargé d'une mission de conciliation auprès des beys) ne parviennent à obtenir le remboursement des sommes extorquées ainsi que l'abaissement de la douane à 3 % conformément aux capitulations.[2] Les mamelouks* imposent en effet 5 % sur les marchandises qui ne viennent pas directement de Marseille ; or, à cette époque notre commerce levantin se fait essentiellement via Gênes et Livourne. Nos marchands ne verront d'autre alternative que de suggérer au Directoire une intervention militaire.

---

pour la conquête du pouvoir et incapables de maîtriser les phénomènes économiques et monétaires, en seraient les premiers responsables. Quant aux conditions de vie du peuple, déjà précaires, elles s'aggravent avec la peste qui sévit dans la capitale en 1791. Cf. *Artisans et commerçants au Caire au XVIIIe siècle*, Damas, Institut français de Damas, 1973, tome 1, p. 103-105.

[1] MAE, CCC, Alexandrie, tome 16 : Requête des négociants français du Caire au vice-consul Butet, 8 février 1792. MAE, CCC, Le Caire, tome 25 : Mémoire des négociants de Marseille au Comité de commerce et d'approvisionnements, 19 novembre 1794.

[2] MAE, CCC, Le Caire, tome 25, lettres de Magallon, 27 août 1794 et 26 septembre 1795.

Visées commerciales aux marges de l'Empire ottoman

Tandis que les intérêts commerciaux français en Méditerranée subissent durement les contrecoups de la guerre maritime avec l'Angleterre, et que l'on assiste à un repli des positions françaises au Levant, le Comité de Salut public puis le Directoire exécutif portent une attention particulière aux provinces frontalières de l'Empire ottoman, là où les Russes, les Autrichiens et les Anglais sont traditionnellement bien implantés. Il ne s'agit pas d'une politique expansionniste clairement définie avec des objectifs précis, mais plutôt d'une volonté de poser les jalons d'une présence française encore trop faible. Le facteur économique l'emporte sur les arguments purement idéologiques bien que l'on n'ignore pas à Paris les échos enthousiastes de la Révolution dans les milieux éclairés de l'Empire, en particulier dans les principautés danubiennes.

Les provinces danubiennes

L'extension de notre réseau consulaire au nord des Balkans, dans les provinces turques de Moldavie et de Valachie, s'explique essentiellement par les ressources en matières premières de cette zone convoitée depuis longtemps par la bourgeoisie marchande grecque et qui représente un marché potentiel pour la France. Le 7 février 1796 est fondé un consulat général à Bucarest où est déjà établie une maison française de commerce qui a des relations avec l'Échelle d'Adrinople (sur la côte égéenne). On songe d'abord à Constantin Stamaty pour occuper ce poste, mais comme c'est un sujet ottoman d'origine hellénique et que la Porte risque d'en prendre ombrage, on désigne Charles Flury le 10 décembre 1796. Un vice-consulat est aussi créé à Jassy, capitale de la Moldavie, que l'on confie à Louis Joseph Parant.[1]

Nos agents reçoivent un accueil favorable car les attentes politiques sont fortes chez les classes dirigeantes moldaves et valaques, en particulier dans l'aristocratie foncière des Boyards et parmi les marchands et les notables dont beaucoup sont acquis aux idées nouvelles. Il faut souligner qu'à Bucarest, et surtout à Jassy, le climat politique se radicalise par la présence de nombreux réfugiés polonais qui y affluent après le troisième « partage » de 1795, apportant

---

[1] AN, AE B^{III} 196, Rapport du ministère des Relations extérieures au Directoire exécutif, 30 janvier 1797.

avec eux le désespoir et la désillusion.[1] Le consul autrichien accuse Parant de favoriser les tendances subversives des Polonais et d'inciter les paysans moldaves à se soulever. C'est dans ce contexte tendu que travaillent les quelques commerçants français soutenus par leur consul ; leurs activités restent toutefois limitées. En fait, les deux postes de Bucarest et Jassy ne prendront de l'importance qu'après l'ouverture de la mer Noire au marché français, suite au traité de Paris du 25 juin 1802.

La Mésopotamie

La France révolutionnaire est plus entreprenante en Irak, mais tout repose sur la personnalité du consul Jean-François Rousseau. Contrairement à la plupart de ses collègues, il outrepasse largement ses fonctions et prend des initiatives qui font de lui un véritable agent politique. Fixé à Bagdad depuis 1785, il apprend l'arabe et le persan, étudie les mœurs et coutumes locales et noue au fil des ans des liens solides avec le gouverneur Souleyman Pacha et les principales autorités du pays, préservant ainsi la place de la France dans cette province ottomane, bien que nos intérêts économiques n'y ont jamais été considérables.

En vain lui demande-t-on d'aller résider à Bassora qui « n'est qu'un repaire de brigands », écrit-il, où notre commerce est d'ailleurs presque anéanti.[2] Il place quand même dans ce port un jeune officier français venu des Indes, un certain de La Barre, pour veiller sur la chancellerie et le pavillon national après le départ de Moustier (1791) afin que personne ne s'aperçoive d'un repli des positions françaises. Peine perdue, car les navires français cessent de paraître dans les eaux du golfe. Déjà, au cours de la décennie précédente (1780-1790), il en venait rarement plus de trois par an à Bassora.

Outre l'imam de Mascate, Rousseau entretient aussi avec le régent de Perse Aga Mehmet Kan, qu'il a connu à Chiraz avant la Révolution, une correspondance amicale par la médiation d'un officier de sa cour. S'il néglige un peu ses courriers avec Paris (une seule

---

[1] Paschalis M. Kitromilidis, *Η Γαλλική Επανάσταση και η Νοντιοανατολική Ευρώπη* (*La Révolution française et l'Europe du Sud-Est*), op. cit., p. 44.

[2] MAE, CCC, Bagdad, tome 4, Rousseau au ministre de la Marine Bertrand, Bagdad, 18 février 1792. Un rapport de la commission des Relations extérieures sur *L'évolution des consulats de Bagdad et Bassora depuis 1781 jusqu'en prairial an III* fait le point de la question. MAE, CCC, Bassora, tome 2.

lettre en l'an II), en revanche, il écrit fréquemment à Descorches à Constantinople, en le priant toujours de transmettre ses dépêches à la commission des Relations extérieures.

Rousseau voit plus loin, vers le continent indien. Les dissensions entre les colons français ont facilité la tâche des Anglais dans leur entreprise de conquête de l'Inde. Si les comptoirs sont quasiment perdus, l'influence française subsiste grâce à l'action d'anciens employés de la Compagnie des Indes qui louent leurs services pour réorganiser l'armée de Tipou Sahib, sultan de Maissour, ou celle de Mahadji Sindhia, chef marathe qui rêve de se constituer un empire dans le nord de la péninsule. Ces princes recherchent l'appui de la France, explique Rousseau qui sollicite le soutien de Paris et l'envoi de fonds car ses moyens sont limités.

En réalité, le Comité de Salut public n'approuve pas totalement sa conduite personnelle des affaires. S'il laisse faire parce qu'il ne trouve aucun agent d'envergure digne de le remplacer, il ne lui apporte pas non plus l'appui escompté. L'Inde, malgré les intentions affichées, n'est pas la préoccupation de la diplomatie française.

Mascate

Non moins importante est la tentative faite sous le Directoire d'une implantation à Mascate qui étendrait notre réseau jusqu'aux portes de l'Inde. Cette principauté arabe située dans le golfe d'Oman ne dépend pas de l'Empire ottoman, mais elle occupe une position privilégiée sur les grandes routes maritimes et commerciales, déjà signalée par l'amiral de Rosily en 1785.[1]

Mascate fournit la voie la plus sûre pour expédier les courriers en Inde via l'Irak : c'est celle dont se sert le consul de France à Bagdad pour correspondre avec son agent à Suratte. En outre, ce port peut être d'une grande ressource pour les corsaires français qui n'ont guère de points de relâche dans l'océan Indien depuis la perte de nos cinq comptoirs (Pondichéry, Karikal, Mahé, Yanaon et Chandernagor). Il offre une rade sûre d'où nos vaisseaux peuvent s'élancer pour attaquer le commerce britannique en Inde ou porter secours aux seules colonies qui nous restent dans l'Océan : l'île Bourbon (la Réunion) et l'île de France (Maurice). Cela fait près de dix ans que les négociants

---

[1] Sur cette question, voir André Auzoux, « La France et Mascate aux XVIIIe et XIXe siècles (1759-1810) », *Revue d'histoire diplomatique*, 1909, p. 531-534.

de ces îles essayent d'établir des relations avec Mascate et malgré les croisières anglaises ils y envoient régulièrement des bâtiments.

La présence d'un agent français est souhaitable ; en 1790, l'imam laisse entendre à notre consul à Bagdad qu'il accordera d'importants privilèges commerciaux aux Français qui pourront arborer leur pavillon, faveur jusque-là refusée aux Européens. Déjà, il leur a fait don d'une vaste maison pour leur servir d'entrepôt.[1] Il n'en faut pas plus pour décider le Comité de Salut public à créer, le 3 mars 1795, un consulat à Mascate. Pierre Joseph Beauchamp, connu pour ses recherches géographiques et astronomiques en Perse, est aussitôt désigné.

Mais au lieu de lui faire rejoindre directement son poste, le Comité l'envoie reconnaître diverses routes en Asie Mineure. Beauchamp se rend à Trébizonde et perd un temps précieux à dresser la carte de cette partie de la mer Noire peu connue, alors que Rousseau a déjà annoncé sa venue à l'imam de Mascate. Beauchamp retourne ensuite à Constantinople d'où il adresse à Paris toutes ses observations et ne quitte la capitale turque que vers la fin de l'année 1797, accompagné de son frère et de deux interprètes. Mais sur la route d'Alexandrette à Alep la petite équipe essuie des avanies et deux d'entre eux succombent à la suite de fièvres. En février 1798, Beauchamp décide de suspendre l'expédition, décision approuvée par le Directoire qui lui demande bientôt de passer en Égypte où Bonaparte pourrait lui fournir les moyens de gagner Mascate.[2] Mais le général en chef le retient auprès de lui et le charge d'entamer des pourparlers de paix à Constantinople. Entreprise sans issue. Beauchamp est aussitôt arrêté et enfermé avec les autres Français au château des Sept Tours.

Cette mission se solde donc par un échec. Sollicitée depuis plus de dix ans par l'imam de Mascate, la France perd là une occasion de devancer sa rivale, l'Angleterre. L'occupation de l'Égypte pousse le Cabinet de Londres à déployer une intense activité diplomatique dans la région aboutissant en octobre 1798 à la signature du premier traité entre l'Angleterre et Mascate, suivi d'un second en août 1800. Le souverain arabe s'engage à cesser ses relations commerciales avec les colonies françaises, interdit l'entrée de ses ports aux Français et

---

[1] AN, AE B^I 177, Bagdad, tome 3, lettres de Rousseau et Deval au secrétaire d'État de la Marine, 28 mai et 12 août 1790.

[2] La mission Beauchamp en Syrie du Nord est relatée par Choderlos (consul à Alep) le 16 février 1798. Talleyrand donne ses nouvelles instructions à Beauchamp le 18 avril 1798. MAE, CCC, Alep, tome 23.

aux Hollandais, enfin autorise l'installation d'un représentant britannique (Boyle). Toute politique française sur les rivages de l'Arabie paraît désormais compromise.

L'OCCUPATION DES ÎLES IONIENNES ET SES CONSÉQUENCES POLITIQUES DANS LES BALKANS

La question du soulèvement de la Grèce

Au traité de Campo-Formio (octobre 1796), la République française se voit reconnaître les possessions vénitiennes dans les îles Ioniennes. Le 5 juillet 1797, le général Anselme Gentili, nommé « gouverneur des Sept-Îles », plante le drapeau tricolore sur la citadelle de Corfou. Pour la première fois, la Révolution française est aux portes de l'Empire ottoman.

La Grèce « asservie » va-t-elle se révolter ? Bonaparte, qui vient de conquérir l'Italie du Nord, voudrait bien le croire, lui qui a déjà demandé à Gentili de tirer parti des sentiments nationaux des habitants des îles Ioniennes.[1] En 1797, alors qu'il est à Milan, il confie une mission secrète à Dimos Stephanopoli, médecin et naturaliste issu d'une vieille famille du Magne qui a trouvé refuge en Corse, et républicain convaincu. Sous couvert de recherches botaniques, Dimos doit se rendre sur la côte dalmate, dans les îles Ioniennes et au Péloponnèse, afin de collecter des renseignements d'ordre militaire et administratif et contacter les représentants des différentes régions de Grèce. Il doit surtout sonder les intentions des Magniotes, ces rudes montagnards du Taygète (ils sont quelques dizaines de milliers), connus pour leur fierté et leur insoumission au pouvoir ottoman.

Un premier contact a lieu dans un petit bourg du Magne, au « château » de Tzanétos Grigorakis à Marathonisi. Pour P. Kitromilidis, le retentissement de la mission des Stephanopoli en Morée (Dimos est accompagné de son neveu Nicolo), « révèle la réceptivité

---

[1] Le rôle de la propagande française dans l'Heptanèse est analysé par N. G. Moschonas, « L'idéologie politique dans les îles Ioniennes pendant la période républicaine (1797-1799) », *La Révolution française et l'hellénisme moderne*, Actes du IIIe colloque d'histoire (Athènes, 14-17 octobre 1987), *op. cit*, p. 123 à 136.

des esprits aux initiatives révolutionnaires françaises »[1]. Mais cette tentative tourne court à cause de l'opposition de l'évêque conservateur Trikis Païsios et de la rapidité de réaction des Turcs qui étouffent le mouvement dans l'œuf. Les projets d'invasion de la Morée adressés au Directoire sont vite oubliés.

Ce faisant, Bonaparte fait la même erreur d'appréciation que Catherine II qui, lors de la guerre contre le sultan Mustafa III, croit pouvoir soulever les rebelles Magniotes (1770). Soulèvement d'ailleurs si mal préparé que les troupes albanaises viennent vite à bout de cette insurrection.[2] L'idée selon laquelle la libération du pays viendrait des peuples montagnards, en particulier ceux du Magne, est véhiculée par quelques philhellènes qui croient à la renaissance de la « nation » hellène. Nul doute que la vision rousseauiste de la Grèce, décrite par Choiseul-Gouffier dans son célèbre *Voyage pittoresque* (dont le premier volume paraît à Paris en 1782), n'ait trouvé écho auprès des diplomates et des milieux dirigeants.

« Si le désir et même l'espoir de voir un jour la liberté rendue aux Grecs ne sont que des chimères », écrit-il dans son avant-propos imprégné d'évocations antiques, il voit dans les Magniotes les descendants des anciens Spartiates et des modèles de vertus républicaines capables de secouer le joug ottoman.

« Il ne faut pas, comme l'ont fait la plupart des voyageurs, juger tous les Grecs par ceux de la capitale ou des grandes villes, attachés à quelques Grands dont ils attendent leur fortune, et encouragent des vexations dont ils doivent profiter. C'est dans les campagnes, c'est loin du siège de l'empire

---

[1] P. M. Kitromilidis, *Η Γαλλική Επανάσταση και η Νοντιοανατολική Ευρώπη* (*La Révolution française et l'Europe du Sud-Est*), op. cit., p. 47. Serieys, un des professeurs du Prytanée, a écrit un récit sur leur mission publié en 1800 : *Voyage de Dimo et Nicolo Stephanopoli en Grèce pendant les années V et VI. D'après deux missions, dont l'une du Gouvernement français, et l'autre du général en chef Buonaparte*, Paris, An VIII, 2 tomes.

[2] Parmi les raisons de cet échec, on peut avancer le manque de renseignements sur l'état réel du pays, l'absence de concertation entre les agents russes (les frères Orlov) et les chefs insurgés, enfin des moyens militaires insuffisants. La répression est si terrible qu'une deuxième armée turque est envoyée sur place pour mettre fin aux massacres. Parcourant la Morée trente-six ans plus tard (1806), Chateaubriand découvre une région désertique, vidée d'une partie de sa population : « On ne voit que des villages détruits par le fer et par le feu : dans les villes, comme à Misitra, des faubourgs entiers sont abandonnés ; j'ai fait souvent quinze lieues dans les campagnes sans rencontrer une seule habitation » (*Itinéraire de Paris à Jérusalem*).

qu'il faut les connaître. Toute énergie n'est pas encore éteinte dans tous les cœurs. [...] Ces climats peuvent encore produire des actes de patriotisme et de vertu, capables de surprendre les nations les plus civilisées de l'Europe. Disons-le hardiment, il existe encore dans la Grèce quelques hommes capables de rappeler la mémoire de leurs ancêtres ; c'est chez les peuples habitant des montagnes, que se conserve encore l'esprit de liberté qui anima les anciens Grecs ; il respire encore chez ces peuples, sous l'abri de ces rochers qui repoussent loin d'eux les vices et les tyrans. Dans tous les siècles et dans tous les pays, les montagnes sont, ainsi qu'on l'a observé plusieurs fois, l'asile de la liberté ; ce sont les remparts et les forteresses que la nature a construits contre les oppresseurs du genre humain ».[1]

Ce que les Russes ou les Français n'ont su entreprendre, un despote turc le fera ouvertement en Épire. Ainsi, Ali Pacha de Jannina (Ioannina) pourra s'appuyer sur les montagnards grecs (les Kleftes) pour préserver son indépendance et s'emparer de Souli en 1803.

Les Grecs et l'administration française

L'annexion des îles Ioniennes est de courte durée. Le débarquement des Français en Égypte entraîne l'alliance du sultan et du tsar (décembre 1798) et une flotte russo-turque met bientôt le blocus devant Corfou. En Adriatique, les Français rencontrent l'hostilité des Albanais. Ali Pacha profite de la rupture des relations avec la Turquie pour rompre son entente avec Gentili et étendre son territoire sur les régions côtières où se trouvent les garnisons françaises. Le général Chabot, successeur de Gentili, ne parvient plus à contrôler le canal de Corfou pour s'approvisionner sur le continent grec (blés, bestiaux, bois). Les îles tombent les unes après les autres. Après trois mois de siège, la garnison de Corfou capitule (22 février 1799). Une « République des Sept-Îles Unies » se met en place sous la suzeraineté nominale de la Porte et la protection effective de la Russie qui va entretenir des troupes d'occupation.

Si cette expédition s'avère un échec sur le plan militaire, la présence française a néanmoins laissé des traces.[2] D'abord, elle a permis de conforter les ambitions séparatistes d'un Ali Pacha qui a pu

---

[1] Choiseul-Gouffier, *Voyage pittoresque de la Grèce*, édition de 1782, tome I ; cité par Jean-Claude Berchet, *Le Voyage en Orient. Anthologie des voyageurs français dans le Levant au XIXe siècle*. Paris, Robert Laffont, collection « Bouquins », 1985, p. 88.

[2] On se reportera à l'article d'Hélène Yannacopoulou, « Français, Républicains et Impériaux, aux Sept-Îles Ioniennes : quelques aspects de leur

mesurer ses forces et se poser en véritable médiateur face aux puissances étrangères (France, Russie, Autriche) qui se livrent une lutte d'influence dans la région. La ville de Jannina (Ioannina) devient un foyer de culture grecque et fait figure de capitale d'une province quasi souveraine où les consuls des principales nations européennes y sont accrédités. Le temps n'est pas éloigné où Ali Pacha rejettera ouvertement la souveraineté turque, comme le fera quelques années plus tard le Rouméliote Méhémet Ali en Égypte.

Pour les Grecs des Balkans, le contact direct avec l'administration française (en attendant une nouvelle occupation de Corfou par Napoléon) a certainement favorisé la fermentation des esprits, mobilisé des forces nouvelles et créer « des conditions favorables au passage de l'immobilisme vénitien à un processus anti-ottoman dynamique », selon Panayotopoulos.[1] Mais il serait exagéré de voir là les prémices d'un quelconque mouvement d'indépendance. Dans les dernières années du XVIIIe siècle, les conditions locales et la conjoncture internationale ne sont pas favorables au déclenchement d'une insurrection armée malgré les proclamations lancées par Constantin Stamaty aux « habitants des îles Ioniennes » (1798-1799). D'ailleurs, Adamantios Koraïs, dans son *Mémoire sur l'état actuel de la civilisation dans la Grèce*, lu le 6 janvier 1803 devant la Société des observateurs de l'homme dont il est membre, décrit une réalité sociale et humaine qui montre combien le développement d'une conscience nationale est loin d'être achevé. Une partie de l'Église, et en premier lieu le Patriarcat de Constantinople, s'oppose aux idées progressistes et dissuade le peuple de remettre en cause l'ordre établi.

Ce qui ne veut pas dire que les aspirations nationales ne mûrissent pas dans certaines franges éclairées de la bourgeoisie hellène en contact avec l'Occident. La tentative de Rigas Vélestinli en est une parfaite illustration et contraste avec les préoccupations philosophiques de son contemporain Koraïs, davantage soucieux d'éduquer le peuple encore largement illettré.

Né en Thessalie en 1757, secrétaire des gouverneurs phanariotes de Moldavie et de Valachie, puis interprète du consulat français de

---

présence », *La Révolution française et l'hellénisme moderne*, Actes du IIIe colloque d'histoire (Athènes, 14-17 octobre 1987), *op. cit.*, p. 137 à 154.

[1] Vassilis Panayotopoulos, « La formation de la pensée politique moderne dans la Grèce du XIXe siècle », *La Révolution française et l'hellénisme moderne*, Actes du IIIe colloque d'histoire (Athènes, 14-17 octobre 1987), *op. cit.*, p. 251.

Belgrade, Rigas Vélestinli (dit Féraios) est l'un des premiers à concevoir un véritable projet politique pour son pays. Rien ne le laisse encore présager lorsqu'il séjourne à Bucarest entre 1791 et 1796, bien qu'il soit déjà en contact avec les milieux francophiles. Sa pensée se radicalise subitement à la faveur de l'expansionnisme français en Italie et dans les îles Ioniennes. Fortement marqué par les idées révolutionnaires, il fait imprimer clandestinement à Vienne en novembre 1797 un projet de constitution républicaine, directement inspiré d'une traduction grecque de la Constitution jacobine du 24 juin 1793. Ce manifeste s'intitule *Nouvelle politique d'administration des habitants de Roumélie, d'Asie Mineure, des îles de la Méditerranée et de la Valachie Moldavie*.[1] Le texte se divise en deux parties : la première (35 articles) sert de prologue sur les « Droits de l'homme », tandis que la seconde (124 articles) traite plus particulièrement des principes de l'action législative, de l'esprit de l'administration et des moyens dont disposent les citoyens. Il se termine par un long hymne patriotique aux accents guerriers.

Rigas adapte à la réalité politique et religieuse grecque les concepts d'égalité, de liberté, de sécurité, de propriété et de résistance à l'oppression que l'on retrouve dans les déclarations françaises des droits de l'homme. Il prône le renversement du régime ottoman et son remplacement par une République hellénique fondée sur des principes libéraux. L'empire conserverait ses limites territoriales, mais les lois assureraient à tous les peuples qui le composent (Turcs, Grecs, Arméniens, Albanais, Valaques ...), qu'ils soient chrétiens ou musulmans, « l'égalité, la liberté, la sûreté, la propriété des biens de chacun ». Rigas fait abstraction des différences ethniques et du caractère multinational de l'empire. Mais il réserve néanmoins aux Grecs une place privilégiée dans cette nouvelle organisation. D'abord parce que beaucoup d'entre eux font partie de cette élite ottomane qui est appelée à réaliser cette révolution politique et sociale. Ensuite, parce que le grec, langue véhiculaire largement utilisée dans le commerce, deviendrait aussi celle de l'administration et de l'État, car c'est la langue « la plus facile à apprendre » par tous les peuples, explique-

---

[1] Riga Vélestinli, Ἄπαντα τα Σωζόμενα. Πέμπτος τόμος. Νέα Πολιτική Διοίκησις τῶν Κατοίκων τῆς Ρούμελης, τῆς Μικράς Ασίας, των Μεσογείων Νήσων και τῆς Βλαχομπογδανίας (*Œuvres conservées. Cinquième tome. Nouvelle politique d'administration des habitants de Roumélie, d'Asie Mineure, des îles de la Méditerranée et de la Valachie Moldavie*), Athènes, éditions du Parlement grec, 2000, 187 p. Introduction et notes de Paschalis M. Kitromilidis.

t-il. Son discours est encore imprégné par l'optimisme et l'universalisme des Lumières et la croyance en un monde meilleur.

Installé à Vienne, il organise un comité révolutionnaire grec, mais il est arrêté par la police autrichienne avec ses quelques compagnons et livré aux autorités turques qui le condamnent à mort à Belgrade (juin 1798).[1] Quelques mois plus tard, le patriarche œcuménique Grégoire V, qui avait désapprouvé la Révolution française, condamne le projet de Constitution de Rigas (encyclique de septembre 1798) et lance la publication d'un opuscule, *Apologie chrétienne*, qui exalte la légitimité du sultan de Constantinople.

Avec la disparition de Rigas Vélestinli prennent fin les velléités réformatrices de la classe dirigeante hellène et l'idée selon laquelle il est encore possible de changer de l'intérieur les institutions de l'empire dont elle ne souhaite pas vraiment le démembrement. Ce sont les agitations autonomistes dans les Balkans et les bouleversements territoriaux consécutifs aux guerres napoléoniennes qui vont radicaliser un mouvement révolutionnaire grec encore embryonnaire.

Les rapports bellicistes des consuls

Mettre fin aux avanies et rendre au pavillon français sa supériorité

Jusqu'alors la Porte ottomane a surtout été préoccupée par le conflit avec la Russie (1788-1792). Dans les villages de Morée et d'Anatolie les vieux gardent encore le souvenir de l'escadre russe croisant en mer Égée et du soulèvement manqué de 1770 dans le Magne. Ce sont les « Moscovites » que l'on craint surtout et non les Français. La chute de Louis XVI et l'hostilité des cours européennes au nouveau régime ne sont pas vraiment un sujet d'inquiétude pour les habitants. Seules quelques tensions sont perceptibles à partir de 1793 à la suite des querelles entre Français et du séquestre de plusieurs établissements religieux qui provoquent l'embarras du pouvoir ottoman.

---

[1] Un autre exemple éclatant de ce radicalisme précurseur est la conspiration manquée de Martinovich à Vienne et à Budapest dans les années 1795-1796, à laquelle participent les Jacobins de Croatie et de Serbie. P. M. Kitromilidis montre bien dans la dernière partie de son livre *La Révolution française et l'Europe du Sud-Est* comment la répression qui s'ensuit contraint le mouvement révolutionnaire balkanique à déplacer son cadre d'action hors des frontières de l'Empire austro-hongrois et à s'organiser en sociétés secrètes dont nous ne connaissons que les noms.

Rappelons que la République française n'est reconnue officiellement à Constantinople qu'après la paix de Bâle (5 avril 1795).

Dans ces dernières années du siècle, il n'y a pas vraiment d'instabilité dans les Échelles. Mais il est un fait que les pachas, les beys et autres officiers turcs profitent des difficultés politiques intérieures de la France, en dépit de ses succès militaires, pour multiplier les provocations à l'encontre de ses ressortissants.

À Rhodes, Chépy a des démêlés avec le gouverneur Hassan Bey qui fait travailler illégalement des protégés de France à l'arsenal afin d'achever la construction d'une frégate pour la marine du sultan. À Jaffa, les Français, tracassés par les douaniers à la solde de Djazzâr Pacha, sollicitent en décembre 1796 la protection du gouvernement et attendent d'être rapatriés par les bâtiments de la marine nationale. À Tripoli de Syrie, nos négociants sont menacés par le *moutselim** du pacha parce qu'ils refusent de lui accorder un prêt à l'occasion du ravitaillement de la caravane de La Mecque (ou *djerdé*). Au Caire et à Rosette, les beys mamelouks* ne respectent pas les traités commerciaux ni les engagements pris lors de la visite de l'agent Thainville en 1795.

La question pour les résidents français est de savoir comment mettre un terme à ces avanies, car l'exemple de ces abus risque de faire contagion dans les autres provinces de l'empire. Si la Porte n'a pas les moyens de faire respecter son autorité, la République ne doit-elle pas chercher à se faire justice elle-même ? Tel est le sentiment dominant qui ressort de la correspondance de l'époque.

Il y a plus grave que les exactions des gouverneurs. D'abord, la concurrence des autres nations dans les Échelles est chaque jour plus manifeste. Marseille s'efface progressivement au profit de Trieste devenue, depuis le traité de Campo-Formio, possession autrichienne comme les autres ports de l'Istrie et de la Dalmatie. Non moins inquiétant est l'essor de Cadix, une des places européennes qui offrent à partir de 1796 le plus de marchandises coloniales pour les Ottomans. Les Espagnols fondent leurs premières maisons à Smyrne et à Salonique dans les années 1796-1797.[1]

D'autre part, la guerre maritime et l'interruption de la navigation ont mis entre les mains de la bourgeoisie marchande locale et des

---

[1] MAE, CCC, Salonique, tome 15 bis, Louis Auguste Félix au ministre Delacroix, Salonique, 25 novembre 1796.

armateurs grecs presque tous les bénéfices du commerce de fret. Les caravaneurs français ont été contraints de vendre leurs navires et de licencier leurs équipages. Comment neutraliser les progrès de la marine gréco-ottomane et redonner au pavillon français la supériorité qu'il avait acquise en Méditerranée orientale ?

« Le mal n'est pas sans remède, estime Fourcade à La Canée, mais il faudra peut-être en employer un violent qu'il me répugne d'avancer, que la politique et notre intérêt peuvent légitimer, qu'emploient au reste tous les gouvernements de l'Europe. Il est inutile de le rappeler. Il n'est que trop connu ».[1]

Toutefois, à l'instar de son homologue Martin[2], il pense qu'il serait préférable d'agir sur le plan diplomatique en exigeant le renouvellement, ou du moins la stricte exécution des capitulations dont beaucoup d'articles sont méconnus, et en obtenant la libre navigation de la mer Noire et l'exemption du droit de visite aux Dardanelles. Il faudrait enfin rétablir le droit de 20 % sur les marchandises du Levant apportées à Marseille par des bâtiments étrangers : cette mesure dissuaderait rapidement les caravaneurs italiens, grecs et ragusains de profiter, au détriment des Français, des bénéfices du fret.

Henry Fourcade, frère cadet du précédent, employé au vice-consulat de Candie, n'envisage pas non plus de rupture avec la Porte bien qu'il souhaite une action de rétorsion à l'encontre de la marine marchande ottomane.

« Je ne vois, écrit-il, d'autre moyen pour ressaisir notre prépondérance, pour éloigner ces dangereux rivaux, que de jeter la terreur parmi eux et d'inspirer la défiance aux négociants du pays. Alors seulement nos navigateurs se rendraient nécessaires et travailleraient avec avantage. Des encouragements donnés à des armateurs maltais ou à d'autres corsaires chrétiens, en sauvant toutefois les apparences, détruiraient bientôt cette nouvelle marine. La prise de deux bâtiments turcs et grecs les ferait tous désarmer. Les négociants du pays n'oseraient plus rien confier à leur pavillon ».[3]

---

[1] MAE, CCC, La Canée, tome 20, lettre à Talleyrand, 26 décembre 1797.

[2] MAE, CCC, Dardanelles, tome 1 : Martin, *Mémoire sur le commerce et la navigation des Français dans le Levant*, Dardanelles, 4 mars 1797.

[3] MAE, CCC, La Canée, tome 20, Henry Fourcade à Talleyrand, Candie, 28 février 1798.

Chépy à Rhodes partage le même sentiment : « Notre commerce de fret touche à sa ruine, si on ne met pas en avant quelques gros armements maltais ou sardes. C'est une vérité qu'il ne faut plus se dissimuler », lance-t-il au ministre.[1]

Ainsi, la plupart des consuls ne voient qu'une solution politique ou militaire à tous ces maux et ils ne font, en réalité, qu'interpréter les sentiments de leurs compatriotes, marins et marchands. Ils ont initié et conforté la politique interventionniste du Directoire.

La Grèce et l'Égypte dans les plans de démembrement

Estimant les mesures d'intimidation insuffisantes, certains agents préconisent d'emblée l'annexion des provinces turques convoitées par les autres puissances, l'Angleterre et la Russie notamment. Le 25 décembre 1797, le vice-consul Roussel, alors en congé à Zante, adresse au général Gentili, commandant les troupes françaises à Corfou, un plan d'invasion de la Morée par deux corps d'armée, le premier dirigé vers l'intérieur du Péloponnèse, le second coupant l'isthme de Corinthe afin d'empêcher l'arrivée des renforts turcs par le nord. Au même moment, le consul de Salonique expose à Talleyrand ses vues sur un partage de l'Empire ottoman, seul moyen selon lui de contenir les ambitions de la Russie et de fonder « des colonies à nos portes ».

> « Si nous voulons conserver ici nos établissements commerciaux, nous devons nous faire respecter dans la Turquie, à l'égal des Russes, et la démembrer comme eux, lorsque nous ne pourrons plus ou ne voudrons plus empêcher son démembrement. Je n'ajouterai qu'un mot : songeons que le sort n'a pas dévoué la Grèce et l'Égypte à un esclavage éternel, et que la gloire de reporter les Arts et les Sciences dans le lieu de leur berceau est une gloire qui nous manque ».[2]

Après la nouvelle du débarquement des troupes françaises à Alexandrie (1er juillet 1798), Louis Auguste Félix revient à la charge. Prévoyant l'imminence des hostilités avec les Turcs, il suggère au Directoire de faire une guerre éclair qui amènera la Porte à capituler. Son plan est le suivant : l'armée française réunie à Corfou débarquera dans le golfe d'Arta et gagnera immédiatement Salonique, en traversant les riches plaines de Thessalie et de la Macédoine où

---

[1] MAE, CCC, Rhodes, tome 3, lettre à Talleyrand, Rhodes, 19 juin 1798.

[2] MAE, CCC, Salonique, tome 15 bis, Louis Auguste Félix, 25 décembre 1797.

elle rencontrera peu de résistance et pourra vivre sur le pays. La République devra également faire l'acquisition de la Crète qui offre de bons ports pour faire hiverner les escadres. Cette possession, poursuit-il, nous assurerait la maîtrise de l'Archipel et faciliterait nos communications avec l'Égypte.[1]

Nous connaissons mieux les rapports du consul Magallon, partisan d'une intervention militaire en Égypte. Dans sa dépêche du 15 juin 1795 adressée à l'envoyé de la République à Constantinople, Raymond de Verninac, il se fait l'interprète de ses collègues négociants établis au Caire et des maisons marseillaises qui ont fait les frais de la politique versatile des beys mamelouks* :

> « Ne pense pas, Citoyen, que des firmans pour forts qu'ils soient puissent faire changer la position des Français en Égypte, au contraire ils ne feraient que l'aggraver. Il faut, citoyen, ou que tu puisses porter le *Divan** à nous venger d'une manière éclatante, ou que tu sois autorisé à annoncer à ce même *Divan** que si les offenses faites à la Nation ne sont pas vengées, la République est assez forte pour mettre à la raison quelques individus [les beys] qui n'ont en partage que l'arrogance et point de force réelle [...] Si, comme je n'en doute pas, la République après la paix veut s'occuper du commerce et en tirer tout le parti possible, il lui faut l'Égypte, mais toute entière ; bien loin de nous restreindre au seul port d'Alexandrie, il nous faut encore Rosette, Damiette et Le Caire, et Suez, et lorsqu'il en sera temps, avoir pour ainsi dire des établissements jusqu'aux cataractes du Nil ».[2]

Le 1er octobre 1795, Magallon réitère sa proposition au commissaire des Relations extérieures, Colchen : la France, explique-t-il, retirera d'énormes avantages politiques et commerciaux en occupant l'Égypte. Et il dresse un véritable plan de campagne, non seulement contre les Mamelouks*, mais encore contre les forces anglaises en Inde. « La République n'a qu'à le vouloir et dans peu nous ne serons plus esclaves au Caire, ni dans aucune partie de l'Égypte ». Il développe les mêmes idées dans son mémoire du 9 février 1798 remis au Directoire.

---

[1] MAE, CCC, Salonique, tome 15 bis, lettre à Talleyrand, Ancône, 5 octobre 1798.

[2] MAE, CCC, Le Caire, tome 25. Quinze ans plus tôt l'orientaliste Venture de Paradis avait déjà porté ses vues sur l'Égypte lorsqu'il était chancelier du consulat de France à Tunis. Cf. Ezzedine Guellouz, « Analyse idéologique d'un projet d'expédition d'Égypte : le projet de Venture de Paradis, orientaliste philosophe (1780) », *Cahier de Tunisie*, 1973, t. XXI, n° 81-82, p. 123-151.

Il est certain que le gouvernement n'est pas insensible à tous ces rapports, même si leurs auteurs outrepassent largement les limites de leurs fonctions. À Paris, on en vient finalement à penser que seule la force pourra ramener les Turcs ou les Mamelouks* au respect des capitulations. Il y a comme une convergence de vues entre les propositions des agents consulaires et les ambitions tacites du Directoire. Le 16 août 1796, le ministre des Relations extérieures, Delacroix, approuve les démarches de Magallon en faveur d'un repli des positions françaises à Alexandrie et lui laisse entendre que la France ne renoncera pas à l'Égypte.

> « Cette contrée fixe mon attention d'une manière particulière. Je sens le degré d'utilité dont elle peut être pour la République. Je ne m'expliquerai pas à cet égard, d'une manière plus positive. Il doit vous suffire de savoir que mes vues se posent sur les bases contenues dans votre lettre [du 15 juin 1795] écrite au citoyen Verninac, et dans laquelle je n'ai trouvé que des idées sages et grandes. Je conférerai avec vous sur tous ces objets lorsque vous serez en France ».

Quelques mois plus tard, ayant appris que trente-deux ballots de draps viennent encore d'être séquestrés par la douane d'Alexandrie sur ordre du *serdar* (le préposé de Mourad Bey), Delacroix répond à Magallon :

> « Je vous répète que je sens vivement les injures éprouvées depuis longtemps par nos nationaux. Le gouvernement saura, un jour, les faire réparer. Il ne souffrira pas qu'un peuple qui a su se faire respecter par toutes les nations de l'Europe, soit impunément outragé dans quelques uns de ses membres par les despotes les plus subalternes ».[1]

Les origines de l'expédition d'Égypte sont diverses. On a souvent évoqué la rivalité coloniale franco-anglaise, la position privilégiée de l'Égypte au carrefour des routes commerciales entre l'Afrique et l'Asie, la richesse de ses productions agricoles qui auraient pu suppléer la perte de nos colonies d'Amérique, vœux formulés par les négociants de Saint-Domingue réfugiés en France. On a avancé d'autres facteurs, comme les faiblesses structurelles de l'Empire ottoman, le développement de « l'orientalisme islamisant » à la fin

---

[1] MAE, CCC, Le Caire, tome 25, lettre du 12 mai 1797. Cette affaire n'a pas eu les suites qu'elle pouvait faire craindre : vingt ballots ont finalement été remis aux destinataires, les douze autres ayant été achetés par Mourad Bey.

du siècle, souligné par Henry Laurens[1], les circonstances politiques enfin qui auraient poussé le Directoire à éloigner un général auréolé par ses victoires en Italie. Peut-être n'a-t-on pas assez insisté sur l'impact des rapports adressés au gouvernement par ses agents en poste dans les Échelles qui, dans leur majorité, ont souhaité à partir de 1796 une rupture avec la Porte et se sont opposés aux défenseurs de la politique d'équilibre prônée jadis par Vergennes.

L'EXPÉDITION D'ÉGYPTE ET LE SORT DES COMMUNAUTÉS FRANÇAISES DANS LES ÉCHELLES

Atmosphère tendue à la veille de la campagne militaire

L'occupation de Corfou et des autres îles Ioniennes par les troupes françaises à la fin de l'année 1797 a jeté le trouble en Morée et dans tout le Levant. Les Turcs, déjà mal prévenus contre nous depuis le début de la Révolution, sont devenus beaucoup plus méfiants, notent Bermond et Roussel, qui tentent de dissiper les rumeurs répandues par les capitaines vénitiens d'une prochaine invasion de la Morée. « Des papiers publics, quelques paroles échappées à nos militaires, des mouvements parmi les Magnotes ont paru donner de la consistance à des bruits d'invasion et nos Grecs toujours prompts, les ont déjà consignés dans des chansons », écrit Roussel.[2]

Même ambiance de suspicion à Rhodes, d'après Chépy : « Il n'est point d'artifice qu'on n'emploie, et de faux bruits qu'on ne répande pour détruire la considération qui nous reste. Tantôt nous avons fondu sur la Morée, tantôt nous cinglons vers Candie, tantôt le Directoire a été massacré et le trône relevé, tantôt Buonaparte marche sur Paris, tantôt nos armées sont débandées et sont la terreur du pays qu'elles ont si glorieusement défendu ».[3]

---

[1] H. Laurens, *Les origines intellectuelles de l'expédition d'Égypte. L'orientalisme islamisant en France (1698-1798)*, Istanbul-Paris, éd. Isis, 1987, p. 171 à 184. Voir aussi son article « Le siècle des Lumières face à l'Empire ottoman : l'élaboration d'une image », dans Jean-Louis Bacqué-Grammont et Hâmit Batu, *L'Empire ottoman, la République de Turquie et la France*, Istanbul-Paris, éd. Isis, p. 119 à 126.

[2] MAE, CCC, Naples de Romanie, lettre à Talleyrand, Zante, 30 décembre 1797.

[3] MAE, CCC, Rhodes, tome 3, lettre à Talleyrand, Rhodes, 29 septembre 1797.

Au début de l'année 1798 les expatriés français jouissent encore d'une certaine tranquillité et de la protection des autorités. Mais la prise de Malte (12 juin) et le passage de l'escadre de l'amiral Brueys non loin des côtes de Crète provoquent un nouveau mouvement de stupeur dans les provinces grecques. La nouvelle du débarquement de l'armée française à Alexandrie est connue au Levant dès la mi-juillet. Pourtant, la Turquie hésite longtemps avant de rompre avec un pays qui est jusqu'alors son plus ancien et plus fidèle allié en Europe. Elle n'y est amenée que sous la pression de l'opinion publique et des diplomates anglais et russes.[1] La République s'empare de l'Égypte sans ultimatum et, quoi qu'en dise Talleyrand, il s'agit bien d'un *casus belli* en dépit de tous les dédommagements proposés par le Directoire. Comment supposer que le sultan acceptera le fait accompli et l'occupation d'une armée étrangère dans l'une de ses plus riches provinces ?

Cet événement fait sensation dans les Échelles, surtout parmi les minorités chrétiennes, mais il semble si inattendu que les autorités locales croient un moment que l'expédition est entreprise d'un commun accord entre la France et la Porte. « Les agents du gouvernement turc en prirent si peu d'ombrage, qu'il ne me fut demandé aucun éclaircissement, aucune information », explique Choderlos à Alep.[2]

Jusqu'à la fin du mois d'août 1798 les ressortissants français ne sont pas vraiment inquiétés à l'exception de ceux de Nauplie, arrêtés dès le 12 juillet. Les commandants turcs prennent d'ailleurs les dispositions nécessaires pour assurer leur sécurité devant l'inquiétude grandissante de la population. Les agents consulaires s'efforcent de faire bonne contenance en poursuivant leurs activités et en rassurant les esprits sur la crainte d'une prochaine rupture des relations entre les deux pays. Chépy écrit à Talleyrand : « Des méchants ont répandu successivement les bruits les plus dangereux, tantôt que j'étais en fuite, tantôt que j'avais des armes cachées dans ma maison, même deux pièces de canon ; pour répondre à ces rumeurs perfides je parais chaque jour sans armes à l'arsenal, et je tiens la porte de la

---

[1] Voir l'article de Henri Dehérain, « La rupture du gouvernement ottoman avec la France en l'an VI (1798) », *Revue d'histoire diplomatique*, 1925, p. 27-28 plus particulièrement.

[2] MAE, CCC, Alep, tome 23 : Choderlos, *Rapport en forme de journal de ce qui s'est passé de la part du gouvernement turc à l'égard des Français prisonniers à Alep, depuis la guerre déclarée par la Porte ottomane à la République française relativement à l'expédition d'Égypte*, Alep, 12 mars 1800.

maison consulaire ouverte, ce que je ne faisais point auparavant. On ne peut se tirer des embarras où nous sommes qu'à force de flegme, de loyauté et de courage ».[1]

Bermond, à Coron, adopte une attitude tout aussi prudente alors que plusieurs de ses compatriotes ont quitté l'échelle pour se fixer à Zante. Un départ précipité, explique-t-il, le compromettrait ainsi que le reste de la nation ; pour effacer tout soupçon il fait continuer les travaux de réparation de sa maison.[2]

L'incarcération des Français

On peut suivre les étapes successives qui aboutissent à la rupture des relations avec Paris. Le 29 juillet 1798, Sélim III ordonne de porter assistance aux vaisseaux anglais et d'interdire l'entrée des bâtiments français dans tous les ports de l'empire. Puis il demande que l'on retienne les navires français en rade, sans toutefois porter atteinte aux ressortissants ni à leurs biens. Début août, il enjoint à tous ses commandants de mettre les forteresses du pays en état de défense, de remplir d'eau les citernes et d'y faire toutes les provisions nécessaires. C'est seulement après avoir appris la destruction de notre escadre à Aboukir, qu'il ordonne la garde à vue des Français et de leurs protégés, leur interdit toute communication avec l'extérieur et impose le séquestre de leurs biens. Ce firman, diffusé dans les Échelles au mois de septembre, met le feu aux poudres et déclenche des mouvements populaires spontanés, comme à La Canée.

« À peine eut-il été connu, note Fourcade, que la lie de la ville se mit en mouvement. Elle ne cessa pendant vingt-quatre heures de menacer notre existence. Les chefs excités par la populace se rendirent chez nous avec la force armée, nous obligèrent à sortir de nos maisons sans nous permettre d'emporter les choses les plus nécessaires. Ils nous entraînèrent dans un souterrain de dix pieds de long sur autant de large. Des latrines occupent le fond de ce cachot. C'est là que douze individus de tout sexe et de tout âge, privés de linge et de meubles, se trouvent dans une situation qui leur fait regretter que les Candiotes n'aient pas couronné toutes leurs atrocités par le dernier des attentats ».[3]

---

[1] MAE, CCC, Rhodes, tome 3, lettre du 14 juillet 1798.
[2] MAE, CCC, Coron, tome 6, Bermond à Talleyrand, Coron, 30 juillet 1798.
[3] MAE, CCC, La Canée, tome 20, lettre du 5 octobre 1798.

Les Français de Candie subissent le même sort. Le chancelier Boze raconte :

« On nous a jeté dans le cachot de la forteresse. C'est un endroit abominable, le jour entre à peine par une lucarne. Il pleut jour et nuit dans cette prison horrible. Nos vêtements, seuls effets qu'on nous ait laissés, sont déjà pourris. Déjà nous sommes tous malades. C'est le quatorzième jour que nous passons dans ce mal aise insupportable. [...] La saison des pluies est arrivée. Elle ne nous laissera point un mois d'existence. Nous sommes enfermés au nombre de cinq. Nos meubles, nos papiers, nos maisons, tout est sous les scellés. On a dépouillé jusques à nos femmes et nos filles. L'argenterie, les bijoux, tout a été enlevé, on nous refuse les choses de première nécessité ».[1]

Ailleurs, la situation semble identique. Tandis qu'à Constantinople le chargé d'affaires, Pierre Ruffin, est envoyé au château des Sept Tours avec le personnel de l'ambassade, dans les échelles de Grèce, Syrie et Palestine les Français sont partout arrêtés. Les nouveaux consulats ne sont pas épargnés et Flury, qui vient de prendre ses fonctions à Bucarest, est incarcéré.

On assiste aux mêmes scènes décrites par Boze à Candie : hommes, femmes et enfants sont jetés sans ménagement dans des prisons malsaines et exiguës ou dans des maisons délabrées exposées aux intempéries, ne recevant presque aucun secours ni subsistance, obligés souvent de payer leur eau et leurs gardiens, avec pour tout meuble un matelas qu'on leur permet gracieusement de faire venir de chez eux ; leurs biens et leurs effets sont confisqués ; leurs magasins et comptoirs mis sous scellés ; les papiers, registres et dépôts des chancelleries saisis ainsi que les ornements des chapelles consulaires. Les barataires* et autres protégés de France ne sont pas mieux traités. Seuls les résidents originaires des îles Ioniennes devenus citoyens français en 1797 ne sont pas inquiétés ou sont libérés rapidement sous l'influence des Russes. Ils sont peu nombreux : nous en comptons 18 à Alexandrie, 4 à Alep et 4 à Chypre.

Henry Mure s'interroge sur les responsabilités du Directoire.

« Plus je réfléchis à ce qui nous arrive ici plus je regrette que l'on nous ait laissés sans le moindre avis ; nous aurions eu tout le temps de fuir, sans gêne, de ce pays et de mettre à l'abri des fidèles citoyens ainsi que leurs biens. Mon devoir m'ayant imposé l'obligation de rester à mon poste, je

---

[1] MAE, CCC, La Canée, tome 20, lettre à Fourcade, Candie, 7 octobre 1798.

ne murmurerai point des peines que j'éprouve, mais je compte sur l'attention du gouvernement ».[1]

Amertume chez certains, indignation chez d'autres :

« Non, écrit Chépy, jamais je ne me consolerai d'avoir vu les enfants de la liberté tomber entre les mains des barbares et la grande nation outragée dans une misérable île de l'Asie Mineure, non jamais je ne me consolerai d'avoir entendu traiter Buonaparte de pirate et ses braves compagnons de brigands. Vengeance, vengeance ; que l'hercule français saisisse sa redoutable massue, que le stupide et farouche musulman apprenne que le temps de l'orgueil est passé pour lui, et que l'étendard de son prophète doit s'abaisser devant l'étendard tricolore qui flotte triomphant des bords du Rhin à ceux du Tibre ! ».[2]

À partir de 1799 les Turcs commencent à procéder à la vente des propriétés françaises. Plusieurs maisons et couvents passent ainsi entre les mains des locaux ou des agents des puissances étrangères. Le Palais de France à Constantinople est confisqué au profit de l'ambassadeur d'Angleterre, Lord Elgin, qui s'y installe avec sa suite. À Alep et à Larnaca, les papiers des chancelleries et de quelques particuliers sont même vendus au poids, 100 sols la livre ! Choderlos parvient cependant à en racheter une partie grâce à ses relations dans le pays.[3]

Les secours apportés aux détenus

À Paris, le gouvernement ne reste pas inactif. Aussitôt informé de ces exactions et des souffrances supportées par les nationaux, le Directoire exécutif propose au Corps législatif de créer un fonds spécial de 200 000 francs pour porter secours aux plus démunis (arrêté du 27 octobre 1798).

---

[1] MAE, CCC, Larnaca, tome 14, lettre à Talleyrand, Nicosie, 8 septembre 1798.

[2] MAE, CCC, Rhodes, tome 3, lettre du 14 août 1798.

[3] MAE, CCC, Alep, tome 23 : Choderlos, *Réponses aux questions adressées à J. Choderlos, relativement aux dommages soufferts dans l'étendue du consulat général d'Alep à l'occasion de la rupture entre la République française et la Porte ottomane*, Paris, 23 septembre 1802. MAE, CCC, Larnaca, tome 14 : Henry Mure, *Mémoire sur les liaisons de commerce des Français dans l'île de Chypre, sur la situation des nationaux au moment de la déclaration de la guerre entre la France et la Porte ottomane, enfin sur les pertes que le gouvernement français, son commissaire des Relations extérieures et tous les Français établis sur l'île ont éprouvées*, Paris, 3 décembre 1801.

Il intervient aussi auprès des puissances alliées. C'est ainsi que les consuls d'Espagne et de Hollande en poste à Salonique et à Larnaca parviennent à adoucir les conditions de détention des Français, en leur faisant passer de l'argent et en obtenant des Turcs leur transfert dans des lieux plus décents et la libération sous certaines conditions des femmes et des enfants. À La Canée, deux transfuges français, Bertrand et Baleste, respectivement consul autrichien et prussien, font tout ce qu'ils peuvent pour prodiguer des secours à leurs malheureux compatriotes et faciliter les correspondances avec les familles tout en appuyant leurs réclamations auprès de leurs ambassadeurs. À Chio, les Français bénéficient du soutien de l'évêque Timoni, prêtre de la Congrégation de la Propagande*.

Enfin, nous pouvons mentionner l'action généreuse de Sidney Smith, commandant la flotte britannique stationnée sur les côtes d'Égypte et de Syrie, qui fait plusieurs démarches auprès de son frère Spencer, diplomate à Constantinople, et auprès du *Raïs Efendi** pour obtenir le rapatriement des détenus français. Mais ses négociations se soldent par un échec, comme celles qu'il entame avec Bonaparte après la bataille d'Aboukir pour organiser un échange avec des prisonniers turcs. La Porte considère ces Français comme des otages dont elle va se servir pour négocier l'évacuation de l'Égypte. Ce sera l'une des clauses des articles préliminaires de paix conclus à Paris le 9 octobre 1801 entre Talleyrand et le chargé d'affaires ottoman.

En fin de compte, l'occupation de l'Égypte a coûté bien cher à la France. Elle a fermé aux commerçants marseillais leur domaine du Levant ; elle a provoqué de nombreuses faillites et ruiné les efforts entrepris depuis 1795 par le gouvernement pour réorganiser le réseau consulaire dans les Échelles. Enfin, le montant des pertes et avanies subies par les ressortissants français est lourd : il peut être évalué à environ 3 millions de francs, sans compter les rançons pour leur libération, les emprunts contractés auprès des diplomates étrangers et les dommages irréparables que représentent pour les chancelleries la vente de nombreuses archives et registres d'état-civil, ainsi que des dépôts en nature. En revanche, les pertes en vies humaines sont très faibles : nous n'avons pas recensé une dizaine de Français morts d'épuisement dans les prisons ou à la suite de mauvais traitements et il semble n'y avoir eu aucune exécution. Il n'en reste pas moins vrai que l'épreuve a été rude pour tous les détenus dont certains, tel Roussel à Nauplie, ont connu plus de trois ans et demi d'emprisonnement dans une forteresse.

Une conquête éphémère

Nous clôturons notre étude par une réflexion sur cette fameuse expédition qui marque une ère nouvelle dans nos relations avec l'Empire ottoman, annonçant, une génération plus tard, la conquête de l'Algérie. Il ne saurait être question ici de relater une occupation qui s'étend sur trois années, mais plutôt de comprendre pourquoi cette entreprise audacieuse souhaitée par la communauté française d'Égypte se solde par un échec, aggravant encore notre position au Levant.[1]

Échec sur le plan militaire et diplomatique

Si le désastre naval d'Aboukir (1er août 1798) rend l'armée d'Orient prisonnière de sa conquête et l'enferme dans les sables d'Égypte, c'est le débarquement des troupes anglo-turques à Alexandrie en mars 1801 qui met fin au rêve colonial. Des erreurs stratégiques sont commises au cours de cette dernière campagne, d'autant plus incompréhensibles que les Français bénéficient d'atouts non négligeables malgré des effectifs réduits et un matériel défectueux. Les projets anglo-turcs sont connus en Égypte dans les premiers jours de janvier 1801, soit deux mois avant le début des hostilités, et la marche des armées ennemies est d'une extrême prudence tout au long des opérations, ce qui donne le temps au commandement français de prendre ses dispositions. Or, les décisions prises sont lentes. On laisse l'ennemi s'organiser sur les plages d'Aboukir, rallier les Mamelouks* réfugiés en Haute Égypte, établir des liaisons avec les tribus arabes et les paysans armés qui leur fournissent des chameaux et des provisions. Rien n'est fait pour prévenir la réunion des armées turque et anglaise devant Le Caire et les empêcher de s'emparer des ressources du Delta. Le général en chef Menou ne porte pas seul la responsabilité de l'échec car les officiers supérieurs sont désunis et pas toujours bien disposés au combat.

En face d'eux, des soldats britanniques enhardis et décidés à vaincre. Le capitaine Thomas Walsh note dans son Journal : « Nous

---

[1] Les ouvrages sur la campagne d'Égypte et de Syrie sont très nombreux. Jean Tulard en donne un aperçu dans son *Napoléon ou le mythe du sauveur*, Paris, Fayard, 2e éd., 1977 (notes du chapitre V). Pour des synthèses récentes en français, on peut consulter Henry Laurens, *L'expédition d'Égypte 1798-1801*, Paris, éditions du Seuil, 1997, 595 p. ; et Jean Joël Brégeon, *L'Égypte française 1798-1801*, Paris, Perrin, 1991, 441 p. (plus narratif).

étions pleins d'assurance sur le succès de l'entreprise, car jamais expédition ne fut plus judicieusement préparée, jamais armée anglaise ne fut mieux composée et jamais des officiers n'eurent une confiance plus entière dans les généraux qui devaient les commander ».[1]

Sur le terrain diplomatique, la France ne peut faire admettre à la Turquie, à la Russie et surtout à l'Angleterre, qui se sont unies en une Triple Alliance, l'idée d'une consolidation française en Égypte. Deux années de démarches et de négociations à Londres, à Paris et à Saint-Pétersbourg aboutissent à un échec. Les propositions de Talleyrand sur un partage des colonies (l'Égypte à la France, Ceylan et l'Inde à l'Angleterre) sont repoussées par les ministères Pitt et Addington. Si la France veut la paix sur le continent, elle doit au préalable évacuer l'Égypte, ce que ne veut pas envisager le Premier Consul. L'impasse est donc totale.

Le conflit prend curieusement une dimension mondiale et montre combien le Proche-Orient est déjà un enjeu pour l'Occident. Le Cabinet de Londres engage les forces anglaises du Bengale et de Bombay, composées en partie de fantassins indigènes, ainsi que des contingents de la nouvelle colonie du Cap (Afrique du Sud). Les préparatifs s'étalent sur cinq mois (d'octobre 1800 à février 1801). « Jamais l'Angleterre, dans sa plus grande gloire, n'a déployé autant de forces », proclame un parlementaire à la Chambre des Communes.[2] La Turquie mobilise elle aussi jusqu'aux confins de son empire tandis que la Perse et les princes d'Arabie sont sur le pied de guerre.

La France, quant à elle, déploie des efforts tout aussi intenses pour secourir l'armée d'Orient : prise de possession des ports italiens (Ancône, Tarente), traités passés avec le royaume des Deux-Siciles et les Régences barbaresques, tentative d'une action navale combinée avec l'Espagne, expéditions de bâtiments chargés d'armes et de munitions, envoi d'une escadre commandée par l'amiral Ganteaume

---

[1] Thomas Walsh, *Journal de l'expédition anglaise en Égypte dans l'année 1800*, Paris, éd. Collin de Planey, 1823, p. 2-3. L'édition originale, *Journal of the late campaign in Egypt*, a été publiée à Londres en 1803.

[2] Cité dans *Le Moniteur* n° 190 du 31 mars 1801. Pour les aspects diplomatiques et militaires, on se reportera à François Charles-Roux, *L'Angleterre et l'expédition française en Égypte*, Le Caire, IFAO, 1925 (2 tomes) ; A. B. Rodger, *The War of the Second Coalition from 1798 to 1801, a Strategic Commentary*, Oxford, Clarendon Press, 1964 ; Norman E. Saul, *Russia and the Mediterranean 1797-1807*, Chicago-London, The University of Chicago Press, 1970.

portant 3 000 hommes de troupes. Même le Portugal est indirectement lié au problème égyptien parce que la conquête de ce dernier allié de l'Angleterre sur le continent peut servir de monnaie d'échange lors des négociations de paix, estime-t-on à Paris. Malheureusement la plupart de ces actions avortent ou ont des résultats très limités par manque de temps et de fonds mais aussi à cause de l'épuisement des arsenaux et des difficultés pour recruter des matelots en Espagne, en France et en Italie.[1] En attendant, l'Angleterre garde la maîtrise de la Méditerranée grâce à sa flotte et à ses bases stratégiques : Gibraltar, en sa possession depuis 1704, Minorque acquise en 1798, Malte en 1800.

La difficile application de la législation française

En admettant que les événements politiques et militaires eussent été favorables aux Français, pouvaient-ils maintenir leur domination dans ce pays musulman aux fortes traditions, pouvaient-ils « régénérer » l'Égypte ottomane comme nombreux le pensaient à l'époque ? La réponse est pour le moins délicate, car au-delà de l'occupation militaire, ce sont des cultures et des mentalités différentes qui se confrontent, des sociétés qui ne sont pas au même stade d'évolution.

L'effondrement du pouvoir mamelouk au Caire permet à Bonaparte de poser les jalons d'un État moderne fondé sur le droit. Mais, réaliste et pragmatique, il reconnaît dans le même temps que l'application des principes révolutionnaires, en dépit des démonstrations de bienveillance, ne peut que soulever des oppositions chez un peuple peu enclin aux changements institutionnels et profondément religieux. Des concepts comme le « bien public », la « liberté » ou le « progrès » sont mal perçus, voire incompris. Il faut donc composer avec les usages locaux et les corporatismes. C'est par politique éga-

---

[1] Sur une quarantaine de navires expédiés entre l'hiver 1799 et l'été 1801 pour secourir l'armée d'Orient, seize seulement atteignent Alexandrie. Ganteaume parvient à échapper aux croisières anglaises, mais devant l'hostilité des habitants de Derne (Tripolitaine), il renonce à débarquer ses troupes alors qu'il est sur le point de réussir sa mission. Le capitaine de frégate Savy de Mondiol, qui fit partie de l'expédition, a écrit une *Note sur la campagne de l'amiral Ganteaume dans la Méditerranée en 1801*, Toulon, 5 janvier 1842. AN, Marine, BB[4] 154. Voir également l'étude de André Auzoux, « Au secours de l'armée d'Égypte : Ganteaume et son escadre à Derne (1801) », *Revue des études napoléoniennes*, XVe année, tome II, septembre octobre 1926, p. 81 à 100.

lement que Bonaparte s'efforce d'associer les notables et les *ulamas**
aux décisions de l'autorité française, en leur donnant des responsabilités dans la gestion administrative et judiciaire du pays. Cette élite égyptienne prendra vite conscience de ses nouveaux droits et c'est sur elle que Méhémet Ali s'appuiera pour parvenir au pouvoir en 1805.

L'égalité civile (égalité devant la loi et devant l'impôt) n'est clairement formulée que dans les derniers temps de l'expédition.[1] Contrairement à ses prédécesseurs, Menou croit sincèrement que l'on peut effacer les distinctions politiques et religieuses en habituant les hommes de cultes différents à obéir aux mêmes lois, et en les soumettant aux mêmes impositions. La plupart des mesures qu'il prend à partir de septembre 1800 ont en effet un caractère national et assujettissent les Français et les autochtones aux mêmes règlements. En matière judiciaire, les tribunaux locaux conservent une liberté de juridiction et doivent rendre la justice au nom de la République française. La vénalité des charges disparaît et les juges deviennent des fonctionnaires nommés par le général en chef sur la présentation d'une liste établie par le *divan** du Caire.[2]

Seulement, entre les principes formulés, imprégnés des idéaux de la Révolution, et l'application d'une législation soumise aux impératifs de la guerre et aux nécessités financières, la distorsion est parfois grande, mettant en évidence les contradictions de la politique française. Trouver de l'argent est une préoccupation constante pour les généraux français absorbés par des problèmes d'intendance. Bien souvent, les réformes revêtent un caractère fiscal, ce qui suscite l'incompréhension et le mécontentement quand ce ne sont pas des troubles.

L'exemple le plus frappant est l'enregistrement forcé de la propriété. Bien qu'approuvée par le *divan*, cette mesure est accueillie avec hostilité. Les titres de propriété que l'on exige des particuliers n'existent

---

[1] Les livres de François Rousseau, *Kléber et Menou en Égypte*, Paris, Picard et fils, 1900, et Georges Rigault, *Le général Abdallah Menou et la dernière phase de l'expédition d'Égypte (1799-1801)*, Paris, éd. Plon-Nourrit, 1911, restent de bonnes références pour cette période de la campagne militaire.

[2] La loi du 2 octobre 1800 réorganise les institutions judiciaires locales en même temps qu'elle rétablit au Caire un *divan* composé uniquement d'*ulamas*, chefs religieux chargés d'interpréter les lois musulmanes. Ce nouveau *divan* est érigé au-dessus des tribunaux comme une sorte de Conseil supérieur de la magistrature.

pas toujours car la population, illettrée dans sa grande majorité, a l'habitude de conclure les transactions par des engagements verbaux. Les notables croient que ce règlement n'est qu'un moyen déguisé de leur soutirer de l'argent puisqu'on leur impose un droit d'enregistrement. L'administration française prévient que, passé le délai de 30 jours pour la capitale et 60 jours pour la province, toute propriété non enregistrée sera confisquée. La publication de la liste des biens immeubles met le feu aux poudres. La révolte éclate le 21 octobre 1798 et est réprimée dans le sang.[1]

D'autres réformes soulèvent des protestations (comme l'institution des patentes) ou n'ont pas d'effet immédiat, soit à cause de la guerre (c'est le cas pour la refonte de l'impôt foncier et la création d'un cadastre), soit à cause des coutumes locales auxquelles les habitants sont fort attachés. Ainsi par exemple, le *dyeh* ou « prix du sang », qui permet de racheter un crime moyennant le versement d'une somme fixée par la famille de la victime ou le juge (*cadi**), survit aux prohibitions de Menou ; les officiers français en autorisent eux-mêmes la pratique parce qu'il est souvent l'unique moyen de terminer de terribles vengeances entre les familles.

Enfin, comment vaincre les réticences des élites qui, pour la plupart, regardent la législation française comme incompatible avec les enseignements de l'Islam et l'ordre social traditionnel ? Très peu sont ceux qui, à l'exemple du cheikh Al-Attar (1766-1835), estiment que l'Égypte doit changer et accepter les principes et les méthodes d'une administration moderne. Les quelques notables et chefs religieux qui se rallient au nouveau pouvoir le font plus par intérêt que par conviction personnelle. Parmi les Français, enfin, certaines réformes ne font pas l'unanimité et le scepticisme gagne une partie de l'armée, isolée et coupée de la métropole. L'état-major a beau expliquer aux uns et aux autres le bien-fondé de cette aventure, l'assimilation au nouveau pays nécessitant du temps : lui seul, écrit Georges Rigault, eût « consolidé les fondations durables et détruit les revêtements fragiles posés à la hâte dans une époque de troubles et d'insécurité ».[2]

---

[1] Ibrahim El Mouelhy, « L'enregistrement de la propriété en Égypte durant l'occupation française », *Bulletin de l'Institut d'Égypte*, tome XXX, session 1947-1948, p. 197 à 228.

[2] G. Rigault, *Le général Abdallah Menou et la dernière phase de l'expédition d'Égypte (1799-1801)*, op. cit., p. 161.

CONCLUSION

Entre 1784 et 1798 la politique française au Levant ne change pas fondamentalement, ni dans ses dispositifs ni dans ses objectifs. La chute de la monarchie ne semble pas créer de vraie rupture dans le monde de la diplomatie, ce qui ne veut pas dire pour autant que la Révolution n'ait eu aucun impact sur les communautés françaises. La liberté d'expression qui éclate à partir de l'automne 1789 met à jour les tensions inhérentes à ces microsociétés d'expatriés qui vivent repliés dans les quartiers francs des cités portuaires. Bien qu'ils ne soient pas directement aux prises avec la politique et les luttes idéologiques, les ressortissants français, informés par les gazettes et les équipages de la marine nationale, n'en expriment pas moins leurs sentiments sur le cours des événements. Au niveau local, dans la société ottomane, les répercussions sont réelles mais plus tardives. Il faut en effet attendre l'occupation des îles Ioniennes en 1797 pour constater les premiers soubresauts dans les provinces balkaniques sous tutelle ottomane, même si la Révolution française trouve déjà un écho dans certains milieux éclairés de la diaspora hellène. Des hommes comme Koraïs et Stamaty, témoins oculaires des événements parisiens, ont joué un rôle dans l'information de leurs contemporains et dans la sensibilisation d'une opinion publique grecque naissante.

Faisons un rapide bilan et voyons ce que la Révolution modifie dans le fond, au-delà du discours parfois rhétorique et des manifestations patriotiques organisées dans les Échelles. Sur le plan administratif, outre les changements nécessités par l'abolition de la royauté (modification du pavillon national, des uniformes et autres signes extérieurs), il faut retenir deux réformes importantes. La première est le rattachement en 1793 du bureau des Consulats au ministère des Affaires étrangères. Encore les consuls gardent-ils des liens étroits avec le ministère de la Marine et des Colonies et doivent appliquer de nombreuses dispositions des anciennes ordonnances en matière de code maritime, de police et de justice. La seconde réforme est la disparition du système dérogatoire qui avait prévalu au Levant en matière budgétaire. Les traitements des agents consulaires et des interprètes, ainsi que les frais de gestion et d'entretien des chancelleries sont désormais à la charge du Trésor public puisque la Chambre de commerce de Marseille, qui en était responsable, est supprimée en

1791. Les droits perçus sur les marchandises du Levant qui procurent au fisc les recettes nécessaires sont cependant maintenus. On s'achemine ainsi vers une trésorerie unique pour tous les agents du ministère, qu'ils soient affectés en Europe, en Amérique ou en Orient.

Leur fonction ne change pas mais on est devenu plus exigeant sur leurs missions. Circonstances politiques obligent : il faut rétablir la confiance et l'harmonie entre les nationaux, remettre de l'ordre dans les chancelleries dont la situation s'est beaucoup dégradée depuis 1792, appliquer les mesures de prohibition contre le commerce anglais. On attend d'eux aussi qu'ils s'impliquent davantage dans la connaissance des faits économiques, sociaux et culturels de leur circonscription, et cela est sans doute un fait nouveau. Les consulats deviennent des relais d'information sur les pays étrangers que les pouvoirs publics prennent davantage en compte. Les rapports du consul Magallon au Directoire ne sont pas pour rien dans la préparation de la campagne d'Égypte.

Dans le domaine commercial, le changement le plus notoire est certainement la suppression du droit de 20 % qui frappe les produits orientaux apportés par les étrangers à Marseille. Cette mesure est justifiée par la nécessité d'importer les matières premières (blé, huile, coton, laine, bois) nécessaires à la République en guerre contre l'Europe, même si les Levantins, et notamment les Grecs, vont devenir les premiers bénéficiaires de ce trafic. En revanche, le fait que Marseille perde son statut de port franc en décembre 1794 n'a pas de conséquence immédiate sur le commerce avec les Échelles car les produits importés du Levant par la marine marchande française jouissent encore d'une franchise dans le port, au moins jusqu'à l'été 1796.

En dépit de ces quelques mesures les signes de continuité restent marquants. Les comportements et les pratiques administratives et économiques n'évoluent pas beaucoup. Les régisseurs des maisons de commerce se réunissent encore régulièrement, sous la présidence des consuls, pour débattre des questions de navigation, de commerce, et d'administration de la communauté. Ils procèdent toujours à la fin de chaque année à l'élection des députés de la nation, au moins jusqu'en 1793. Ces derniers sont souvent appelés à prendre en mains les affaires consulaires lorsque des agents sont démis de leur fonction (parfois à l'initiative des négociants eux-mêmes) ou rappelés à Paris. On relève toutefois des méthodes de travail un peu plus libérales, ou plus individualistes, puisque dans plusieurs échelles des marchands refusent désormais de mettre en commun leurs fonds pour faciliter les retraits.

Dans leurs discours ou leurs actes, les négociants expriment une inquiétude évidente pour la conduite de leurs affaires, et on ne les sent pas vraiment préoccupés de vouloir changer les structures, même si dans leur grande majorité ils adhèrent aux idées nouvelles. Cette hésitation de la part d'un corps de métier dont le lobby et les intérêts sont puissants est bien perçue par le pouvoir révolutionnaire et l'administration. Elle explique en partie pourquoi les conditions de séjour et les mœurs sont toujours aussi réglementées et pourquoi la circulation des hommes et des marchandises est encore entravée alors que les institutions et les normes juridiques ont changé en France. Mais il est difficile d'effacer le poids des habitudes à coup de décrets. Les mentalités ne changent pas aussi vite, même pour les responsables des bureaux parisiens qui raisonnent encore souvent avec des vieux clichés. En matière de commerce extérieur et d'administration des Français de l'étranger, la Constituante, puis la Législative et la Convention n'ont pas souhaité faire table rase du passé et ont fait preuve à cet égard d'un grand pragmatisme en dépit des principes libéraux affichés. Bien souvent, l'ancienne législation a subsisté concurremment à la nouvelle, engendrant ainsi une certaine confusion pour les agents chargés de l'appliquer.

Permanence des hommes également, puisque l'épuration ne touche pas un tiers des fonctionnaires employés au Levant. Certes on constate une plus grande mobilité dans les affectations qui est due aux hésitations du pouvoir politique, mais dans l'ensemble le corps consulaire, contrairement aux diplomates, fait preuve d'une certaine stabilité : beaucoup d'agents issus de l'Ancien Régime restent en place.

Non seulement l'organisation consulaire maintient l'essentiel de ses effectifs, mais elle conserve presque tous ses règlements. L'idée lancée à deux reprises de supprimer les consuls par mesure d'économie ne tient pas longtemps devant les nécessités du service. Les communautés françaises en Turquie ne peuvent se dispenser d'être administrées par des agents de l'État. Par ailleurs, la Révolution ne se traduit pas forcément par une revalorisation en terme de carrière et de statut. Il n'y a pas de changement notable dans les modalités de recrutement, ni dans les traitements, à l'exception peut-être des vice-consuls qui voient leur situation financière s'améliorer sensiblement. Quant aux interprètes, leur sort n'évolue guère et les perspectives d'ascension restent bouchées.

Stabilité enfin dans nos relations avec la Porte ottomane, même si celle-ci ne reconnaît que tardivement la République française. Il n'y a pas d'élargissement de nos traités avec la Turquie ; nos chargés d'affaires à Constantinople se bornent à exiger la stricte application des capitulations et sont vigilants sur le respect des clauses douanières. En 1794, Descorches ne parvient pas à obtenir de nouvelles concessions sur la libre navigation de notre pavillon en mer Noire et la sortie des denrées prohibées. Mais d'un autre côté, le sultan ferme les yeux sur les pratiques de « simulation » auxquelles s'adonnent les Français pour éviter le séquestre de leurs marchandises par les navires anglais. Alors on n'insiste pas trop à Paris sur les revendications commerciales, peut-être par peur de réciprocité ; la Turquie pourrait exiger des contreparties pour ses sujets venus faire du négoce sur nos côtes.

Les relations diplomatiques n'en sont pas moins solides même si nous avons perdu une partie de notre influence à Constantinople. En occupant l'Égypte illégalement en juillet 1798, les Français rompent avec une tradition séculaire d'entente cordiale avec le sultan alors que c'est l'un des rares souverains à avoir gardé la neutralité dans le conflit qui les oppose aux nations coalisées d'Europe. Cette nouvelle surprend tellement que pendant les premières semaines qui suivent le débarquement du corps expéditionnaire à Alexandrie, les Turcs restent incrédules sur les véritables intentions du Directoire et hésitent longtemps à déclarer la guerre à la France. Vouée à l'échec sur le plan diplomatique et militaire, l'expédition d'Égypte servira néanmoins de modèle à d'autre types d'interventions coloniales et laissera des traces dans le pays même avec des conséquences politiques et sociales importantes pour l'avenir du Proche-Orient.

NOTICES BIOGRAPHIQUES

Pour des informations plus complètes sur le personnel consulaire (état civil, généalogie, état des services, bibliographie), on se reportera à l'excellente étude d'Anne Mézin : *Les consuls de France au siècle des Lumières (1715-1792)*. Les dates de naissance et de décès restent, pour certains cas, inconnues.

ADANSON *(Jean-Baptiste), 1732-1803, drogman*
Jeune de langue entré dans la carrière du drogmanat à Péra le 19 avril 1750. Il sert successivement à Alep (1754-1758), Salonique (1758-1774), Tripoli de Syrie (1774-1785) et Tunis (1785-1791) en qualité de premier drogman chancelier. Promu en l'an III vice-consul à Alexandrie, il profite de son poste pour écrire plusieurs manuscrits sur l'Égypte (*Description de la ville d'Alexandrie, Description des Pyramides de Giza, Mémoires sur l'Égypte publiés pendant les Campagnes du général Bonaparte dans les années VI et VII* ...). Ses dessins sont conservés au cabinet des estampes de la Bibliothèque nationale de Paris ; il est également l'auteur d'une *Description de Constantinople* et d'une traduction de l'*Histoire de Tunis* d'après Boudinar. Son fils Charles-Louis (1767-1839) suit la même carrière : jeune de langue, puis drogman chancelier à Saint-Jean d'Acre (1788-1794) et Constantinople (1795-1798).

AMÉ *(Marie Nicolas Alexandre), consul*
Né en 1749. Sous-lieutenant au régiment Royal Roussillon (9 mars 1769), puis capitaine d'infanterie (13 juin 1774), il passe dans les consulats le 9 décembre 1774 en qualité de chancelier à Smyrne. Vice-consul dans le même poste (9 décembre 1776), il est promu consul général à Alep le 28 janvier 1779. Il sollicite sa retraite en décembre 1785. Son frère cadet, Jean-Baptiste Amé, élève vice-consul à Alger (1781), puis à Smyrne dans les années 1783-1791, n'aurait pas supporté son séjour au Levant et aurait mis fin à ses jours.

AMOREUX *(Joseph), consul*
Né vers 1730 et issu d'une famille de négociants marseillais, il commence sa carrière comme chancelier à Candie (12 avril 1762), devient vice-consul à La Canée (8 mai 1765), puis consul en Morée (2 mars 1772). Promu consul général à Smyrne le 28 janvier 1779, il

accueille la Révolution avec réserve. Suspendu de ses fonctions par les négociants de l'Échelle qui le soupçonnent d'être anti-républicain, il est aussitôt destitué et rappelé le 23 mars 1793. Il émigre alors à Constantinople où il décède le 9 octobre 1799.

ASTIER *(André Benoit), 1719-1803, consul*
Né dans une famille bourgeoise d'Aix-en-Provence. De 1747 à 1753, il est secrétaire bénévole du chargé d'affaires de France à Florence, le comte Lorenzi. L'appui du cardinal de Bernis lui vaut d'être nommé consul à Chypre le 20 octobre 1755. Il y réside presque sans interruption jusqu'à l'expédition d'Égypte bien qu'il ait obtenu sa retraite le 19 novembre 1794. Il est alors emprisonné comme tous les autres Français et dépouillé de ses biens. Il meurt à Larnaca le 6 septembre 1803.

AUBERT DU BAYET, *général, diplomate*
Il succède à Verninac comme envoyé extraordinaire de la République française auprès de la Porte ottomane (novembre 1796). Il reste en poste à Constantinople jusqu'en mars 1798.

BALLYET DE SAINT ALBERT *(Jean-Claude), 1702-1773, évêque, consul*
Religieux au couvent des Carmes de Gray, il est ordonné prêtre en 1726. En mars 1728, il obtient de la Congrégation de la Propagande* à Rome, où il poursuit ses études, la permission d'établir la première mission religieuse à Bagdad en qualité de vicaire apostolique. Il parvient à fonder une église, une école et un hospice avec l'accord du pacha, mais son entreprise est bientôt vouée à l'échec. En butte aux persécutions des Turcs et à la méfiance des sectes chrétiennes, les missionnaires sont emprisonnés et doivent payer une forte rançon (1737). Rentré en France, Ballyet sollicite l'appui du roi qui le nomme, le 8 mai 1741, consul à Bagdad avec un traitement annuel de 12 000 livres afin d'y protéger les religieux et conforter la représentation française incarnée par l'évêque de Babylone. Conforté par son nouveau statut et consacré évêque dans la cathédrale de Malte (1743), il rejoint son diocèse irakien en juillet 1746. Les troubles politiques consécutifs à la mort d'Ahmet Pacha au début de 1749 le contraignent à revenir momentanément à Rome (novembre 1753) puis en France. De retour à Bagdad le 24 mai 1756, il prône l'établissement d'un commerce direct avec cette échelle via Alep et le désert syrien, réussit à faire reconnaître les capitulations par le nouveau pacha et à faire supprimer pour les navires français le droit d'ancrage dans le port de Bassora. Si la forte présence anglaise et hollandaise dans la

région empêche notre commerce de prendre un réel essor, l'action de Ballyet n'en reste pas moins déterminante et il est l'un des précurseurs des relations franco-irakiennes. Il meurt à Bagdad de la peste. Il a constitué une collection de 6300 médailles et pièces antiques qui sera vendue aux enchères à Paris en 1841.

BEAUCHAMP *(Pierre Joseph), 1752-1801, missionnaire, astronome, consul*
Ce Franc-comtois entre dans l'ordre des Bernardins en 1767 et suit au Collège de France les cours d'astronomie de Lalande. Il s'intéresse aussi à la géographie et apprend l'arabe avec Pierre Ruffin à partir de 1776. En 1781, il suit son oncle Dom Miroudot nommé consul à Bagdad et chargé de l'évêché de Babylone. Lorsque ce dernier tombe gravement malade à Alep et doit regagner la France, Beauchamp continue sa route et accompagne le nouveau consul Rousseau jusqu'à Bagdad où il va remplir comme vicaire général les obligations de son oncle à l'égard de l'épiscopat. Mais Beauchamp est aussi un scientifique et l'Académie royale des sciences, dont il devient le correspondant, lui a demandé avant son départ de fixer « la vraie position » de la mer Caspienne et de déterminer son niveau par rapport au golfe arabo-persique. Aussi, se rend-il d'abord à Bassora pour étudier les cours du Tigre et de l'Euphrate et en dresser la carte selon les indications de Lalande. Il rectifie ainsi la position du port irakien et fait des observations intéressantes sur les marées du Chatt Al-Arab. Son carnet de voyage est publié en juin 1784 dans *Le Journal des Savants*. Revenu à Bagdad en 1785, il y installe un observatoire dans la maison des pères missionnaires et adresse au gouvernement les résultats des premières fouilles archéologiques sur les anciens sites mésopotamiens (60 ans avant Paul-Émile Botta). En 1787, il décide de poursuivre ses recherches astronomiques et géographiques en Perse, visite Ispahan, mais ne peut atteindre les rives de la mer Caspienne et rentre à Bagdad en janvier 1788 très éprouvé. Il rentre en France en novembre 1789, accepte comme son oncle la Constitution civile du clergé et organise la nouvelle bibliothèque de Vesoul, sa ville natale. Nommé consul à Mascate le 3 mars 1795 grâce à l'appui de Volney, il parcourt le Levant pendant quelques années sans rejoindre son poste. Sa relation est décrite dans son *Mémoire géographique et historique du voyage de Constantinople à Trébizonde* (publié à la suite du *Voyage de M. Morier en Perse fait dans les années 1808 et 1809*, Paris, 1813). Bonaparte le retient quelque temps au Caire avant de l'envoyer à Constantinople pour négocier avec les Turcs. Fait prisonnier en 1799, il supporte diffici-

lement sa détention au château de Fanaraki, sur les bords de la mer Noire, et lorsqu'il peut enfin retourner en France après les accords de paix, il meurt sur le trajet du retour à Nice.

BEAUNÉ DU PAVILLON *(Gabriel François), consul*
Élève vice-consul à Salonique par brevet du 28 janvier 1779, il gère par intérim le consulat de novembre 1782 à avril 1787. Il passe ensuite en Morée où Taitbout de Marigny le charge des affaires du vice-consulat de Nauplie en l'absence du titulaire Roussel (octobre 1788). Nommé à Rhodes le 11 septembre 1790, il ne rejoint pas son poste et on perd sa trace à partir de mai 1791. Il aurait sans doute suivi Choiseul-Gouffier à Constantinople en 1792.

BEAUSSIER *(Bonaventure), 1749-1814, consul*
Nommé chancelier du consulat de Tripoli de Syrie le 6 juin 1774, il passe à Alexandrie en la même qualité le 10 juin 1776. Vice-consul à Coron le 28 janvier 1779, il est muté à Saïdâ le 3 septembre 1786. Chassé par le gouverneur d'Acre Djazzâr Pacha, il se réfugie avec les autres Français à Tripoli de Syrie (1790). Descorches l'appelle à l'ambassade à Constantinople avec pour mission de trouver les moyens de « régénérer l'esprit public » et d'étendre les débouchés commerciaux de la France au Levant. Il est ensuite chargé d'affaires à Tunis le 30 mars 1796, avant d'être nommé consul général à Tripoli de Barbarie le 8 septembre 1797. Il quitte le pays au moment de la campagne d'Égypte, mais il retrouve son poste en 1802 qu'il conserve sous l'Empire.

BERMOND DE VAULX *(Pierre), 1753-1828, consul*
Avocat, il entreprend par la suite une carrière à l'étranger, d'abord comme vice-consul à Alep (28 janvier 1779), puis aux Dardanelles (8 juillet 1792). À peine a-t-il rejoint son poste dans les Détroits (17 avril 1793), qu'il est bientôt sollicité par Descorches de Sainte-Croix pour gérer provisoirement le consulat général de Morée à la place du négociant Joseph Beaussier qui assure l'intérim depuis la défection de Taitbout. Parvenu à Coron le 29 juillet 1794, il remet rapidement de l'ordre dans l'échelle. Satisfait de son action, le Comité de Salut public le confirme dans ses fonctions (10 février 1795). En juin 1797, il accueille l'équipe de l'ingénieur Ferregeau envoyée en mission à Constantinople (l'architecte Antoine Laurent Castellan raconte sa rencontre avec Bermond dans ses *Lettres sur la Morée*). Emprisonné pendant l'expédition d'Égypte, il rentre en France en

1802. Il ne reprend aucun service aux Affaires étrangères et devient conseiller général des Basses-Alpes.

BODARD *(Félix), consul*
Chef de bureau à la commission des revenus nationaux, il est nommé vice-consul à Smyrne le 3 août 1795. Il s'embarque à Venise avec le consul général Laumond et débarque dans l'Échelle le 31 mars 1796. Il quitte Smyrne le 5 mai 1798, peu avant la rupture des relations avec la Porte.

BUTET *(Antoine Amédée, chevalier de), 1760-1833, consul*
Fils d'un commis de la Marine au bureau des Consulats, c'est le gendre du consul général Taitbout de Marigny (il épouse sa fille Marie-Cécile à Coron en juin 1787). Officier d'infanterie, il entre dans la carrière consulaire le 28 janvier 1779. Il sert d'abord en Morée comme vice-consul, puis est nommé à Rosette (27 août 1786). Il est appelé à gérer à diverses reprises le consulat général d'Alexandrie en l'absence de Mure, à partir de mai 1789. En désaccord avec le pouvoir révolutionnaire, il démissionne le 31 juillet 1793. Émigré dans la capitale turque, il ne tarde pas à se mettre au service du tsar de Russie. Louis XVIII le nommera consul à Malte le 15 décembre 1815.

CAFFE *(L. E.), négociant*
Né à Sainte-Ménehould, il s'établit en Égypte avant la Révolution où il gère un important établissement commercial. Nommé membre du *Divan** par Bonaparte, il devient après le départ des Français agent provisoire de la République à Rosette jusqu'à l'arrivée de Lesseps (juin 1803). Arrêté par Kourchid Pacha en février 1804, il ne doit son salut qu'à l'intervention énergique du consul de France. Chateaubriand le rencontre en octobre 1806.

CAVALLIER *(Pierre François), consul*
Ce juriste originaire de Marseille occupe, de 1773 à 1793, le poste de chancelier du vice-consulat de Palerme. Recommandé par la députation des Bouches-du-Rhône, il obtient le poste de consul général à Smyrne le 5 décembre 1794, mais il est destitué dès le 19 juillet 1795 sans avoir occupé son nouvel emploi.

CHAYOLLE *(Antoine Auguste), secrétaire interprète*
Né en 1748, il commence sa carrière comme drogman chancelier à Alexandrie de 1771 à 1783. Promu vice-consul à Bagdad, il ne rejoint

pas son poste pour des raisons de santé et rédige divers travaux sur le commerce des Échelles du Levant à la demande du secrétaire d'État de la Marine. À partir de 1787 et pendant la période révolutionnaire (à l'exception des années 1790-1793), il administre l'École des jeunes de langue au collège Louis-le-Grand où il a été élève. Il occupe ensuite les fonctions de secrétaire interprète de la République au ministère des Relations extérieures (1799-1801) en remplacement de Ruffin, détenu à Constantinople. Chargé par Bonaparte de la surveillance de l'École des Langues orientales (septembre 1803), il en assume bientôt la direction (29 août 1807), fonction qu'il conserve jusqu'en septembre 1826. Il est par ailleurs confirmé secrétaire interprète du gouvernement par brevet du 25 juin 1817.

CHÉPY *(Pierre), consul*
Secrétaire d'ambassade à Vienne (avril 1792), il passe à Liège, à Londres et à Lisbonne. Il devient ensuite commissaire en Belgique puis occupe les mêmes fonctions dans l'armée des Alpes, avant d'être appelé au vice-consulat de Rhodes le 24 janvier 1795. Parvenu dans l'Échelle quelques mois plus tard (6 juin), la peste le contraint à rester enfermé chez lui pendant quatorze mois. Il sollicite sa mutation et obtient le poste d'Ancône le 14 juin 1798. Il est ensuite muté à Jersey dans les îles Anglo-Normandes, le 11 août 1802, peu après la signature de la paix d'Amiens. Un libelle intitulé *L'histoire des prisons*, qui a circulé au Levant, l'accuse à tort d'avoir influé sur les massacres de Septembre (1792).

CHODERLOS DE LACLOS *(Jean Charles Marie), 1738-1808, consul*
Issu d'une famille de commis du roi, c'est le frère aîné de l'auteur des *Liaisons dangereuses*. Agent de la Compagnie des Indes orientales, il entre en 1785 au secrétariat d'État de la Marine grâce à l'appui du directeur de la Compagnie. Il accueille la Révolution avec enthousiasme et préside la Société des Amis de la Constitution de Chinon. Chef du bureau des Colonies, nommé consul général à Cadix (novembre 1792), il ne peut rejoindre son poste en raison de la guerre avec l'Espagne. On le nomme donc à Smyrne (23 mars 1793). Mais au moment de quitter la France, alors que son frère vient d'être arrêté, il est lui-même interpellé par le Comité de Sûreté générale et jeté à la prison du Luxembourg. Libéré après le 9 Thermidor, il est appelé à gérer le consulat général d'Alep (6 avril 1795). Mais l'envoyé de la République à Constantinople le charge auparavant de rétablir l'ordre à Tripoli de Syrie et d'annuler les délibérations prises par les négociants de cette Échelle à l'encontre du consul Laidet, si bien qu'il

ne parvient pas à Alep avant le 9 mai 1797. Lors de la campagne d'Égypte, il est détenu avec les autres Français au château d'Alep, entre septembre 1798 et janvier 1800, et perd alors tous ses biens. Bonaparte le nomme commissaire général des relations commerciales à Smyrne le 20 juin 1802. Il y accueille Chateaubriand en septembre 1806 et quitte son poste en mai 1808.

CHOISEUL-GOUFFIER *(Marie Gabriel Florent Auguste, comte de), 1752-1817, diplomate*
Fervent disciple de l'abbé Jean-Jacques Barthélemy (connu pour son *Voyage du jeune Anacharsis en Grèce*, 1788). Il fait partie de l'expédition du baron de Tott en 1776 et retire de ses observations au Levant un magnifique ouvrage illustré – *Voyage pittoresque dans l'Empire ottoman, en Grèce, dans la Troade, les îles de l'Archipel et sur les côtes de l'Asie Mineure*, dont le premier volume paraît à Paris en 1782 – qui lui vaut d'être nommé académicien à trente ans et reconnu comme l'un des meilleurs philhellènes de son temps. Dernier ambassadeur de Louis XVI à Constantinople (il prend ses fonctions le 23 septembre 1784), il profite de son séjour en Turquie pour visiter la Troade et constitue une belle collection d'antiquités grâce à son réseau d'agents en Grèce. Rappelé le 22 août 1792 à cause de ses positions royalistes, puis décrété d'accusation le 22 novembre de la même année, il émigre en Russie et rentre en France en 1802 pour se consacrer à la publication du second volume de son *Voyage* (1809) ; le troisième ne sortira qu'après la mort de son auteur. Cet ouvrage offre une vision idéaliste de la Grèce dont « l'asservissement », explique-t-il, n'est pas une fatalité. Il fonde en 1812 une société philhellène et est l'un de ceux qui préparent les esprits à l'éveil de la « nation » grecque. Sous la Restauration, il est ministre et pair de France.

CLEMENT *(Jean-François), 1755-1795, négociant*
Il s'installe à Alexandrette en août 1774 comme commis d'un négociant avant de diriger lui-même un établissement. Lorsque le vice-consulat d'Alexandrette est supprimé (1778), on le charge de remplir officieusement dans cette Échelle les fonctions d'agent consulaire, poste qu'il conserve jusqu'à sa mort.

COSTE *(Pierre Joseph), capitaine de navire*
Marin originaire de Saint-Tropez. Pris par les Russes en 1792, il vend son bateau et se reconvertit dans le commerce du café. Descorches de Sainte-Croix l'appelle à Rhodes pour gérer le vice-consulat vacant, de novembre 1793 à juin 1795, sans aucun traitement ni indemnités.

Cousinéry *(Esprit Marie), consul*
Né à Marseille en 1747, il débute comme chancelier du consulat de Trieste (1770), puis passe à Salonique (11 janvier 1773) où il devient bientôt vice-consul (9 décembre 1776). Après quelques années de séjour à Smyrne, il revient à Salonique pour assurer l'intérim du poste en l'absence de Mazière de Saint-Marcel (mai 1783-avril 1785) et rédige un mémoire sur le commerce de Serrès et Kavala. Donnant satisfaction, il est promu consul à Salonique le 27 août 1786, après un bref passage à Rosette. Pendant ce troisième séjour en Grèce, il collectionne les pièces anciennes (il en envoie 76 à l'abbé Barthélemy, directeur du cabinet des médailles de Paris), fait de nombreux dessins et consigne ses observations sur la géographie, les antiquités et les coutumes du pays. En mai 1792, il épouse contre l'avis de sa famille Florence Margoni, une Grecque orthodoxe dont le père, négociant originaire de Smyrne, est agent russe. Accusé d'incivisme par une partie de la nation française de Salonique (bien qu'il ait prêté serment), il est suspendu de ses fonctions par le ministre Lebrun le 16 mars 1793 et bientôt porté sur la liste des émigrés. Ayant quitté Salonique le 23 septembre 1793, il parcourt l'Anatolie et l'Égypte à la recherche de monnaies antiques qu'il s'efforce de revendre à la Bibliothèque nationale à son retour à Paris en 1803. Il sollicite sa réintégration et est envoyé à Smyrne en remplacement de Choderlos. Il est nommé une nouvelle fois consul à Salonique le 12 septembre 1814. Archéologue et numismate (il vend trois collections aux cabinets des médailles de Munich, Vienne et Paris entre 1816 et 1821), membre correspondant de l'Académie de Marseille et de l'Académie des inscriptions et belles-lettres (1819), il est l'auteur de plusieurs mémoires et essais historiques parmi lesquels : un *Recueil de quatre lettres critiques, historiques et numismatiques sur une inscription trouvée à Rosette, pendant le séjour des armées françaises en Égypte*, publié dans le *Magasin encyclopédique ou Journal des Sciences, des Lettres et des Arts* (1810), un *Mémoire sur l'indépendance de la Grèce*, remis à Chateaubriand, ministre des Affaires étrangères, le 10 décembre 1822, et un *Voyage dans la Macédoine* publié en 1831.

D'Esparron *(Antoine), consul*
Fils d'un conseiller et procureur du roi au siège de l'amirauté d'Aigues-Mortes, il entre au secrétariat d'État de la Marine le 9 décembre 1776. Vice-consul à Tripoli de Barbarie, il gère l'intérim du poste pendant deux ans, puis est nommé à Tunis le 4 février 1781. Il occupe les mêmes fonctions au consulat général au Maroc en l'absence de Durocher (janvier 1783-février 1787). Considéré comme « un sujet

d'espérance », il est affecté aux Dardanelles (3 septembre 1786). Mais, sa santé affaiblie, d'Esparron préfère rentrer en France et refuse une mutation à Chio qu'on lui propose le 9 juillet 1792. Pendant la Révolution, il occupe à Aigues-Mortes, sa ville natale, plusieurs fonctions publiques : électeur commandant de la Garde nationale, administrateur de l'hospice civil et militaire, membre du conseil municipal. Il n'obtient pas sa réintégration dans les Consulats, sollicitée en mai 1805.

DESCORCHES DE SAINTE-CROIX *(Marie Louis Henri, marquis), 1749-1830, diplomate*
Il s'engage très jeune dans l'armée, devient officier dans les Gardes françaises et termine sa carrière militaire comme colonel. Il se dirige ensuite vers la diplomatie. En 1781, il est nommé ministre plénipotentiaire à Liège. Il occupe les mêmes fonctions en Pologne entre mars 1791 et novembre 1792. Le 14 décembre 1792, le Conseil exécutif l'envoie à Constantinople en qualité d'envoyé extraordinaire de la République française et « commissaire civil chargé de la réorganisation de l'administration du Levant ». Il arrive dans la capitale turque le 6 juin 1793. Victime de la réaction thermidorienne comme beaucoup d'autres diplomates, il est rappelé le 2 novembre 1794 par le nouveau Comité de Salut public alors qu'il engage avec la Porte d'importantes négociations pour amener cette puissance dans l'alliance française. Le 1er septembre 1798, le Directoire le charge de reprendre ses fonctions à Constantinople, mais la déclaration de guerre de la Turquie l'empêche de rejoindre son poste. En 1801, il devient préfet de la Drôme, fonction qu'il conserve jusqu'à la fin de l'Empire.

DEVAL *(Pierre), 1758-1829, consul*
Issu d'une famille de drogmans du Levant. Affecté à Saïdâ (1774), puis à Lattaquié et à Alep, il devient chancelier drogman à Alexandrie avant d'être promu vice-consul à Bagdad le 27 août 1786. Il réside en Irak de mai 1787 à décembre 1791. Il rentre en France gravement malade et refuse un poste à Alger. Pendant la Révolution, il séjourne à Constantinople et ne revient en France qu'en 1803 pour y demeurer sans emploi. Il est nommé consul général et chargé d'affaires à Alger le 12 septembre 1814. On le charge notamment d'obtenir un traité confirmant la reprise de possession par la France de ses établissements commerciaux en Algérie (accords du 29 mars 1818). Il quitte la Régence en mai 1827 avec les résidents français,

après l'affront fait à sa personne par le dey Hussein qui provoque la rupture des relations diplomatiques entre les deux pays.

DEVAULX *(L.H.), consul*
Élève vice-consul à Alep de 1779 à 1791. On perd ensuite sa trace.

DIGEON *(Joseph Louis Alexandre), 1722-1795, drogman*
Jeune de langue nommé le 8 septembre 1738 à Péra. Il sert d'abord en Syrie (1743), puis à Salonique et en Égypte où il supporte mal son séjour. De 1776 à 1780, il est secrétaire interprète à Constantinople. Il passe ensuite à Chio où il gère par intérim le vice-consulat de février 1786 à décembre 1795.

DIGEON *(Charles Louis), 1757-1816, drogman*
Fils du précédent. Deuxième drogman à Salonique en 1780, il assume un moment la direction des affaires consulaires à Chio après la mort de son père, avant d'être remplacé par le négociant Jean-Pierre Blanchard venu de Smyrne. Il occupe ensuite les fonctions de chancelier drogman à Larnaca de 1803 à 1811.

DJAZZÂR PACHA *(Ahmad), 1735-1804, gouverneur de Saint-Jean d'Acre*
Ce bosniaque, surnommé « le boucher » (al-Djazzâr) à cause de ses crimes, passe une partie de sa jeunesse dans la cour d'Ali Bey en Égypte. Intégré au système mamelouk local, il sert durant plusieurs années les ambitions de son maître. Mais en 1768, dangereusement compromis dans les intrigues politiques des mamelouks, il se retire à Constantinople, puis passe en Syrie. Là, il parvient en peu de temps à asseoir son autorité sur la région d'Acre dont il devient gouverneur en 1775. Dix ans plus tard, il obtient le pachalik* de Damas. La puissance qu'il acquiert s'explique par son loyalisme envers la Porte, qui le conduit à défendre Beyrouth lors de la guerre russo-turque (1772-1773), à trahir ses anciens bienfaiteurs Yusuf et Dahir, et à mener une politique de répression à l'égard des chefs tribaux (maronites*, druzes, bédouins). Surtout, il établit un monopole personnel sur le commerce du coton et des céréales, impose lourdement les transactions sur la soie et détourne à son profit les bénéfices de l'activité commerciale des ports. Pour conforter son pouvoir, il s'appuie sur la population sunnite des villes, majoritaire, et n'hésite pas à exercer de terribles vexations à l'encontre de la bourgeoisie chrétienne locale et des négociants européens. Lorsque les Français envahissent l'Égypte, toute la Syrie méridionale est placée sous son contrôle politique et

militaire. Il se distingue en défendant avec ténacité la place d'Acre assiégée par Bonaparte (mars-mai 1799).

DUTROUY, *consul*
Vice-consul à Alexandrie (9 décembre 1776), puis à Rosette (2 avril 1785) où il ne réside que cinq mois. Il est ensuite affecté en la même qualité à Rhodes (3 septembre 1786) et prend ses fonctions dans l'île en avril 1787. Il tombe gravement malade au début de la Révolution à la suite d'une fièvre putride et quitte l'échelle en décembre 1790 après avoir obtenu sa mutation à Candie (11 septembre 1790). Il ne semble pas avoir rejoint ce dernier poste et est considéré par les bureaux parisiens comme émigré.

FAUVEL *(Louis François Sébastien), 1753-1838, artiste, consul*
Artiste peintre de la suite de Choiseul-Gouffier, il réalise une partie des illustrations de son *Voyage pittoresque de la Grèce* et devient l'un de ses plus fameux correspondants s'improvisant antiquaire et archéologue et faisant copier pour lui de nombreuses inscriptions. Il séjourne à Constantinople de septembre 1784 à mai 1786, passe à Athènes sur ordre de l'ambassadeur pour montrer les antiquités à une aristocrate anglaise et « mouler les sculptures du temple de Minerve », puis réside à nouveau dans la capitale turque de décembre 1789 à septembre 1790. Il ne suit pas son protecteur en Russie après la chute de la monarchie et accueille le sicilien Xavier Scrofani, auteur d'un *Voyage en Grèce*. En décembre 1794, Fauvel propose à la commission d'Instruction publique de vendre une partie des objets recueillis pour le compte de Choiseul-Gouffier dont il reste créancier d'une somme de 2 000 piastres. Il continue d'ailleurs à travailler pour lui sous l'Empire en contribuant à la réalisation du second volume de son *Voyage*. Il occupe les fonctions de vice-consul à Athènes à partir du 20 juin 1802 et jusqu'en 1822. Chateaubriand, qui le rencontre en août 1806, raconte dans son *Itinéraire de Paris à Jérusalem* comment il a aménagé sa demeure située dans le couvent des capucins en un véritable petit musée où s'accumulent les marbres, les sculptures, les vases et les bas-reliefs moulés, acquis de façon plus ou moins légale. Habile dessinateur, Fauvel a écrit également des mémoires sur ses recherches archéologiques et dressé une carte générale de l'Attique.

FÉLIX [ou FÉLIX-BEAUJOUR] *(Louis Auguste), 1765-1836, consul*
Né à callas en Provence, il entre au département des Affaires étrangères en 1788. Secrétaire de légation à Munich en 1790, puis à Dresde de 1791 à 1794. Nommé le 23 novembre 1794 consul général à Salonique en remplacement de Cousinéry, il s'efforce à partir de juin 1795 (date de son arrivée dans l'échelle) de restaurer le commerce en ranimant la confiance des nationaux et en s'assurant l'appui des autorités locales. Il revient en France en juin 1798, laissant la gestion des affaires au négociant Tavernier. Il tire de son expérience en poste un *Tableau du commerce de la Grèce* qui le fait remarquer. Il est appelé au Tribunat, qu'il préside en 1803. Mais il reprend très vite sa carrière consulaire puisque Bonaparte le nomme commissaire général des relations commerciales à Georgetown (Philadelphie) dès le 6 décembre 1803. Il rapporte de sa mission une nouvelle étude : *Aperçu des États-Unis au commencement du XIXe siècle*. Il quitte son poste américain en 1811 et achève sa carrière comme consul général à Smyrne et inspecteur général des consulats et établissements français du Levant. Anobli le 24 septembre 1818, baron héréditaire par lettres patentes du 16 avril 1830, député des Bouches-du-Rhône en 1831, pair de France en 1835. Louis Auguste Félix se fait appeler Félix-Beaujour à partir de juillet 1797 pour ne pas être confondu avec son frère, employé comme lui à Salonique. Anobli sous la Restauration, il change à nouveau son nom en Félix de Beaujour.

FONTON *(Charles), 1725-1793, drogman*
Fils d'un premier drogman à Constantinople, c'est l'un des plus brillants interprètes de l'époque, « parfaitement au fait des langues, des mœurs et des usages levantins » et auteur de plusieurs opuscules parmi lesquels : *Aventures de Zélide et de Ferannés, Essai sur la musique orientale comparée à la musique européenne, Relation du tremblement de terre de Smyrne du 3 juillet 1778*. Il est premier drogman à Alep en 1750, second drogman au Caire en 1759 et premier drogman à Smyrne de 1760 à 1788 où il exerce aussi les fonctions de chancelier (après 1780).

FONTON *(Charles), drogman*
Fils du précédent, né à Smyrne en 1765. Jeune de langue en 1779, il est d'abord affecté à Saïdâ comme second drogman (février 1784-février 1786), puis sert auprès de son père au consulat de Smyrne. Il obtient son brevet de chancelier en novembre 1789. Voyant ses appointements réduits de moitié par la perte au change, il démissionne fin

1793 et passe au service de la Russie comme son oncle Jean-Joseph Fonton (1747-1832), ancien drogman à Constantinople.

FONTON *(Gaspard), drogman*
En poste à La Canée sous la Révolution, il occupe comme la plupart des drogmans les fonctions de chancelier.

FONTON *(Luc), drogman*
Né en 1732 à Constantinople, il sert sans interruption à Alep de 1756 à 1789. Son fils Louis est chancelier dans la même Échelle à partir d'avril 1793.

FORNETTY [ou FORNETTI] *(Antoine), consul*
Issu d'une famille d'interprètes originaire de Chio, au service de la France depuis le XVIIe siècle. Employé à l'ambassade à Constantinople sous la Révolution, il est nommé vice-consul à Jassy (Moldavie) le 17 juin 1803. Il passe ensuite aux Dardanelles en la même qualité sous la Restauration.

FORNETTY *(Jean-Baptiste), drogman*
Né en 1741 à Constantinople où son père, Charles Fornetty (1700-1760), a servi comme drogman de la douane. Il commence à exercer ses fonctions à Alep en 1761, puis passe au Caire, à Alexandrie et à La Canée. En 1775, il est promu premier drogman à Coron (Morée), poste qu'il occupe de façon continue jusque sous l'Empire. Il assume l'intérim de ce consulat entre août 1806 et mai 1809.

FORNETTY *(Charles), drogman*
Neveu du précédent, né vers 1766 à Constantinople. Il occupe au début de la Révolution la place de second drogman chancelier à Coron auprès de son oncle. Suspendu de ses fonctions par le nouveau consul Bermond pour avoir signé une pièce contre-révolutionnaire (2 décembre 1794), puis convoqué à Constantinople auprès de l'envoyé de la République, il obtient sa réintégration quelques mois plus tard. Il poursuit sa carrière sous l'Empire.

FOURCADE *(Henry), consul*
Employé au ministère des Relations extérieures, on lui propose en 1796 le vice-consulat de Candie vacant depuis dix ans. Il est ensuite affecté à Smyrne en qualité de vice-consul chancelier (16 septembre 1802).

FOURCADE *(Pascal Thomas), consul*
Frère aîné du précédent. Chef de bureau à la commission d'Instruction publique, il est nommé consul à La Canée le 27 janvier 1796 mais ne rejoint son poste qu'en avril 1797, accompagné de son jeune frère qui va gérer bénévolement le vice-consulat de Candie. Il est promu consul général à Sinope (mer Noire) le 16 septembre 1802, puis à Salonique en la même qualité le 4 janvier 1812.

FRADET *(Etienne), négociant*
Marchand établi à Patras, il exerce officieusement à partir d'octobre 1786 et pendant toute la période révolutionnaire les fonctions d'agent consulaire dans l'échelle. Fradet se fait aider par son commis et emploie à ses frais un drogman et un janissaire* pour les besoins du service.

GALLOIS, *professeur, consul*
Professeur de droit au collège Louis-le-Grand, affecté au vice-consulat de Bagdad le 11 avril 1795 en remplacement de Deval. Appelé un mois plus tard à résider à Bassora, il séjourne un an à Constantinople sur les conseils de Aubert Du Bayet, attendant désespérément le règlement de ses frais de mission et l'assistance d'un interprète. Sa santé affaiblie, il renonce à prendre son poste en Irak. Muté à Lattaquié le 4 février 1797, il y meurt quelques mois plus tard le 18 octobre.

GANDOUR AL-KOURY, *notable maronite*, consul*
Ce maronite* proche de l'émir des Druzes, issu d'une famille respectée du Mont Liban, est nommé le 26 août 1787 consul honoraire du roi à Beyrouth grâce à la recommandation du cardinal de Bernis, ambassadeur de France à Rome. Beyrouth est l'un des grands marchés de soie de la région. Gandour s'efforce de limiter les droits de douane que payent les Français et acquiert très vite leur confiance. Mais dès l'automne 1788 la Porte ottomane s'oppose à son installation vraisemblablement sur les conseils de Djazzâr Pacha. Ce dernier, qui a usurpé la province de Beyrouth en 1777, prend ombrage des activités de Gandour et le fait assassiner en mai 1791.

GASPARY *(Louis Marie Dimitri), 1735-1810, marchand, consul*
Bien que marchand, il est employé au consulat d'Athènes de 1756 à 1764, suivant l'exemple de son père Jean-Mathieu. Pourvu le 6 août 1764 d'un brevet de vice-consul, il doit affronter pendant plusieurs années les intrigues du négociant André Cayrac et de l'évêque d'Athènes Barthélemy, qui lui contestent son origine française et lui

reprochent de s'adonner parallèlement à des activités commerciales qui lui sont pourtant accordées par le roi à titre exceptionnel en guise de traitement (1776). Il est par ailleurs souvent en conflit avec le consul général de Morée qui ne reconnaît pas l'autonomie de sa circonscription consulaire. Il n'en conserve pas moins son poste jusqu'à la campagne d'Égypte et rend d'importants services à la nation française. Lié d'intérêt avec Choiseul-Gouffier, il constitue une importante collection d'antiquités grecques. Le 9 novembre 1787, l'ambassadeur lui demande d'acheter toutes les pièces rares qu'il peut rencontrer. S'il ne peut détacher les marbres des monuments, il met parfois la main sur quelques belles pièces abandonnées (ainsi les bas-reliefs du temple d'Aphaïa à Égine, en février 1788). Déposés dans le couvent des capucins à Athènes, la plupart des objets recueillis par Gaspary et son compère Fauvel sont adressés à Pouget, correspondant de l'ambassadeur à Marseille. Ils sont rachetés le 18 novembre 1796 par le Directoire pour le musée du Louvre.

GAY-VERNON, *consul*
Nommé consul à Tripoli de Syrie le 5 juin 1798, il ne rejoint pas son poste ne trouvant aucun navire pour s'embarquer. Affecté à Saint-Jean d'Acre le 20 juin 1802, il donne sa démission quelques mois plus tard.

GEOFFROY *(Auguste), négociant*
Né vers 1730, il travaille comme commis au service de son frère aîné, négociant à Saint-Jean d'Acre depuis 1781. Il exerce parallèlement les fonctions de drogman de mai 1787 à août 1789. Il passe à Lattaquié en qualité de chancelier pendant la Révolution, puis est promu vice-consul dans la même échelle le 21 septembre 1802.

GIRARD, *négociant*
Nommé en 1796 agent du consulat général de Smyrne dans l'île de Kos (anciennement appelée « Stancho »). Située dans le Dodécanèse, Kos est un point de relâche obligé pour les navires venant de Syrie ou d'Égypte. Girard propose en février 1797 d'y établir une maison de commerce.

GORMEZANO *(Mossé), drogman*
Issu d'une famille qui a servi la France depuis plusieurs générations, cet interprète turc assume la direction du vice-consulat des Dardanelles resté vacant depuis 1784. À l'origine, ce poste était destiné à faire la retraite d'un vieux marin chargé de piloter dans

le détroit les bâtiments français ; puis on a pris l'habitude au cours du XVIIIe siècle de le confier au secrétaire de l'ambassade de Constantinople qui n'y allait que trois ou quatre fois dans l'année lorsque les circonstances l'exigeaient. Antoine d'Esparron, nommé aux Dardanelles le 1er septembre 1786, n'y a jamais mis les pieds prétextant des raisons de santé, et Pierre Bermond, son successeur, n'y réside que quelques mois au début de la Révolution avant d'être appelé en Morée. Pour prix de son dévouement Gormezano ne reçoit qu'une allocation annuelle de 1 000 livres.

GUY DE VILLENEUVE *(Jean-Pierre), consul*
Né en 1751. Vice-consul à La Canée (février 1781), puis à Tunis (octobre 1786), il donne sa démission en mai 1794 à la suite d'un décret de la Convention ordonnant le remplacement de tous les fonctionnaires d'origine noble, ce qui ne l'empêche pas d'être affecté, le 23 juin 1795, au vice-consulat de Saïdâ. Guy de Villeneuve reste cependant en poste à Tunis (arrêté du 27 juin 1796). Il ne semble pas avoir repris du service sous l'Empire.

HASSAN CAPITAN PACHA, *amiral turc*
Il est envoyé en Égypte en 1786 à la tête d'une armée de 4 000 hommes pour chasser du pouvoir les beys mamelouks, à cause de leurs abus et du non paiement des impositions annuelles dues au sultan. Mais cette expédition punitive est de courte durée. Bien qu'il soit maître d'Alexandrie et du Caire, Hassan Pacha ne parvient pas à renverser les fondements du régime local. En fait, la Porte ottomane est davantage préoccupée de rétablir un contrôle direct sur les finances du pays que de réformer les structures. Lorsque la guerre avec la Russie éclate, il est rappelé à Constantinople en octobre 1787 après avoir laissé la conduite des affaires à Ismaïl Bey, personnage honnête et dévoué aux Français.

JEAN BON SAINT-ANDRÉ *(André), 1749-1813, député, consul*
Député du Lot à la Convention, il est appelé au Comité de Salut public où il doit s'occuper de la réorganisation de la marine. Il remplit plusieurs missions, puis se voit nommé le 19 novembre 1795 consul général à Alger. Il est muté à Smyrne le 28 novembre 1797, mais ne prend ses fonctions que le 30 mai 1798, quelques mois seulement avant la rupture des relations diplomatiques avec la Turquie. Fait prisonnier, il est libéré en 1801. Bonaparte le désigne commissaire général dans les départements de la rive gauche du Rhin et préfet du Mont-Tonnerre.

IBRAHIM BEY, *1736-1816, chef mamelouk*
Mamelouk* de Mohamed Bey Aboudahab. Élevé à la dignité de bey en 1764, il devient *cheikh al-Balad** à la mort de son maître (1771). Longtemps rival de Mourad Bey, il finit par gouverner l'Égypte conjointement avec lui jusqu'à l'arrivée de Bonaparte. Après la bataille des Pyramides (21 juillet 1798), il se retire avec les siens en Syrie, et ne revient au Caire qu'après l'évacuation des troupes françaises (1801). Mais il ne parvient pas à rétablir son autorité et organise la résistance en Haute Égypte contre le pouvoir de Méhémet Ali. En 1814, il se réfugie dans la région de Dongola avec le reste de ses mamelouks*.

KORAÏS [ou CORAY], *(Adamantios), 1748-1833, philologue grec*
Né à Smyrne, c'est l'un des plus fameux représentants des Lumières grecques. Issu d'une famille de commerçants, il se consacre très tôt à l'étude des auteurs classiques et reste ouvert à la culture européenne. Il effectue un long séjour à Amsterdam (1772-1778), puis à Montpellier (1782) où il entreprend des études de médecine qu'il achève brillamment. En contact avec les hellénistes et érudits français, il s'installe ensuite à Paris (1788), la « nouvelle Athènes », et suit en observateur passionné et critique les débuts de la Révolution. Son œuvre littéraire s'en trouvera profondément influencée. C'est à l'étranger que Koraïs comprend tout le parti à tirer de l'héritage ancestral des Grecs qui fait alors l'admiration des Européens et qu'exploiteront plus tard les chefs de l'insurrection. Il ne s'engage pas vraiment dans l'action politique et fixe plutôt son attention sur la pédagogie et la sensibilisation de ses compatriotes au nouveau message de liberté. Dans ce combat, la langue populaire (allégée de ses tournures archaïsantes héritées de l'église byzantine) apparaît comme un élément mobilisateur qui permettra à la nation hellénique de retrouver son identité et de s'affranchir de la tutelle ottomane. C'est dans cet esprit qu'il contribue à la publication d'un dictionnaire de grec moderne et à la traduction d'ouvrages de sciences et de philosophie politique. Son œuvre magistrale, intitulée *Bibliothèque hellénique*, rassemble de nombreux écrits de l'Antiquité et lui vaut une grande notoriété. Cette intense activité éditoriale est rendue possible grâce au collège de Chio dont il est le fondateur et le directeur. Cette école est, au début du XIXe siècle, l'un des plus importants établissements d'enseignement et de recherche de Grèce. Dotée d'une belle bibliothèque et d'une imprimerie, elle fonctionne jusqu'à l'époque de la révolution de 1821. Koraïs meurt à Paris après avoir formé de nombreux disciples.

KUTCHŪK ALI, *officier turc*
Rebelle au pacha d'Alep, il usurpe dans les années 1780 l'administration de la région côtière située entre Alexandrette et Antioche. Les Français doivent composer avec lui, ce qui crée des tensions avec le représentant légitime de la Porte dans cette province syrienne.

LAIDET *(Charles Hyppolite, chevalier de), 1746-1814, consul*
Officier d'infanterie, il quitte l'armée le 30 janvier 1774, après avoir participé à plusieurs campagnes (Corse, Portugal). Entré dans la carrière consulaire comme chancelier au Caire (10 juin 1776), puis vice-consul à Larnaca et à Candie (28 janvier 1779), il est promu consul à Tripoli de Syrie le 6 octobre 1787 (mais n'occupe ce poste qu'en juillet 1788). N'ayant reçu aucun compte de son administration pendant deux ans, le Comité de Salut public le destitue le 3 décembre 1794, bien qu'il ait prêté serment à la Constitution. Il obtient sa réintégration grâce aux rapports favorables des négociants de l'échelle et de l'envoyé de la République Verninac. Pourtant, en août 1796, il donne sa démission à la suite de l'opposition des nationaux qui lui reprochent sa conduite et ses dettes qu'aurait supportées la nation française. Rappelé par le Directoire exécutif le 18 novembre 1796, Laidet quitte Tripoli le 11 avril 1797. Il sollicite sa retraite en 1801.

LAUMOND *(Charles Joseph), consul*
Commissaire des revenus nationaux, il est nommé le 19 juillet 1795 consul général à Smyrne. Choix déplacé car Laumond ne connaît pas l'Orient et sollicite au moment de s'embarquer à Venise sa mutation dans une résidence plus proche de sa famille et de ses intérêts financiers. Il séjourne peu de temps à Smyrne (à partir d'avril 1796) et obtient, grâce à ses relations, le poste de Hambourg (14 novembre 1797) qu'il occupe jusqu'en mai 1802.

MAGALLON *(Charles Claude), 1741-1820, négociant, consul*
Fils d'un négociant marseillais établi à Constantinople, Magallon s'installe au Caire comme régisseur de la maison Bardon (1764) et étend en Égypte le commerce des étoffes de Lyon. Arabisant et habile négociateur, il acquiert très vite l'estime et la confiance des Beys mamelouks*, ce qui lui permet de défendre les intérêts des Français après le départ du Caire du consul général Jean-Baptiste Mure (1777). En janvier 1785 il facilite la négociation du traité de commerce signé entre le consul Mure, le capitaine de vaisseau Truguet, détaché de l'ambassade, et les autorités locales représentées par Mourad Bey et

le grand douanier d'Égypte. L'objectif est d'obtenir le libre transit des marchandises françaises par Suez, avec des garanties pour la sécurité des transports et de faibles droits de douane, avantages déjà consentis aux Anglais. L'expédition de Hassan Pacha en 1786 et la fuite des beys, ses principaux fournisseurs, mettent son établissement en difficulté. Il liquide ses affaires et rentre en France en avril 1791 pour plaider sa cause et celle de ses compatriotes qui ont essuyé de lourdes pertes financières. En le nommant, le 30 janvier 1793, consul général au Caire avec 16 000 livres d'appointements annuels, le gouvernement entend le dédommager des services rendus et espère rétablir les relations commerciales avec l'Égypte. Mais la position des Français se dégrade au Caire. Accablé de vexations par les Mamelouks* qui ont repris le pouvoir, Magallon transfère sa résidence à Alexandrie avec le reste de la nation (16 septembre 1796). Sa santé altérée, il sollicite un congé et quitte le pays le 26 juin 1797 après avoir laissé à son neveu, vice-consul à Rosette, la responsabilité des affaires administratives. Revenu en France, il encourage le Directoire à entreprendre la conquête de l'Égypte (mémoire du 9 février 1798) et s'embarque avec le corps expéditionnaire. Fait prisonnier, il est emmené en captivité à Tunis pendant dix-huit mois. Rapatrié grâce au versement d'une rançon, Bonaparte le nomme commissaire général des relations commerciales à Salonique le 20 juin 1802. Il y séjourne de mars 1803 à avril 1804. Admis à la retraite le 15 juin 1806.

MAGALLON *(Joseph)*, consul
Neveu du précédent, né en 1769. Il séjourne en Égypte auprès de son oncle, de septembre 1789 à mai 1791. Il passe ensuite en Martinique où il effectue une mission pour le compte du ministère de la Marine et des Colonies. Rentré en France quelques années plus tard, il sollicite un poste dans les consulats et obtient le 18 décembre 1794 celui de Rosette, devenu vacant après le départ précipité de Butet. Arrivé à Alexandrie en juillet 1795, son oncle le retient auprès de lui car la situation politique à Rosette rend imprudent l'envoi d'un agent français. Décision confirmée par le Directoire le 27 janvier 1796. Après le départ de son oncle (juin 1797), il prend la direction des affaires consulaires et s'efforce de protéger ce qu'il reste du commerce français dans un pays en proie à l'anarchie.

MAGALLON *(Lazare)*, consul
Second neveu de Charles Magallon. Après un long séjour en Égypte (1783-1797), il est nommé vice-consul à Rhodes le 29 août 1798. Mais la rupture des relations avec la Porte l'empêche de rejoindre

son poste. Il est confirmé dans les mêmes fonctions le 20 juin 1802. Il réside à Rhodes de février 1803 à septembre 1814.

MAJASTRE *(Jean-Baptiste), négociant*
Chancelier du consulat général à Smyrne de 1794 à 1798.

MARTIN *(Jean-Baptiste), consul*
Nommé vice-consul aux Dardanelles le 19 novembre 1794, il n'occupe son emploi qu'en juillet 1795. Confirmé à son poste le 20 juin 1802, il est muté à Galatz (Valachie) le 2 août 1804.

MAZIÈRE DE SAINT-MARCEL *(Pierre Emmanuel), 1752-1821, consul*
Il débute sa carrière le 1er janvier 1772 comme secrétaire particulier du comte de Saint-Priest, ambassadeur de France à Constantinople, avant d'être nommé vice-consul à Coron (Morée) le 9 décembre 1776. Il est ensuite affecté à Salonique en qualité de consul (28 janvier 1779) et écrit plusieurs mémoires sur le commerce des Français. Promu consul général à Alep le 27 avril 1786, il réside dans cette échelle jusqu'en mai 1794. Accusé de royalisme et démis de ses fonctions par la nation française, il se retire à Lattaquié jusqu'à l'époque de l'expédition d'Égypte. Revenu en France en 1801, il sollicite un nouvel emploi mais n'obtient que le poste de Rosette (1er octobre 1803). Il gère ensuite le vice-consulat d'Alexandrie de septembre 1807 à septembre 1814. Mis à la retraite en 1816.

MERTRUD *(Pierre-André), drogman*
Né en 1772. Drogman chancelier à Nauplie sous la Révolution. Il occupe les mêmes fonctions à Coron sous l'Empire.

MILLE *(Louis Emmanuel), consul*
Il est parent de l'abbé Barthélemy. Chancelier à Tripoli de Syrie (2 mars 1772), puis au Maroc (6 juin 1774), il est promu vice-consul à Rhodes par brevet du 28 janvier 1779. Il ne prend ses fonctions qu'en mars 1780 et est révoqué en 1786 pour des raisons familiales.

MIROUDOT *(Dom Jean-Baptiste du Bourg), 1717-1798, abbé*
Prêtre de l'ordre des bernardins, il occupe diverses fonctions ; curé à Lisle-en-Barrois pendant sept ans, puis moine à Cîteaux (1763), enfin commissaire général de l'ordre chargé de visiter les abbayes situées dans la région du Rhin. Nommé consul à Bagdad le 2 janvier 1775, il est désigné par le roi pour gérer l'évêché de Babylone en dépit des réserves formulées par la congrégation de la Propagande* qui lui

reproche de n'avoir « ni mœurs, ni honneur, ni probité, ni religion ». Miroudot est sacré évêque le 23 juin 1776 avant de s'embarquer à Marseille en juillet 1781 en compagnie de son neveu Beauchamp. Mais il ne gagnera jamais l'Irak. Arrivé à Alep, il sollicite un congé pour raison de santé, séjourne un moment à Rome, puis regagne Paris en mars 1784. Employé par l'archevêque de Paris, il s'installe dans le cloître de Notre-Dame, reconnaît la Constitution civile du clergé et procède au sacre de plusieurs évêques constitutionnels, ce qui lui vaut d'être suspendu par un bref du pape (19 avril 1791). Il termine sa vie dans la misère et meurt à Paris à l'hôpital des Incurables.

MOUSTIER, *drogman*
Il fait office d'agent du roi à Bassora et seconde les efforts du consul Rousseau pour étendre le commerce français jusqu'en Perse. Très affaibli, il est rapatrié en mai 1791 et ne reprend aucun service aux Affaires étrangères.

MURE *(Jean), chancelier*
Chancelier au Maroc au début de la Révolution, il est muté à Tripoli de Syrie le 3 décembre 1794. Mais il ne quitte pas son poste car il doit assumer l'intérim des affaires consulaires au Maroc en l'absence du général Durocher retenu prisonnier par les Anglais à Gibraltar.

MURE *(Jean-Baptiste), 1747-1824, consul*
Il débute sa carrière dans les bureaux de l'intendance du Languedoc, puis accompagne en novembre 1768 l'ambassadeur Saint-Priest à Constantinople. La protection de ce dernier lui vaut d'être nommé consul à Salonique (18 janvier 1773) ; il y séjourne d'octobre 1773 à septembre 1774. Consul général au Caire (6 juin 1774), il transfère sa résidence à Alexandrie en 1777 avec l'accord du gouvernement, ne laissant au Caire qu'un chancelier drogman pour aider les négociants dans leurs transactions. Il participe en 1785 aux négociations conduisant au traité de commerce avec les Beys mamelouks*. Il quitte l'Égypte le 17 mai 1789 pour congé et ne reprend pas son poste en 1792 malgré les injonctions du bureau des Consulats. Il se retire alors à Mâcon, prête serment et est élu membre du directoire du district de la ville. Il est conseiller général de Saône-et-Loire sous l'Empire.

Mure d'Azir *(Henri), 1752-1826, consul*
Il réside quatre ans au Caire (1774-1777) auprès de son frère aîné Jean-Baptiste qui occupe alors le poste de consul général. Il y étudie l'arabe et s'initie aux affaires consulaires et commerciales. Nommé vice-consul chancelier au Maroc le 28 janvier 1779 (il n'arrive à Salé qu'en juin 1781) il contribue à maintenir les relations d'amitié avec le prince maure qui se sont refroidies après l'expulsion du chargé d'affaires Louis Chénier en 1782. Promu consul à La Canée le 6 octobre 1787, il y épouse Marie Sponty Leftero, d'une ancienne famille vénitienne de Crète. Il est ensuite muté à Chypre le 27 janvier 1796. Détenu à Nicosie avec ses compatriotes lors l'expédition d'Égypte, il revient en France deux ans plus tard. Bonaparte le nomme commissaire général des relations commerciales à Odessa le 16 septembre 1802, poste qu'il conserve jusqu'à la campagne de Russie (1812). Il reprend du service sous la Restauration comme consul général à Tripoli de Barbarie du 12 septembre 1814 au 1er juillet 1824.

Napollon de Chateauneuf, *drogman*
Drogman chancelier à Salonique de 1786 à 1789, il exerce les mêmes fonctions à Rhodes où il est chargé, de décembre 1790 à août 1791, de l'intérim du vice-consulat en l'absence de Dutrouy. Muté à Lattaquié, il ne rejoint pas son poste et obtient de l'ambassadeur la permission de rentrer en France au début de 1792. Le 26 juillet 1798 le ministère l'envoie comme secrétaire interprète auprès de Dubois, commissaire de la République française dans les îles Ioniennes. Il passe ensuite à Saint-Jean d'Acre le 19 novembre 1802, mais démissionne dès avril 1804 à la suite d'une grave ophtalmie*.

Outrey, *médecin*
Chirurgien et apothicaire établi à Bagdad vers 1780, il effectue diverses missions officielles à Mascate et à La Réunion où il engage les négociants de ces îles à commercer directement avec Bassora. Nommé le 4 mai 1807 chancelier à Bagdad auprès du consul Jean-Baptiste Rousseau (1780-1831).

Pellegrin, *(Joseph-Claude de), 1745-1795, consul*
Avocat au Parlement de Provence, il entre aux Consulats en qualité de chancelier à Saïdâ (6 juin 1774). Il poursuit sa carrière comme vice-consul à Saint-Jean d'Acre (9 décembre 1776), puis consul à La Canée (4 février 1781) où il séjourne jusqu'en 1785. Muté à Tripoli de Barbarie (6 octobre 1787), il est destitué le 30 avril 1793 à la suite de son refus de prêter serment.

PHILIPPIDÈS *(Daniel), géographe grec*
Il est l'auteur d'un important ouvrage de *Géographie moderne* paru à Vienne en 1791. Installé en plein cœur de Paris au moment des événements révolutionnaires, il fréquente les milieux des savants et des universitaires et entretient une correspondance avec Barbié du Bocage (publiée à Athènes en 1966).

PILLAVOINE, *négociant*
Établi à Alep sous la Révolution, il devient consul à Saint-Jean d'Acre le 9 octobre 1802 en remplacement de Gay-Vernon, poste qu'il conserve sous la Restauration.

PUSCICK *(Mathieu)*
Né à Raguse, il quitte son pays au début de la Révolution pour s'établir en Prusse. Drogman à la légation française à Constantinople, il est ensuite affecté au consulat de Larnaca le 13 mai 1797. Nommé premier drogman au Caire le 24 octobre 1802, il se trouve rapidement en conflit avec les consuls Lesseps et Drovetti et doit quitter l'Égypte dès 1805. Destitué le 15 avril 1806, il reprend du service puisqu'il est appelé à Salonique en 1813.

RENAUDOT *(Jean-Pierre), 1740-1796, consul*
Capitaine de cavalerie de 1758 à 1774, il poursuit sa carrière à l'étranger, d'abord comme chancelier en Morée (juin 1775-mars 1777), puis en qualité de vice-consul à Alger (jusqu'en juillet 1779), à Lattaquié et à Saint-Jean d'Acre (4 février 1781). Il est promu consul général du département de Syrie et Palestine le 3 septembre 1786, en résidence à Acre. Contraint par Djazzâr Pacha de quitter l'Échelle le 6 octobre 1790, il se réfugie avec les autres Français à Jaffa. Soupçonné de sympathies royalistes, il est suspendu le 23 décembre 1794, puis réintégré quelques mois plus tard. Il meurt à Jaffa à la suite d'une longue maladie.

REY *(Innocent), négociant*
Né en 1755, il s'installe en 1781 comme négociant à Saint-Jean d'Acre, puis à Larnaca où il doit notamment assumer l'intérim du consulat de septembre 1795 à août 1797. Il réside ensuite à Marseille.

REYBAUD *(L.), drogman*
Drogman chancelier à Damiette, il gère officieusement la chancellerie consulaire de 1775 à 1798. Vivant avec sa famille dans un

isolement et un dénuement presque total, il semble avoir été oublié des cadres du ministère.

ROUBAUD *(Anselme), négociant*
Il gère les affaires consulaires à Smyrne après le départ d'Amoreux, de décembre 1793 à juin 1795.

ROUSSEAU *(Jean François Xavier), 1738-1808, consul*
Né à Ispahan (Perse), c'est le cousin germain du célèbre écrivain. Élevé par les pères jésuites d'Ispahan, il passe son enfance à la cour du shah de Perse où son père a été accueilli en 1708 en qualité de joaillier. À la mort du souverain Hussein (1729), les révolutions de palais se succèdent dans le royaume et la famille Rousseau doit se réfugier à Bassora en 1756. Sa connaissance du pays, du persan et de l'arménien lui vaut d'être remarqué par l'évêque de Babylone et par Perdrian, agent de la Compagnie des Indes, qui l'engagent à servir les intérêts de la nation française à Bassora et à effectuer diverses missions officielles à Bagdad et Chiraz. Très actif, Rousseau prône l'établissement d'un commerce caravanier entre la Méditerranée et le golfe Persique via Alep et Bagdad. Il facilite les négociations avec le régent de Perse Kerim Kan qui aboutissent à un traité d'alliance et à l'octroi de privilèges pour les Français (1769). À partir de mai 1773, il connaît une situation difficile lorsqu'il doit acquitter les dettes que Pirault, le successeur de Perdrian, a contractées pour soutenir l'agence de Bassora. Revenu en France ruiné (1780), après avoir été dépouillé et rançonné par des brigands à Alep pendant son voyage, il sollicite une nouvelle mission et se voit nommé à Bassora en qualité de consul général (13 septembre 1781). Mais Rousseau décide de fixer sa résidence à Bagdad contre l'avis du secrétaire d'État. Il s'assure le soutien de Souleyman Pacha qui lui permet de mener à bien certaines affaires commerciales pour le compte de négociants marseillais. En 1795, le gouvernement le confirme dans ses fonctions. Arrêté avec sa famille en octobre 1798 à la suite de l'expédition d'Égypte, il ne doit son salut qu'à l'amitié du pacha qui l'exile à Mersin (Turquie). De retour à Bagdad (septembre 1801), il doit passer peu après à Bassora où il est nommé consul le 20 juin 1802. Il s'attache à rétablir l'alliance de la Perse avec la France, et intervient pour aider la mission Gardane en 1807-1808. Il meurt à Alep. Cet orientaliste cultivé est l'auteur de nombreux écrits, non publiés pour la plupart, parmi lesquels : *Histoire générale des Afghans, Histoire de l'établissement des Hollandais à Khoré avec la description topo-*

graphique de cette île, Mémoire sur le siège de Bassora par les Perses, Traité sur les pierres précieuses.

ROUSSEAU, *agent du ministère des Relations extérieures*
Neveu du précédent, né à Genève en 1763. Résidant de façon permanente en France à partir de 1780, il est en janvier 1794 secrétaire du bureau de Conciliation au ministère des Relations extérieures. Sa demande d'intégration dans les consulats est restée lettre morte.

ROUSSEL *(Joseph Jean-Baptiste), consul*
Né en 1758. Carrière militaire comme garde du corps du roi et sous-lieutenant dans un régiment de dragons, avant d'être affecté à Constantinople auprès de l'ambassadeur Saint-Priest (1778). Vice-consul aux Dardanelles (28 janvier 1779), puis à Coron en Morée (27 août 1786). Il est en congé en France au moment où éclatent les événements de 1789 et ne reprend ses fonctions qu'en février 1791. Il assure la gérance du consulat de Nauplie à partir de 1793, après le départ de Taitbout de Marigny et ne quitte l'échelle que pour effectuer un court séjour à Zante en 1797. Il est promu consul à La Canée le 20 juin 1802, poste qu'il occupe jusqu'en 1807 avant d'être muté à Patras (décembre 1810-septembre 1814). Il termine sa carrière comme consul général à Alexandrie (août 1816-novembre 1820) et joue un rôle dans la réhabilitation du consul Drovetti qui a perdu son poste en Égypte après les Cents-jours.

RUFFAY *(baron de), consul*
Ancien officier de l'armée établi à Andrinople (Edirne) dans les années 1780. Son crédit auprès des autorités turques lui permet de rendre d'importants services à la nation française et d'être nommé vice-consul honoraire à Andrinople par brevet du 24 juillet 1790.

RUFFIN *(Pierre Jean Marie), 1742-1824, secrétaire interprète*
L'un des plus brillants jeunes de langue de son temps. Il effectue une mission en Crimée où il occupe pendant quelque temps des fonctions consulaires (1769). Fait prisonnier par les Russes lors du conflit avec la Turquie, puis libéré rapidement, il est ensuite employé à l'ambassade de Constantinople (1771-1774). Il revient à Paris pour assumer les fonctions de secrétaire interprète des langues orientales, chargé au bureau des Consulats de la correspondance avec la Turquie, les Régences barbaresques et l'Inde. Il enseigne parallèlement comme professeur de turc et de persan au Collège royal. Il prépare la venue en France d'une ambassade du sultan de Mysore, Tipou Sahib, qui

est accueillie à Versailles en août 1788. Il repart en poste sous la Révolution comme premier interprète et secrétaire de la légation de France à Constantinople (2 novembre 1794) et doit assurer l'intérim de l'ambassade après le départ du général Aubert Du Bayet (mars 1798). Emprisonné par les Turcs après la rupture des relations diplomatiques, il est chargé par Bonaparte d'ouvrir les négociations de paix avec le sultan en 1802. Il poursuit sa carrière diplomatique sous l'Empire et la Restauration.

SAINT-PRIEST *(François Emmanuel Guignard, comte de), 1735-1821, diplomate*
Fils d'un grand commis de l'État (son père est intendant du Languedoc), il est nommé ambassadeur de France à Constantinople. Il y réside du 13 novembre 1768 au 15 novembre 1784, avec un long séjour en France de 1776 à 1778. Il est ensuite ambassadeur en Hollande en 1787-1788.

SICARD *(Augustin), 1760-1795, consul*
Auxiliaire de bureau puis chancelier au consulat de Cadix de 1774 à 1793, il est promu à Larnaca le 19 novembre 1794 en remplacement du consul Astier qui a demandé sa retraite. Débarqué à Chypre le 18 juin 1795, il meurt de fièvres quelques semaines plus tard.

SIELVE *(Antoine), drogman*
Drogman chancelier à Larnaca de 1789 à 1791.

SOMMARIPA *(Chrysante), drogman*
Drogman chancelier du vice-consulat des Dardanelles de 1796 à 1798. Muté à Alep en la même qualité le 24 octobre 1802.

STAMATY *(Constantin), agent politique grec*
Il s'installe à Paris en 1787 pour faire des études de médecine qu'il n'achève pas. Il correspond alors régulièrement avec Panagiotis Kodrikas, secrétaire du Prince Michel Soutzo, hospodar* de Valachie, et l'informe des événements politiques qui se déroulent en France. Plusieurs lettres nous sont parvenues sur son séjour dans la capitale où il relate notamment l'exécution du roi. Ardent défenseur de la cause révolutionnaire, il effectue diverses missions secrètes pour le compte du ministère des Affaires étrangères. Il se fait remarquer par le représentant de la République à Constantinople, Descorches de Sainte-Croix, qui fait son éloge dans une dépêche du 24 décembre 1794. Stamaty soumet au Comité de Salut public, puis

au Directoire, divers rapports dans lesquels il prône l'extension de la Révolution dans les Balkans et la libération de la Grèce. Membre de l'agence du commerce français d'Ancône, dont le but clandestin est l'organisation en Adriatique d'un réseau d'agents locaux dévoués à la politique française, il favorise la diffusion des brochures et imprimés révolutionnaires dans les îles Ioniennes (conquises par les Français en 1797) et dans les provinces danubiennes. Certains de ces manifestes nous sont connus, tel celui adressé *Aux Grecs de la Grèce* en 1798. La même année, il écrit un mémoire sur *Les îles du Levant*. S'il n'obtient pas le poste de consul à Bucarest (convoité en février 1796), probablement à cause de son origine hellénique, Bonaparte le nommera consul à Civitavecchia (Toscane) le 6 avril 1801. On lui doit une traduction en grec de l'*Atala* de Chateaubriand (1805). Il meurt en 1817.

TAITBOUT DE MARIGNY *(Alexis Eustache Victor), 1732-1806, consul*
Il débute sa carrière dans l'armée avant de devenir vice-consul à Messine le 24 août 1767. Destitué par le duc de Praslin le 19 février 1768 suite à de fausses accusations portées contre le chancelier du consulat de Naples, il regagne la France. Mais sur l'intervention de son oncle, greffier de l'hôtel de Ville de Paris, il réintègre l'administration comme vice-consul à Alexandrie le 22 juillet 1776. Il accueille l'écrivain et orientaliste Claude Etienne Savary qui relate sa rencontre dans ses *Lettres sur la Grèce pour servir de suite à celles sur l'Égypte*. Promu consul à Tripoli de Syrie le 28 janvier 1779, puis consul général à Coron (Morée) le 31 août 1783. Proche de l'ambassadeur Choiseul-Gouffier, il fait défection en 1793 et se réfugie à Constantinople. Il meurt à Caffa (Crimée) où il a entrepris un voyage d'affaires.

TAITBOUT DE MARIGNY *(Jean Alexis), 1765-1817, consul*
Fils du précédent. Après avoir été garde du corps du roi, il réside à Coron auprès de son père en qualité de second drogman. Refusant d'émigrer, il occupe à partir du 2 décembre 1794 les fonctions de chancelier du consulat général de Morée en remplacement de Charles Fornetty. Dans les années 1796-1797, il séjourne dans les échelles de Nissi et Kalamata. Rentré en France en mars 1798, il demande à servir dans l'armée d'Orient. Le 17 juin 1803, Bonaparte le nomme sous-commissaire des relations commerciales à Saïda.

TOTT *(François, baron de), 1733-1793, militaire et diplomate*
D'une famille de petite noblesse hongroise. Lieutenant dans un régiment de hussards, il participe à la guerre de Succession d'Autriche et quitte l'armée comme capitaine. En 1755, il accompagne son père en mission à Constantinople et en profite pour apprendre le turc. Il revient en France en 1763, et est nommé colonel de cavalerie dans le régiment Royal Nassau hussard. Le roi l'envoie ensuite en Crimée en qualité de consul (23 juin 1767) avec un double objectif : engager le khan à surveiller les mouvements des troupes russes en Pologne et étudier les possibilités du commerce français dans la mer Noire. Mais cette mission tourne court. Le nouveau khan Devlet Girây ne voulant pas d'agent français auprès de lui, il retourne à Constantinople (avril 1769) où il est chargé de réorganiser l'armée ottomane à la demande du sultan. De retour en France (début 1776), il se voit confier le 16 décembre 1776 la charge d'inspecteur général des établissements français au Levant, et doit faire appliquer les nouvelles dispositions de l'ordonnance du 9 décembre 1776 sur les consulats. Sa mission au Levant dure plusieurs mois (mai 1777-juillet 1778) et aboutit à la réforme de la Chambre de commerce de Marseille (ordonnance du 27 novembre 1779) et à la réorganisation des consulats des échelles du Levant et de Barbarie (ordonnance du 3 mars 1781). Nommé maréchal de camp le 9 décembre 1781 et lieutenant gouverneur de Douai le 22 novembre 1785, il émigre en Suisse en 1791. Dessinateur de talent, il illustre lui-même ses *Mémoires sur les Turcs et les Tartares*, ouvrage publié à Amsterdam en 1784 en quatre volumes où il relate notamment sa mission en Crimée et son inspection au Levant.

TRONQUET *(Pierre-François), consul*
Au début de la Révolution, Tronquet est juge au tribunal de la commune de Le Pelletier St-Fargeau (Yonne) et membre actif de la Société des amis de la Liberté et de l'Égalité de cette ville. On lui propose le 6 octobre 1793 le vice-consulat de Candie en remplacement de Dutrouy. Supportant mal son séjour (il aurait tenté de se suicider), il est rapatrié en juillet 1797.

VATTIER DE BOURVILLE *(Charles Hyacinthe Sauveur), 1753-1822, consul*
Lieutenant au régiment de la Guadeloupe (1772), il démissionne le 12 mai 1775 pour entrer au secrétariat d'État de la Marine. Nommé vice-consul à La Canée le 9 décembre 1776, il passe ensuite à Alger (2 septembre 1781), puis à Lattaquié (3 septembre 1786). Sa mission

est ponctuée de longues absences ; il doit notamment assurer l'intérim à Tripoli de Syrie d'avril 1787 à août 1788, et séjourne en France de juin 1789 à octobre 1792. En août 1796, les Français de Tripoli de Syrie l'invitent à succéder au consul Laidet démissionnaire. Vattier accepte mais il est rappelé dès le 18 novembre par le Directoire qui nomme à sa place Gallois. Réintégré en juillet 1798, il ne regagne pas Lattaquié pour raison de santé. On lui propose le poste de Chio le 18 août 1802, qu'il conserve sous l'Empire. Il est confirmé en qualité de consul le 12 septembre 1814 et meurt à Chio. On lui doit une belle traduction d'un opuscule écrit en italien par l'évêque Timoni sur *la Colonie des Latins* descendants des familles génoises de l'île.

VENTURE DE PARADIS *(Jean-Michel), 1739-1799, orientaliste*
Il appartient à une famille de drogmans d'origine marseillaise. Il apprend le turc et l'arabe au collège Louis-le-Grand avant d'être affecté à l'ambassade à Constantinople (1757). Sa formation achevée, il est nommé drogman à Saïdâ (de 1764 à 1768), puis en Égypte (jusqu'en 1776) où il rend de grands services à la nation française. Associé à la mission d'inspection du baron de Tott (1777-1778), il passe ensuite quelques années à Tunis en qualité de chancelier du consulat général. Il est rappelé à Paris en 1785 pour y occuper une place de secrétaire interprète des langues orientales. À partir d'octobre 1787, il assure la direction de l'École des jeunes de langue. En 1788, le roi l'envoie auprès du dey d'Alger pour négocier un traité avec la Régence, qui est signé le 20 mars 1790. Son séjour donne matière à un écrit sur *Alger au XVIIIe siècle* (qui sera publié à Paris en 1898). Rentré en France, il reprend son poste de secrétaire interprète auquel il joint en 1795 celui de professeur de turc à la nouvelle École des langues orientales. Comme Volney, il rédige à l'époque une série de mémoires sur la manière d'encourager l'étude des langues orientales. Nommé le 3 mars 1796 premier secrétaire interprète de la République à Constantinople, il est rappelé quelques mois plus tard à sa demande. Il suit Bonaparte en Égypte et se voit confier la direction du corps des interprètes de l'armée d'Orient. Venture de Paradis avait lui-même rédigé en 1780 un projet d'expédition d'Égypte. Il participe à la campagne de Syrie et meurt d'une dysenterie devant Saint-Jean d'Acre (mai 1799).

VERNINAC DE SAINT-MAUR *(Raymond de), 1762-1822, diplomate*
Homme de lettres destiné à l'origine à la carrière du barreau. Grâce à ses relations dans la haute société parisienne, il est chargé en 1791 d'une mission de médiation dans le Comtat venaissin et propose le rattachement de cette enclave pontificale à la France. Chargé d'affaires en Suède au moment de la déclaration de guerre « au roi de Hongrie et de Bohême » (avril 1792), il fait reconnaître à la cour de Stockholm le nouveau pavillon français. Mais l'exécution de Louis XVI provoque la rupture des relations entre les deux pays et son retour à Paris. Il succède alors à Descorches de Sainte-Croix le 2 novembre 1794 en qualité d'envoyé extraordinaire de la République française à Constantinople. À la tête de la légation entre avril 1795 et novembre 1796, il détermine la Porte à nommer un ambassadeur permanent à Paris mais ne peut l'engager à entrer dans l'alliance française. Il sollicite son rappel. En avril 1800, Verninac est nommé préfet du département du Rhône.

VIAL *(Esprit), consul*
Né en 1763. Il parcourt le Levant au début de la Révolution avant d'être nommé, le 27 novembre 1795, vice-consul à Chio (il n'arrive dans l'Échelle que le 23 septembre 1796). Promu consul à Coron (Morée) le 20 juin 1802, il y réside jusqu'en août 1806.

GLOSSAIRE

Aga (ou *aghâ*) : titre militaire d'origine turque signifiant « maître », « chef », par opposition à *efendi* utilisé pour les civils.

Barat : de l'arabe *barâat* qui signifie « affranchissement », « immunité ». On utilise aussi le mot latin *exequatur* (littéralement « qu'on exécute »). En droit international, ce mot désigne la patente qu'un gouvernement délivre au consul ou au diplomate d'un État étranger pour qu'il puisse exercer ses fonctions. À l'époque, c'est l'ambassadeur auprès de la Porte ottomane qui doit solliciter les *barats* pour ses agents dans les Échelles. Ce document est enregistré au tribunal turc du lieu de résidence de son titulaire.

Barataire : sujet ottoman muni d'un *barat* qui lui permet d'entrer au service d'une puissance étrangère et de se soustraire à certaines impositions.

Bedeât (ou *bid'ât*) : mot signifiant « innovation ». À la fin du XVIIIe siècle, il est appliqué à une imposition sur le commerce d'exportation.

Bey : titre militaire d'origine turque (XVIe siècle). Il sert communément à désigner un chef mamelouk*.

Bezestan (ou *bedestan*) : partie intérieure des bazars d'Orient.

Brevet : arrêté de nomination des officiers subalternes (chanceliers et vice-consuls, lieutenants et enseignes de vaisseau ...).

Cadi (ou *qâdî*) : juge religieux.

Capitan Pacha : amiral de la flotte turque.

Cheikh al-Balad : chef de la ville, correspondant au maire. Il a sur ses administrés des pouvoirs de police et de justice.

Congrégation de la Propagande : institution du Saint-Siège à Rome chargée de régler les affaires de la religion en Orient. Les évêchés latins des Cyclades et l'évêché de Babylone (Mésopotamie) dépendent de la Congrégation.

Darse : dans un port, bassin maritime servant d'atelier pour radouber les coques des navires et changer les agrès.

Député de la nation : négociant français élu chaque année parmi ses pairs pour les représenter et défendre leurs intérêts commerciaux dans l'échelle. Il est chargé de tâches administratives et financières conjointement avec le consul.

Divan (ou *dîwân*) : terme arabe signifiant « cabinet », « chancellerie », « administration ». On l'emploie à l'époque pour désigner le conseil du souverain, l'assemblé des notables.

Drogman : nom donné aux interprètes employés au Levant et en Barbarie. Volney, dans son *Voyage en Syrie et en Égypte* (1787), explique ainsi l'origine de ce mot : « Interprète se dit en arabe *terdjeman* [*tourjemân*], dont nos anciens ont fait truchement ; en Égypte on le prononce *tergoman* ; et les Vénitiens en ont fait *dragomano*, qui nous est revenu en *drogman* ». Le mot drogman est encore employé dans un document du 15 mai 1943 émanant du Bureau français d'Alexandrie.

Échelle : de l'italien *scala* ou du turc *iskele* signifiant « échelle » et désignant le quai (plancher supporté par des pilotis ou petite jetée en pierre) qui sert à débarquer les marchandises. À partir du XVIIe siècle, les Français associent ce mot à tous les ports de relâche ottomans (États barbaresques compris) où sont implantés des nationaux, marins, artisans et marchands. Certaines villes de l'intérieur (Alep, Jérusalem, Le Caire, Bagdad, Andrinople) sont également considérées comme des Échelles.

Efendi : « maître », « seigneur », par extension personne cultivée.

Firman : ordre ou édit émanant du sultan ou d'un pacha. Le document est toujours signé de sa main.

Grand Seigneur : terme utilisé pour désigner le sultan de Constantinople. On l'appelle aussi le « Grand Turc ».

Grand Vizir : chef du gouvernement ottoman. Le sultan lui délègue certains pouvoirs.

Hospodar : mot d'origine ukrainienne. Titre de princes vassaux du sultan, particulièrement en Moldavie et en Valachie.

Kharâdj (ou *(djizia)* : impôt de capitation perçu sur les minorités chrétiennes et juives de l'Empire ottoman.

Janissaires : soldats de l'infanterie turque. Ils ne servent pas uniquement à la garde du Grand Seigneur mais sont employés comme troupes d'élites.

Majeur : commanditaire d'une maison de commerce dans les Échelles.

Mamelouk : ce mot est le participe passif du verbe arabe *malaka* qui signifie « posséder ». Un mamelouk est un esclave à l'origine, acheté puis affranchi, élevé dans la religion islamique et formé aux métiers des armes. C'est un redoutable cavalier.

Maronites : ils tirent leur appellation du monastère de Saint-Marron (Syrie), principal foyer au VIe siècle de la lutte contre les monophysites. Ces chrétiens sont fidèles à la doctrine définie au concile de Chalcédoine, mais refusent les rites byzantins (contrairement aux melkites*). Ils se sont constitués en patriarcat autonome au début du VIIIe siècle et furent reconnus par le pape à partir du XIIe siècle.

Melkites : vient de l'arabe *malik*, « roi ». Ce nom est donné anciennement aux chrétiens orientaux restés fidèles à la foi orthodoxe de l'empereur byzantin, après la scission des monophysites au concile de Chalcédoine (451). Les melkites se sont séparés de la papauté en 1054, mais en 1724 une partie d'entre eux rentrent dans l'obédience de Rome.

Millerole : ancienne mesure de capacité usitée en Provence pour le commerce des huiles d'olives et les vins et équivalant à 64 livres.

Moucharabieh : dans les maisons orientales, sorte de grillage en bois sculpté couvrant les fenêtres.

Moufti : théoricien et interprète du droit canonique musulman. Il remplit à la fois des fonctions religieuses, judiciaires et civiles.

Mouhassil : percepteur turc envoyé chaque année dans les provinces pour la collecte des impôts.

Moutaf : marchand janissaire.

Moutselim : vice gouverneur ou lieutenant d'un pacha.

Nation : terme désignant la communauté française dans les Échelles.

Ophtalmie : maladie inflammatoire de l'œil.

Pacha (ou *bâchâ*) : titre militaire d'origine turque. Le pacha est en général un gouverneur de province.

Pachalik : circonscription territoriale où réside un pacha.

Piastre : monnaie d'argent turque. Elle se divise en 40 paras et vaut 2,5 livres tournois à la fin du XVIIIe siècle.

(La) Porte (ou *Sublime Porte*) : cour du sultan de Constantinople.

Protégé : à l'origine, résident étranger appartenant à un État qu'aucun traité ne lie avec la Porte ottomane et qui bénéficie de la protection d'une autre puissance occidentale. Ce titre est étendu à de nombreux sujets chrétiens et juifs de l'empire.

Provision : arrêté de nomination des officiers supérieurs (consuls et consuls généraux, lieutenants généraux et chefs d'escadre ...).

Raïs Efendi : ministre turc des Affaires étrangères (*raïs* en arabe signifie « chef »). À partir des années 1830, on emploie plutôt le terme de *Nâzir* pour désigner le chef de la diplomatie turque.

Rayas : nom donné aux sujets non musulmans de l'Empire ottoman.

Saint-Sépulcre : la basilique du Saint-Sépulcre située à Jérusalem comprend, outre le tombeau du Christ, plusieurs lieux sanctifiés par les actes de sa Passion. Elle a été bâtie par sainte Hélène, la mère de l'empereur Constantin qui fit le voyage d'Orient pour visiter les Lieux saints. Démolie à deux reprises, la basilique fut reconstruite par les Croisés en 1149. Au XVIIIe siècle, l'accès en est ouvert à tous les chrétiens. Chaque secte religieuse possède dans l'enceinte sacrée un certain nombre de chapelles et le droit de les entretenir à ses frais.

Scorbut : tumeur due à une carence en vitamine C et à un régime alimentaire dépourvu de végétaux frais. Elle se manifeste par un ulcère à l'estomac. Cette maladie frappe durement la garnison française d'Alexandrie assiégée par les Anglais entre avril et août 1801.

Te Deum : depuis le XVIIe siècle, cantique d'action de grâces pour célébrer tout événement officiel de caractère heureux : victoires militaires, naissance ou mariage de princes, sacre du roi. L'anniversaire de la prise de la Bastille au Champ de Mars ou fête de la Fédération (1790) est célébré par un *Te Deum* de Gossec.

Ulama : pluriel du mot arabe *'âlim* : littéralement « celui qui sait ». Ce mot désigne le docteur de la Loi, le savant ou le chef religieux.

BIBLIOGRAPHIE

I – Sources manuscrites

1) Archives nationales

Dans les notes, on utilise l'abréviation suivante : AN (pour Archives nationales)

Fonds des Affaires étrangères
Série A.E. B^I : *Correspondance consulaire, lettres reçues par le secrétaire d'État de la Marine*

A.E. B^I 96, Alep, tome 21 (1784-1786)
A.E. B^I 97, Alep, tome 22 (1787-1791)
A.E. B^I 99, Alexandrette, tome 2 (1751-1778)
A.E. B^I 114, Alexandrie, tome 15 (1788-1791)
A.E. B^I 174, Athènes, tome 2 (1780-1791)
A.E. B^I 176, Bagdad, tome 2 (1776-1786)
A.E. B^I 177, Bagdad, tome 3 (1787-1791)
A.E. B^I 197, Bassora, tome 1 (1743-1791)
A.E. B^I 358, La Canée, tome 19 (1787-1791)
A.E. B^I 447, Constantinople, tome 72 (1785-1786)
A.E. B^I 448, Constantinople, tome 73 (1787-1790)
A.E. B^I 473, Coron, tome 5 (1788-1791)
A.E. B^I 642, Larnaca, tome 13 (1784-1791)
A.E. B^I 952, Rhodes, tome 1 (1731-1777)
A.E. B^I 953, Rhodes, tome 2 (1778-1791)
A.E. B^I 980, Saint-Jean d'Acre, tome 3 (1787-1789)
A.E. B^I 981, Saint-Jean d'Acre, tome 4 (1790-1791)
A.E. B^I 1004, Salonique, tome 15 (1784-1792)
A.E. B^I 1014, Scio (Chio), tome 6 (1773-1792)
A.E. B^I 1041, Saïdâ, tome 25 (1785-1790)
A.E. B^I 1068, Smyrne, tome 27 (1788-1789)
A.E. B^I 1069, Smyrne, tome 28 (1790-1791)
A.E. B^I 1124, Tripoli de Syrie, tome 11 (1788-1792).

Série A.E. B^{III} : Mémoires et Documents, Levant et Barbarie

A.E. B^{III} 96 : Rhodes, rapport de L.E. Mille à la Chambre de commerce de Marseille (1778-1779)

A.E. B^{III} 192 : Lettres, patentes, ordonnances, édits, arrêts, règlements concernant les consulats et le commerce (1669-1787)

A.E. B^{III} 195 à 197 : Rapports et décisions concernant les consuls et le commerce ; arrêtés du Comité de Salut public et du Directoire exécutif

A.E. B^{III} 233 : Visites des Échelles, Baron de Tott (1777-1779)

A.E. B^{III} 238 : Commerce et marine ottomane (1738-1750)

A.E. B^{III} 252[1] : Franchise du port de Marseille et administration de la Chambre de commerce

A.E. B^{III} 290 : Français et protégés au Levant et en Barbarie (1756-1832)

A.E. B^{III} 298 : recettes et dépenses de la Chambre de commerce de Marseille (1774-1782)

A.E. B^{III} 299 : recettes et dépenses de la Chambre de commerce de Marseille (1783-1793)

2) ARCHIVES DU MINISTÈRE DES AFFAIRES ÉTRANGÈRES (QUAI D'ORSAY)

Dans les notes, on utilise l'abréviation suivante : MAE (pour ministère des Affaires étrangères)

Série CCC : Correspondance consulaire et commerciale
Elle complète la précédente série A.E. B^{I} des Archives nationales

CCC Alep, tome 23 (1792-1807)
CCC Alexandrie, tome 16 (1792-1804)
CCC Athènes, tome 3 (1792-1824)
CCC Bagdad, tome 4 (1792-1812)
CCC Bassora, tome 2 (1794-1812)
CCC Coron, tome 6 (1792-1825)
CCC Constantinople, tome 74 (1795-1802)
CCC Damiette, vol. sans n° (1777-1818)
CCC Dardanelles, tome 1 (1728-1831)
CCC Larnaca, tome 14 (1792-1810)
CCC Lattaquié, tome 1 (1789-1811)
CCC Moka, vol. sans n° (1710-1829)
CCC Naples de Romanie (Nauplie), vol. sans n° (1778-1824)
CCC Patras, tome 1 (1717-1810)

CCC Rhodes, tome 3 (1792-1829)
CCC Rosette, tome 4 (1774-1807)
CCC Saint-Jean d'Acre, tome 1 (1792-1809)
CCC Salonique, tome 15 bis (1793-1809)
CCC Scio (Chio), tome 7 (1793-1822)
CCC Saïdâ, tome 26 (1792-1815)
CCC Smyrne, tome 29 (1792-sept. 1794)
CCC Smyrne, tome 30 (sept. 1794-déc. 1795)
CCC Smyrne, tome 31 (1796-juillet 1803)

Série CP : Correspondance politique

Volume 5, supplément (1673-1678) : Capitulation de 1673 avec les « Articles additionnels » de 1674
Volume 181 (janvier-décembre 1790)
Volume 184 (novembre 1792-mai 1793)

Série Mémoires et Documents : Turquie

Volume 2 : Texte des premières capitulations
Volume 7 : État des Français résidant dans les Échelles
Volumes 9, 13, 17, 30, 33, 136 : Commerce et navigation de la France au Levant
Volumes 35, 42, 50 : Affaires religieuses, Lieux saints et Missions au Levant
Volume 111 : Diplomatie française dans l'Empire ottoman (1784-1838)
Volume 112 : Jeunes de langue, privilèges et immunités des Français dans les Échelles

Série Personnel

* Organisation du ministère et service des consulats
  Volume 50 : Instructions et circulaires (1790-1800)
  Volume 58 : Ordonnances, édits, lois, circulaires (1781-1826). Cette série regroupe plusieurs notes intéressantes sur le métier de consul (instructions du secrétaire d'État, lettres de mission)
  Volume 62 : Règlements consulaires, correspondances et documents (1781-1829)

* Décrets et arrêtés de nomination
  Volume 9 : avril 1794-septembre 1801

* Dossiers individuels (agents consulaires et diplomatiques)
  Volumes 61 et 62

* Dossiers généraux
  Volumes 264 : État nominatif des consuls, agents consulaires et chanceliers (1616-1793)
  Volumes 265 et 266 : État divers « Français et étrangers » (1715-1792)

3) ARCHIVES DE LA CHAMBRE DE COMMERCE DE MARSEILLE

Série C : Comptabilité, affaires financières

C 131 : Droit de 20 %, arrêts du Conseil, imprimés, ordonnances et mémoires (1669-1787)
C 862 : Droit de consulat (1776-1791)
C 1602 : Comptabilité du Bureau provisoire du commerce, état de la recette et de la dépense de l'administration (10 juillet 1792-30 avril 1793)

Série I : Statistiques

I 20 : États du commerce d'exportation pour le Levant et la Barbarie (1786-1789)
I 28 : États du commerce d'importation pour le Levant et la Barbarie (1786-1789)

Série J : Correspondance des consuls et des députés de la nation

J 208 à 211 : Constantinople, lettres des députés de la nation (1791-1795)
J 805 : Consulat de Syrie et de Palestine, lettres de Jean-Pierre Renaudot en résidence à Jaffa (1791-1793)
J 837 : Consulat de Syrie et Palestine, lettres de la nation française à l'ambassadeur (1790-1791)
J 1291 à 1294 : Consulat de Salonique, lettres des députés du commerce Massé, Reboul, Foucou et Tavernier (1792-1794)

II – Sources imprimées

1) Mémoires et Récits de voyage

BROWNE (William George), *Nouveau voyage dans la Haute et la Basse Égypte, la Syrie, le Darfour, où aucun Européen n'avait pénétré, fait depuis les années 1792 jusqu'en 1798*, traduit de l'anglais, Paris, an VIII (1800), 2 vol.

CHOISEUL-GOUFFIER, *Voyage pittoresque dans l'Empire ottoman, en Grèce, dans la Troade, les îles de l'Archipel et sur les côtes de l'Asie Mineure*, Paris, J. Balise, 1782-1822, 3 vol. grands in-folio.

COUSINÉRY (Esprit-Marie), *Voyage dans la Macédoine contenant des recherches sur l'histoire, la géographie et les antiquités de ce pays*, Paris, 1831, 2 vol.

FERRIÈRES-SAUVEBŒUF, *Mémoires historiques, politiques et géographiques des voyages du comte de Ferrières-Sauvebœuf, faits en Turquie, en Perse et en Arabie depuis 1782 jusqu'en 1789, avec des observations sur la religion, les mœurs, le caractère et le commerce de ces trois nations, suivies de détails sur la guerre des Turcs avec les deux cours impériales d'Autriche et de Russie*, Paris, Buisson, 1790, 2 vol.

GUYS (Pierre Alphonse), *Voyage littéraire de la Grèce*, Paris, 1783, 4 vol.

MAGALLON (Charles), « Mémoire sur l'Égypte », 21 pluviôse an VI (9 février 1798), *Revue d'Égypte*, septembre 1896, p. 205-224.

MARITI (Abbé), *Voyages dans l'île de Chypre, la Syrie et la Palestine avec l'histoire générale du Levant*, traduit de l'italien, Paris, 1791, 2 vol.

OLIVIER (Guillaume Antoine), *Voyage dans l'Empire othoman, l'Égypte et la Perse, fait par ordre du gouvernement pendant les six premières années de la République*, Paris, H. Agasse, an XI-XII (1803), 4 vol.

PEYSSONEL (Claude Charles de), *Traité sur le commerce de la mer Noire*, Paris, 1787, 2 vol.

POCOCKE (Richard), *Voyage en Orient, 1772-1773*, 6 vol.

POUQUEVILLE (François Charles de), *Voyage en Morée, à Constantinople et dans plusieurs autres parties de l'Empire ottoman pendant les années 1798, 1799, 1800 et 1801*, Paris, 1805, 3 vol.

SAINT-PRIEST (François Emmanuel de), *Mémoires sur l'ambassade de France en Turquie et sur le commerce des Français dans le Levant*, Paris, 1877 (réimpression à Amsterdam en 1974).

SAVARY (Claude Etienne), *Lettres sur l'Égypte*, Paris, 1785-1786, 3 vol.
- *Lettres sur la Grèce pour servir de suite à celles sur l'Égypte*, Paris, 1788.
SCROFANI (Xavier), *Voyage en Grèce de Xavier Scrofani, Sicilien, fait en 1794 et 1795*, traduit de l'italien, Paris et Strasbourg, An IX (1801), 2 tomes.
SERIEYS, *Voyage de Dimo et Nicolo Stephanopoli en Grèce, pendant les années V et VI. D'après deux missions, dont l'une du Gouvernement français et l'autre du général en chef Buonaparte*, Paris, Imprimerie de Guilleminet, An VIII (1800), 2 tomes.
TOTT (baron François de), *Mémoires sur les Turcs et les Tartares*, Amsterdam, 1784, 4 vol.
VOLNEY (Constantin François, Chasseboeuf, comte de), *Voyage en Syrie et en Égypte, pendant les années 1783, 1784 et 1785*, Paris, impr. Michel Lambert, 1787, 2 vol.
- *Considérations sur la guerre actuelle des* Turcs, Londres, 1788.
- *Simplification des langues orientales, ou Méthode nouvelle et facile d'apprendre les langues arabe, persane et turque, avec des caractères européens*, Paris, imprimerie de la République, an III (1795).
- « Vues nouvelles sur l'enseignement des langues orientales », dans *Œuvres complètes* de C.-F. Volney, Paris, Bossange frères, 1821, tome VIII.

2) Recueils de Traités et de Lois

CLERCQ (A. de), *Recueil des traités de la France*, Paris, Amyot, 1864-1900, tome 1 (1713-1802). On y trouve notamment la capitulation du 28 mai 1740.
DUPARC (Pierre), *Recueil des instructions données aux ambassadeurs et ministres de France depuis les traités de Westphalie jusqu'à la Révolution française*, tome XXIX, Turquie, Paris, CNRS, 1969.
JOURDAN, ISAMBERT, DECRUSY, *Recueil général des anciennes lois françaises depuis l'an 420 jusqu'à la Révolution de 1789*, Paris, Belin-Leprieur, 1827, tomes XXV à XXVIII (1776-1789).
Lois et Actes du gouvernement. Août 1789-prairial an II (juin 1794), Paris, Imprimerie royale, 1834-1835, 8 tomes.
Bulletin des lois. À partir de prairial an II.

III – Ouvrages et articles

Il est proposé un classement thématique. Certains titres mentionnés dans les notes ne sont pas repris ici.

1) Sur l'Empire ottoman et les relations franco-turques

AUZOUX (André), « La France et Mascate aux XVIIIe et XIXe siècles (1759-1810) », *Revue d'histoire diplomatique*, 1909, p. 518-540 ; 1910, p. 234-265.

BACQUÉ-GRAMMONT (Jean-Louis) et BATU (Hâmit), *L'Empire ottoman, la République de Turquie et la France*, Istanbul-Paris, éditions Isis, 1986.

BILICI (Faruk), *La politique française en mer Noire (1747-1789). Vicissitudes d'une implantation*, Istanbul, 1994, 201 p.

CLOGG (Richard), « A further note on the French newspapers of Istanbul during the revolutionary period (1795-1797) », *Belleten*, tome 39, 1975, p. 483-490.

CRN / FNRS, *La Révolution française et l'hellénisme moderne*, Actes du IIIe colloque d'histoire (Athènes, 14-17 octobre 1987), Contribution hellénique à l'occasion du Bicentenaire de la Révolution française, Athènes, Centre de recherches néo-helléniques (CRN) / Fondation nationale de la recherche scientifique (FNRS), 1989, 598 p.

DEHÉRAIN (Henri), « La rupture du gouvernement ottoman avec la France en l'an VI (1798) », *Revue d'histoire diplomatique*, 1925, p. 9-43.

FARNAUD (Christophe), *Culture et politique : la mission secrète du baron de Tott au Levant (1776-1779)*, Mémoire de maîtrise d'histoire sous la direction du Professeur Jean Meyer, Université de Paris IV, 1988.

KITROMILIDIS (Paschalis M.), *Η Γαλλική Επανάσταση και η Νοτιοανατολική Ευρώπη* (*La Révolution française et l'Europe du Sud-Est*), Athènes, éd. Poreia, 2000, 194 pages.

LEWIS (Bernard), « The impact of the French Revolution on Turkey », *Journal of World History*, I, 1953, p. 105-125.

MANTRAN (Robert), *Histoire de l'Empire ottoman*, sous la direction de Robert Mantran, Paris, Fayard, 1989.

MARCÈRE (Édouard de), *Une ambassade à Constantinople. La politique orientale de la Révolution française*, Paris, F. Alcan, 1927, 2 vol.

SPULER (Bertold), « La diplomatie européenne à la Sublime Porte aux XVIIᵉ et XVIIIᵉ siècles », *Revue des études islamiques*, XXXIX/I, 1971, 28 p.

VINOT (François), « Les ambassadeurs français à Constantinople témoins des crises de l'Empire ottoman (1687-1808) », *Revue d'histoire diplomatique*, 1992, n° 1, p. 27-46.

2) Sur les privilèges et immunités des Européens dans les Échelles

Les études sont anciennes mais toujours utiles. Parmi elles :

BERGÈS (Louis), « Vergennes et les sujets ou protégés du Roi dans l'Empire ottoman », *Revue d'histoire diplomatique*, 1987, a.101, n° 3-4, p. 239-258.

D'AVRIL (baron Auguste), « Protection des chrétiens dans le Levant », *Revue d'histoire diplomatique*, 1900, t. XIV, p. 534-553. Étude sur les capitulations.

FÉRAUD-GIRAUD (L.J.D.), *De la juridiction française dans les Échelles du Levant et de Barbarie*, Paris, A. Durand, 1859.

LAMBA (Henri), *De l'évolution de la condition juridique des Européens en Égypte* (thèse de droit), Paris, A. Rousseau, 1896.

REY (Francis), *De la protection diplomatique et consulaire dans les Échelles du Levant et de Barbarie* (thèse de droit), Paris, L. Larose, 1899.

SCHOPOFF (A.), *Les réformes et la protection des chrétiens en Turquie (1673-1904). Firmans, bérats, protocoles, traités, capitulations, conventions, arrangements, notes, circulaires, règlements, lois, mémorandums, etc.* Paris, Plon, 1904.

Quelques monographies sur la nation française :

SABATIER (Daniel), *La Nation française en Égypte, essor et déclin d'une Échelle, 1673-1793*. Thèse de droit, Paris II, 1976, 2 vol.

SMYRNÉLIS (M.-C.), *Une colonie à Smyrne : les Français aux XVIIIᵉ et XIXᵉ siècles*. Mémoire de DEA, Histoire et Civilisation, École des hautes études en sciences sociales, 1992.

— *La Nation française en Morée (1715-1789)*. Mémoire de maîtrise sous la direction de J. Nicolas, Université de Paris III, 1991.

3) Sur les Affaires étrangères et le personnel consulaire

Trois bons ouvrages de référence :

BAILLOU (Jean), *Histoire de l'administration française. Les Affaires étrangères et le corps diplomatique français*, sous la direction de Jean Baillou, Paris, CNRS, 1984, 2 vol.

MASSON (Frédéric), *Le Département des Affaires étrangères pendant la Révolution 1787-1804*, Genève, Slatkine, 1977 (réimpression de l'édition de Paris de 1877).

MÉZIN (Anne), *Les consuls de France au siècle des Lumières (1715-1792)*, Paris, Imprimerie nationale, Ministère des Affaires étrangères, Direction des Archives et de la Documentation, collection « Diplomatie et Histoire », 1997, 974 pages.

À compléter par quelques monographies :

BOPPE (Auguste), *Le consulat général de Morée et ses dépendances*, Nancy, Berger-Levrault, 1902.

– « Les anciens uniformes du ministère des Affaires étrangères (1768-1882) », *Revue d'histoire diplomatique*, 1901, p. 368-447.

DEGROS (Maurice), « Les consulats français du Levant pendant la Révolution », *Revue d'histoire diplomatique*, 1989, p. 61-111.

DEHÉRAIN (Henri), « Jean-François Rousseau, agent de la Compagnie des Indes, consul et orientaliste (1738-1808) », *Journal des Savants*, 1927, p. 355-370.

FOUR (commandant), *Un Comtois à Babylone. Beauchamp, missionnaire, astronome, diplomate (1752-1801)*, Besançon, Jacques et Demontrond, 1933, 32 p.

LEGRAND (P.-E.), « Biographie de Louis-François-Sébastien Fauvel, antiquaire et consul (1753-1838) », *Revue archéologique*, 1897, **XXX**, p. 41-66 et **XXXI**, p. 185-223.

LUCE (Émile), « Deux ans à l'ambassade de France à Constantinople avec M. de Choiseul-Gouffier (1784-1786) », *Revue d'histoire diplomatique*, 1958, a.72, p. 135-144, 210-230, 313-323.

MANNEVILLE (Henri de), « Les premiers consuls de France à Bagdad (1741-1788) », *Revue d'histoire diplomatique*, 1935, t. XLIX, p. 225-234.

NATHAN (Isabelle), *L'ambassade du comte de Saint-Priest à Constantinople (1768-1784)*, Thèse de l'École nationale des Chartes, 1982.

PSARAS (Mme), ZAIMOVA (Raïa), KRAKOVITCH (Odile), *Consulats de France en Grèce et en Turquie. Correspondance des consuls d'Athènes et de Négrepont 1684-1791 (Affaires étrangères*

B^I *173, 174 et 908). Mémoires et documents des consulats de Grèce et de Turquie 1740-1870 (Affaires étrangères B^{III} 412 à 415). Inventaires analytiques*, Paris, Archives nationales, 1985, 122 p.

SVORONOS (Nicolas), *Salonique et Cavalla (1686-1792)*, Inventaire des correspondances consulaires, Paris, Librairie Maisonneuve, 1951, 156 p.

4) Sur les Jeunes de langue

CARRIÈRE (Auguste), *Notice historique sur l'École des langues orientales vivantes*, Paris, E. Leroux, 1883.

DEHÉRAIN (Henri), « Jeunes de langue et interprètes français en Orient au XVIIIe siècle », *Bulletin de la Société de Géographie d'Alger et de l'Afrique du Nord*, Alger, 1922, p. 1-22.

– *La vie de Pierre Ruffin, orientaliste et diplomate (1742-1824)*, Paris, Librairie Geuthner, 1929-1930, 2 vol.

DEGROS (Maurice), « Les Jeunes de langues sous la Révolution et l'Empire », *Revue d'histoire diplomatique*, 1984, p. 77-107.

GAUTIER (Antoine), TESTA (Marie de), « Les drogmans au service de la France au Levant », *Revue d'histoire diplomatique*, 1991, n° 1-2, p. 7-38.

GAUTIER (Antoine), « Les drogmans des consulats », dans : *La fonction consulaire à l'époque moderne. L'affirmation d'une institution économique et politique (1500-1800)*, sous la direction de Jörg ULBERT et Gérard LE BOUËDEC, Presses universitaires de Rennes, Collection « Histoire », 2006.

SÉRAPHIN (Dominique), *Drogmans français dans l'Empire ottoman, 1669-1789*. Mémoire de maîtrise, Université de Paris VII, 1986.

5) Sur Marseille et le commerce levantin

Les structures commerciales ont été étudiées par :

BERGASSE (Louis), *Notice historique sur la Chambre de commerce de Marseille (1599-1912)*, Marseille, Barlatier, 1913, 269 p.

CARRIÈRE (Charles), *Négociants marseillais au XVIIIe siècle. Contribution à l'étude des économies maritimes* (thèse de lettres), Marseille, Institut historique de Provence, 1973, 2 vol.

CARRIÈRE (Charles), COURDURIÉ (Marcel), « Un sophisme économique. Marseille s'enrichit en achetant plus qu'elle ne vend. Réflexions sur les mécanismes commerciaux levantins au XVIIIe siècle », *Histoire, Économie et Société*, 3e année, 1984, p. 7-53.

CARRIÈRE (Charles), COURDURIÉ (Marcel), GUTZATZ (Michel), SQUARZONI (René), *Banque et capitalisme commercial. La lettre de change au XVIIIe siècle*, Marseille, Institut historique de Provence, 1976.

ELDEM (Edhem), « La circulation de la lettre de change entre la France et Constantinople au XVIIIe siècle », dans : BACQUÉ-GRAMMONT (Jean-Louis) et BATU (Hâmit), *L'Empire ottoman, la République de Turquie et la France*, Istanbul-Paris, éditions Isis, 1986.

MASSON (Paul), *Histoire du commerce français dans le Levant au XVIIIe siècle*, Paris, Hachette, 1911.

– *Marseille depuis 1789, études historiques*, Paris, Hachette, 1919.

VOVELLE (Michel) (ouvrage collectif), *Histoire de Marseille*, publié sous la direction de Édouard Baratier, Toulouse, E. Privat, 1973.

Pour les monographies régionales :

CHARLES-ROUX (François), « Les Échelles de Syrie et de Palestine au XVIIIe siècle (1715-1793) », *Revue d'histoire diplomatique*, octobre 1906-janvier 1907, p. 236-267 ; avril 1907, p. 427-456 et 509-530.

– « Les Marseillais et la mer Noire », *Revue des Deux Mondes*, 1964, n° 1, p. 22-29.

COHEN (Amnon), *Palestine in the 18th Century. Patterns of government and administration*, Jérusalem, The Magnes Press, 1973.

EFTHYMIOU-HADZILACOU (Maria), *Rhodes et sa région élargie au 18e siècle : les activités portuaires*, Athènes, 1988.

ELDEM (Edhem), « Les négociants français à Istanbul au XVIIIe siècle : d'une présence tolérée à une domination imposée », *Economica*, 1989, p. 181-190.

FUKASAWA (Katsumi), *Toileries et commerce du Levant d'Alep à Marseille*, Paris, CNRS, 1987.

RAYMOND (André), *Artisans et commerçants au Caire au XVIIIe siècle*, Damas, Institut français de Damas, 1973, 2 tomes.

SVORONOS (Nicolas), *Le commerce de Salonique au XVIIIe siècle*, Paris, PUF, 1956.

6) Sur l'orientalisme

Les ouvrages sont très nombreux. On s'en est tenu à :

BERCHET (Jean-Claude), *Le Voyage en Orient. Anthologie des voyageurs français dans le Levant au XIXe siècle*, Paris, Robert Laffont, coll. « Bouquins », 1985, 1102 p.

BOPPE (Auguste), *Les peintres du Bosphore au XVIIIe siècle*, Paris, 1989 (réédition).

LAURENS (Henry), *Les origines intellectuelles de l'expédition d'Égypte. L'Orientalisme islamisant en France (1698-1798)*, Istanbul-Paris, éd. Isis, 1987.

POUMARÈDE (Géraud), *Connaissance de l'Orient. L'exploration scientifique de l'Empire ottoman (1665-1792). Érudits et collectionneurs, diplomates et voyageurs*. Mémoire de DEA sous la direction du Professeur Lucien Bély, Paris XII Créteil, septembre 1994, 157 p.

7) Sur les questions sanitaires

Deux études historiques sur la peste :

PANZAC (Daniel), *La peste dans l'Empire ottoman, 1700-1850*, Paris-Leuven, éd. Peeters, 1985.
– *Quarantaines et Lazarets. L'Europe et la peste d'Orient (XVIIe-XXe siècle)*, Aix-en-Provence, Edisud, 1986.

Index

A

Abdülhamit Ier 60, 111
Adanson, Jean-Baptiste 143, 211
Addington 202
Ahmet III 151
Aiguillon, duc d' 60
Ainslie, lord 177
Al-Attar 205
Al-Jabarti, Abd-el-Rahman 114, 115
Ali Bey 220
Ali Efendi 60
Ali Pacha de Jannina 169, 186
Allcon, Jacques 150
Amé, Jean-Baptiste 27, 211
Amé, Marie Nicolas Alexandre 27
Amé de Saint-Didier 9
Amoreux, Joseph 27, 100, 103, 104, 118, 119, 123, 132, 140, 149, 211, 234
Andréossy 28
Astier, André Benoit 28, 50, 53, 76, 104, 107, 108, 111, 115, 118, 140, 212, 236
Aubert Du Bayet 28, 150, 212, 224, 236
Autran 179

B

Baldwing 177
Baleste, Pierre 169, 200
Ballyet de Saint Albert 212, 213
Barbié du Bocage 113, 233
Barbier 31
Barthélemy (évêque d'Athènes) 224
Barthélemy, Jean-Jacques (abbé) 217, 218, 230
Bastion, Agathange 106
Bauffremont, de 47
Beauchamp, Pierre Joseph 183, 213, 231
Beauné du Pavillon, Gabriel François 214
Beaussier, Bonaventure (consul) 109, 132, 140, 143, 175, 214
Beaussier, Joseph (négociant) 75, 214
Benezech 145
Bergier 16
Bermond de Vaulx, Pierre 124, 138, 140, 160, 195, 197, 214, 223, 226
Bernis, cardinal de 212, 224
Bertrand, Marc-Antoine 169, 181, 200
Blancard 103
Blanchard, Jean-Pierre 220
Bodard, Félix 141, 215
Bonaparte *voir* : Napoléon Bonaparte
Botta, Paul-Émile 213
Boyle 184
Boze 31, 198
Brueys, de 117, 196
Bruguière 46
Brune 28
Buchot 121, 122
Burel 16

Butet, Antoine Amédée 28, 101, 124, 140, 157, 178, 179, 215, 229

C

Caffe, L. E. 215
Cardahe, Youssef 175
Cassab, Mouallem Joseph 177
Castellan, Antoine Laurent 214
Castellane, Michel-Ange de 37
Castries, de 20, 32, 51, 87
Catherine II 60, 151, 185
Cavallier, Pierre François 141, 215
Cayrac, André 168, 224
Chabot 186
Chaptiny, Antoine 176
Chardon de la Rochette 113
Charles IV d'Espagne 152
Charles VI Empereur 151
Chateaubriand 45, 185, 215, 217, 218, 221, 237
Chayolle, Antoine Auguste 143, 144, 215
Chénier, Louis de 166, 232
Chépy, Pierre 108, 141, 142, 147, 159, 164, 173, 190, 192, 195, 196, 199
Choderlos de Laclos, Jean Charles Marie 136, 141, 183, 196, 199, 216, 218
Choiseul-Gouffier, Marie Gabriel, comte de 8, 10, 16, 18, 20, 28, 32, 45, 48, 49, 58, 62, 63, 76, 79, 87, 112, 117, 120, 123, 140, 174, 176, 185, 186, 214, 217, 221, 225, 237
Clément, Jean-François 55, 119
Colbert 8, 23, 30, 66, 72
Colchen 159, 193

Coronello, Germano 38
Coste, Pierre Joseph 56, 124, 141, 217
Cousinéry, Esprit Marie 70, 123, 143, 170, 222

D

Daniel 179
Dauphin, Vincent 123
David 55
Deforgues 154
Delacroix 124, 136, 138, 148, 150, 155, 156, 159, 168, 173, 190, 194
Dervich Pacha 176
Descorches de Sainte-Croix, Marie Louis Henri, marquis 28, 106, 120, 124, 150, 179, 182, 210, 214, 217, 219, 236, 240
Deslandes 91
Deval, Pierre 31, 119, 143, 183, 219, 224
Devaulx, L. H. 82, 132, 220
Devlet Girây Khan 238
Diderot 114
Digeon, Charles Louis 31, 220
Digeon, Joseph Louis Alexandre 31, 140, 220
Dimitri 21
Djazzâr Pacha, Ahmad 20, 42, 82, 116, 128, 165, 174, 175, 176, 190, 214, 220, 224, 233
Drovetti 233, 235
Dubois 232
Duliquet, Louis Claude 43
Dupont 104
Durocher 219, 231
Dutrouy 99, 221, 232, 238
Duval 141

E

Eleuthère 110
Elgin, lord 199
Esparron, Antoine d' 218, 219, 226

F

Faurrat 104
Fauvel, Louis François Sébastien 221, 225
Félix, Louis Auguste 38, 135, 137, 147, 161, 166, 170, 171, 192, 222
Ferregeau 214
Ferrières-Sauveboeuf, comte de 9
Feuillade, duc de 60
Fleurieu, comte de 110, 117
Flury, Charles 180, 198
Fonton, Antoine 31, 32, 120
Fonton, Charles (né en 1725) 31, 222
Fonton, Charles (né en 1765) 31, 222
Fonton, Gaspard 31, 160, 223
Fonton, Jean Joseph 31, 223
Fonton, Luc 31, 160, 223
Fornetty, Antoine 31, 143, 223
Fornetty, Charles (né en 1700) 31, 223
Fornetty, Charles (né vers 1766) 31, 223, 237
Fornetty, Jean-Baptiste 31, 32, 223
Fourcade, Henry 138, 141, 149, 191, 223
Fourcade, Pascal Thomas 141, 159, 169, 191, 197, 224
Fradet, Etienne 117, 168, 224
François Ier 31

G

Galland, Antoine 59
Gallois 141, 224, 239
Gandour Al-Koury 22, 224
Ganteaume (amiral) 202, 203
Ganteaume (négociant) 76
Gardane 234
Gaspary, Louis Marie Dimitri 65, 68, 138, 140, 168, 224, 225
Gay-Vernon 141, 225, 233
Gentili, Anselme 184, 186, 192
Geoffroy, Auguste 143, 225
Girard 225
Godoy 152, 153
Gormezano, Mossé 21, 225, 226
Gourdez 53
Gravier, Félix 168
Grégoire V 189
Guy de Villeneuve, Jean-Pierre 82, 140, 226

H

Hassan Bey 190
Hassan Pacha (amiral) 61, 177, 226, 229
Hussein (dey d'Alger) 220
Hussein, shah de Perse 234

I

Ibrahim Bey 227
Ismaïl (Khédive) 19
Ismaïl Bey 63, 178, 226
Ismaïl Pacha 178

J

Jaubert 108
Jean Bon Saint-André, André 172, 226
Joseph II 61

K

Kerim Kan 84, 234
Keun, Bernard 113
Kodrikas, Panagiotis 113, 236
Koraïs, Adamantios 113, 187, 207, 227
Kourchid Pacha 215
Kütchük Ali Pacha 173

L

La Barre, de 181
La Haye-Vantelet, Jean de 59
Laidet, Charles Hyppolite 118, 140, 216, 228, 239
Lalande 213
La Luzerne, comte de 65
Langlès 146
Laumond, Charles Joseph 141, 171, 172, 215, 228
Lebrun (ministre des affaires étrangères) 100, 143, 148, 218
Le Brun, Jacques Balthasard (constructeur naval) 62
Léopold Ier 151
Lesseps 215, 233
Levezy, Louis Michel 42, 175
Louis XIV 16, 37, 38, 40, 60, 80
Louis XV 60, 72
Louis XVI 23, 36, 61, 63, 72, 78, 108, 140, 189, 217, 240

M

Magallon, Charles 44, 63, 124, 141, 177, 178, 179, 193, 194, 208, 228, 229
Magallon, Joseph 141, 229
Magallon, Lazare 141, 229
Mahmut Ier 17, 60
Majastre, Jean-Baptiste 103, 230
Mandine, Joseph 40
Manuel, Joseph-Charles 103
Markidis-Poulios 114
Martin, Etienne 128, 129
Martin, Jean-Baptiste 136, 155, 160, 191, 230
Martinovich 189
Masfick 53
Masse, François 123
Masson, Antoine 138
Maurepas, comte de 65
Mazard 169
Mazière de Saint-Marcel, Pierre Emmanuel 28, 110, 119, 123, 131, 132, 174, 218, 230
Mazoillier 104
Méhémet Ali 174, 187, 204, 227
Mehmed Efendi 59
Mehmet Kan, Aga 181
Menou, Jacques 34, 153, 201, 204, 205
Méollan, Jean-Baptiste 43
Merlin 142
Mertrud, Pierre André 230
Mille, Louis Emmanuel 52, 69, 230
Millefort 106
Miroudot, Dom Jean-Baptiste du Bourg 66, 84, 213, 230, 231

Mohamed Bey Aboudahab 227
Moisiodax, Iosipos 112
Monge 121, 143
Montesquieu 59, 114
Montmorin, comte de 61
Mourad Bey 20, 150, 177, 179, 194, 227, 228
Moustier 31, 55, 181, 231
Mure, Henry 50, 53, 198
Mure, Jean 231
Mure, Jean-Baptiste 20, 124, 177, 215, 228, 231
Mure d'Azir, Henri 27, 76, 140, 232
Mustafa II 151
Mustafa III 21, 185

N

Napoléon Bonaparte 62, 183, 185, 187, 200, 203, 204, 213, 216, 217, 221, 226, 227, 229, 232, 236, 237, 239
Napollon de Chateauneuf 143, 232
Nubar Pacha 19

O

Obradovi, Dositej 112
Olivier, Guillaume Antoine 46, 47
Orlof (amiral) 61
Orlov 185
Osman aga 118
Outrey 232

P

Parant, Louis Joseph 180, 181
Pech 76
Pellegrin, Joseph Claude de 76, 232
Perdrian 234
Philippe VI de Valois 36
Philippidès, Daniel 113, 233
Pignol 41
Pillavoine 53, 233
Pitt 202
Pons 177
Pons, Jean-François 44
Popolani, Suzanne 53
Pothonier, Joseph de 21, 39, 41
Potocki, Jean 50
Pouget 225
Praslin, duc de 237
Prioli 41
Puscick, Mathieu 233

Q

Quesnay, François 72

R

Reboul, Pierre Joseph 124, 150, 170
Renaudot, Jean-Pierre 42, 82, 100, 101, 104, 109, 124, 128, 131, 138, 140, 174, 175, 233
Rétif de de la Bretonne 114
Reubell 142
Rey, Innocent 173, 233
Reybaud, L. 31, 233
Reymondy 38
Ricouard, de 36
Riveau, Jean Antoine 40
Robert d'Anjou 36
Roberts, David 46
Robespierre 120
Rolland, Denis 103, 169
Romanzan 16
Rosily, de 182

Rossel 53
Roubaud, Anselme 234
Rousseau (né en 1763) 235
Rousseau, Jean-François Xavier 28, 51, 55, 69, 70, 84, 85, 119, 139, 147, 181, 182, 213, 231, 234
Rousseau, Jean-Jacques 112
Roussel, Joseph Jean-Baptiste 121, 140, 169, 192, 195, 200, 214, 235
Roux de Fazillac 54
Ruffin, Pierre Jean Marie 150, 198, 213, 216, 235
Ruffray, baron de 16
Ruphy 145

S

Sacy, Silvestre de 146
Saint-Augustin 35
Saint-Jean d'Acre 116
Saint-Jean de la Croix 35
Saint-Priest 8, 28, 36, 37, 48, 52, 58, 63, 230, 231, 235, 236
Saint-Vincent de Paul 35
Savary, Claude Etienne 237
Scrofani, Xavier 35, 168, 221
Sébastiani 28
Sélim III 62, 97, 111, 117, 197
Sélim Pacha 175
Sicard 141, 236
Sidney Smith 200
Sielve 31, 236
Simian 31
Sindhia, Mahadji 182
Smith, Adam 72
Souleyman Pacha 84, 181, 234
Soutzo, Michel 236
Sponty (agent) 22
Sponty, Marie 53, 232

Stamaty, Constantin 113, 180, 187, 207, 236
Stephanopoli, Dimos 184

T

Taitbout de Marigny, Alexis Eustache Victor 27, 28, 102, 115, 116, 117, 119, 121, 123, 128, 129, 140, 214, 215, 235, 237
Taitbout de Marigny, Jean Alexis 237
Talleyrand 142, 149, 164, 172, 183, 191, 192, 193, 195, 196, 197, 199, 200, 202
Tardieu, Jacques 104
Tavernier 123, 170, 222
Thainville 179, 190
Thy, comte de 100
Timoni 200, 239
Tipou Sahib 182, 235
Torner 53
Tott, François de, baron 8, 9, 61, 62, 155, 217, 238, 239
Trikis Païsios 185
Tronquet, Pierre François 138, 141, 142, 238
Truguet 62, 177, 228
Trullet, Michel Joseph 164

V

Vaslin 62
Vattier de Bourville, Charles Hyacinthe Sauveur 34, 140, 238, 239
Vélestinli, Rigas 114, 187, 188, 189
Venture de Paradis, Jean Michel 30, 144, 145, 146, 193, 239

Vergennes, comte de 60, 72, 195
Verninac de Saint-Maur, Raymond de 60, 193, 194, 212, 228, 240
Vial, Esprit 149, 240
Vidal (frères) 40, 41
Vidal (négociant) 179
Vighié 41
Volney, Constantin François, Chasseboeuf, comte de 9, 46, 47, 55, 73, 82, 94, 95, 145, 146, 213, 239, 242
Voltaire 59, 112, 113
Voulgaris, Evgénios 112

W

Walsh, Thomas 201, 202

Table des matières

Introduction. 7

PREMIÈRE PARTIE
LA FRANCE ET L'EMPIRE OTTOMAN
À LA VEILLE DE LA RÉVOLUTION (1784-1789) 13

Chapitre 1
Les Français et leur cadre de vie. 15
   Les communautés françaises dans les Échelles 15
   Les agents du roi : consuls et drogmans. 23
   Les missionnaires 33
   Les corps de métiers : marins, artisans et négociants 38
   L'habitat 45
   La vie sociale et la réglementation des mœurs 49
   Le facteur sanitaire 54

Chapitre 2
Diplomatie et échanges commerciaux 59
   Les relations politiques 59
   Le réseau consulaire. 63
   Le dispositif financier 66
   Monopoles et protectionnisme 71
   Les pratiques commerciales. 80
   Le déséquilibre des échanges 86

SECONDE PARTIE
DE L'AVÈNEMENT DE SÉLIM III
À L'EXPÉDITION D'ÉGYPTE (1789-1798) 97

Chapitre 3
La fermentation des esprits 99
   Le mouvement de contestation dans les Échelles. 99
   Les réactions locales. 111
   Serment civique et pavillon tricolore. 117
   Le renversement du Trône et ses effets au Levant 120

Chapitre 4
Administration et commerce :
les hésitations du pouvoir révolutionnaire 125
    Les décrets sur le commerce 125
    L'évolution du service consulaire 127
    Formation et recrutement des interprètes 144
    Les questions religieuses. 148
    Les problèmes financiers 153

Chapitre 5
Vers la rupture avec la Porte ottomane 161
    La ruine du commerce français
    en Méditerranée orientale. 161
    Visées commerciales aux marges de l'Empire ottoman . . . 180
    L'occupation des îles Ioniennes
    et ses conséquences politiques dans les Balkans. 184
    Les rapports bellicistes des consuls. 189
    L'expédition d'Égypte et le sort
    des communautés françaises dans les Échelles 195
    Une conquête éphémère. 201

Conclusion 207

Notices biographiques 211

Glossaire 241

Bibliographie 245

Index. 257

La liste des ouvrages disponibles dans cette collection
peut être consultée sur le site Internet
www.peterlang.com